进出口单证实务

案例评析

主　编　袁永友　柏望生
副主编　操小敏

中国海关出版社

图书在版编目(CIP)数据

进出口单证实务案例评析/袁永友,柏望生主编.—北京:
中国海关出版社,2006.7

ISBN 7-80165-371-8

Ⅰ.进...　Ⅱ.①袁...②柏...　Ⅲ.进出口贸易-原始
凭证-案例-分析　Ⅳ.F740.44

中国版本图书馆 CIP 数据核字(2006)第 085244 号

进出口单证实务案例评析
JINCHUKOU DANZHENG SHIWU ANLI PINGXI

袁永友　柏望生　主编

操小敏　副主编

中国海关出版社出版发行

北京市朝阳区和平街东土城路 14 号　(100013)

图编部电话:(010)85271537

发行部电话:(010)64203697　64204858

北京北七家印刷厂印刷　　　　新华书店经销

2006 年 8 月第 1 版　2006 年 8 月第 1 次印刷

开本:1/16　印张:19.75　印数:1—5000 册

ISBN 7-80165-371-8

定价:33.00 元

序　言

　　自中国加入 WTO 以来,我国对外贸易的发展速度令世人瞩目,2005年货物进出口额达到 1.4 万亿美元。在这样一个崛起的贸易大国,进出口贸易操作的实践经验和技巧正在引起越来越多涉外经营企业和管理人员的重视,特别是为正在迅速发展壮大的民营外贸企业所青睐。

　　商场犹如战场,在企业国际化经营中更是如此。特别是我国入世之后,企业涉外经营环境和法律环境已发生了很大的变化,但由于传统经营理念的影响,涉外经营企业不同程度地存在重生产、轻流通;重战略、轻战术;重经营、轻规则的倾向,不少企业为此付出了惨痛的代价。为总结我国企业在进出口实务中的成功与得失,加速培养具有综合能力的高素质国际商务人才,使其在国际商战中练就一身过硬的本领,我们特编写了这本《进出口单证实务案例评析》,此书为《进出口实务案例评析》系列丛书中的第一本,以后将陆续推出有关进出口运输、保险和结汇方面的案例评析专著。

　　我们在编写过程中深深地感到,每一个进出口案例背后都有一个传奇故事。"前事不忘,后事之师",把这些案例中的得与失、成与败告诉读者,让更多的涉外经营者从中得到借鉴和启迪,对提高我国外贸企业经营水平,改变粗放式经营模式,从而构建一种新的竞争秩序、市场秩序具有重要的意义,这也是我们编写案例评析著作的初衷。从进出口单证的角度来讲,虽然它在形式上只是一种文本格式,但它直接关系外贸合同的履行、外汇的结算、国际法律与惯例、进出口双方的利益,是国际商事活动中各方权利与义务的集中体现,在进出口实务操作中占有十分重要的地位。

为了使本书能给广大读者尽量大的价值,本书在内容上更加突出了"新"与"实"的特点。"新"即其材料都是来自近年进出口经营一线工作中最实效和最新的记录;"实"即突出实践环节中具体问题的分析与研究,并通过案情简介、案情分析的形式使读者对国际贸易实务中的疑难问题有较清晰的认识和理解,也为理论、教学研究者、涉外经营者提供了有益的参考资料。

本书由袁永友、柏望生任主编,操小敏任副主编,夏瑞林、朱东红、魏宏贵、袁娟、王珺、曾宪文参加了部分编写工作。本丛书在编写的过程中,还得到了全国有关外经贸院校、外经贸企业和商检、海关、银行等有关部门的有益帮助和大力支持,也参考了近年来一些专家和学者的专著与观点,在此限于篇幅,不一一列出,特向这些单位及个人表示衷心的谢意!本书在编辑和出版过程中,得到了中国海关出版社和《对外经贸实务》杂志社的大力支持,在此也一并表示衷心的感谢!

限于时间和水平,本书难免有疏漏或不妥之处,欢迎广大读者批评指正。

编　者

2006 年 6 月

目　录

发 票 类

(Problem of Invoice)

■ 一切单据"不表示 L/C 及发票号码"争议案

☞ 案情简介

我某出口公司 A 对新加坡某公司 B 出口一批货物,开证行开来的 L/C 单据条款要求:"全套清洁已装船的海运提单及一份不可议付的副本提单……和普惠制原产地证书 Form A."在特别条款中又规定:"一切单据除汇票及发票以外,不能表示 L/C 号码及发票号码。"

A 公司制单经办人员在装运前缮制普惠制原产地证书时,却发现 L/C 要求所有单据不能表示发票号码,而普惠制原产地证书"Form A"中却有"发票号及日期"栏。A 公司立即与商检验局研究,商检局坚决不同意出具发票号留空不填的普惠制原产地证书。其理由系联合国贸发会议对于填制普惠制原产地证书"Form A"规定此栏不得留空。A 公司立即发电到新加坡 B 商,提出:"你 L/C 要求一切单据除发票和汇票以外,不得表示发票号和 L/C 号,但你又要求我提供普惠制原产地证书,该证书按联合国贸发会议规定必须表示发票号码。故你 L/C 与上述规定有抵触,而我出证当局也不同意接受此条款。请你修改 L/C 为:一切单据除发票、汇票、普惠制原产地证书以外,不能表示 L/C 号码及发票号码。"

新加坡 B 商复电称：请即装船，L/C 正在申请办理修改中。

A 公司随即进行装船。装船后约一星期仍未见其修改的 L/C 到达。再联系 B 商，却称已办理修改。最后 A 公司只好出具保函向议付行办理担保议付。

A 公司向议行提交的提单中船名标明："Intended vessel（预期船）'FREESIA'"，但在"已装船"批注中经承运人加注实际已装船的船名、日期，并由承运人签章。

单到国外，开证行提出单证不符，不符点有二：其一，普惠制原产地证书"Form A"第 10 栏表示了发票号码，与我 L/C 特别条款中要求除发票、汇票以外，一切单据不能表示发票号码的规定不符；其二，正本提单上承运人加注了实际已装船的船名、日期的批注，但在副本提单中却无此批注。因此开证申请人不同意接受。

A 公司感到奇怪。对于普惠制原产地证书的发票号码事，早已向 B 商提出，对方不但同意，而且还办理了修改 L/C，为何还提出单证不符？A 公司即通过议付行向开证行提出：

对于×××号 L/C 项下单据的不符点事：

1. 普惠制原产地证书表示发票号码系根据联合国贸发会议的规定。只要稍有该方面的常识，不应提出这方面的异议。同时开证申请人不但接受此不符点，而且已修改 L/C。如何还存在单证不符？

2. 对于提单的"预期船名"，我方在提单上已经由承运人批注了实际装上船的船名、日期，并由承运人签章。根据《UCP500》第 23 条 A 款 II 项中规定："……当提单含有'预期船'字样或类似有关限定船只的词语时，装上具名船只必须由提单上的装船批注来证实。该项装船批注除注明货物已装船的日期外，还应包括实际装货的船名。即使实际装货船只的名称为'预期船'，亦是如此。"故我所提供的提单已符合《UCP500》规定。提单正本是有效的文件，只要正本提单已经按《UCP500》规定办理，并由承运人另外签章，即已满足 L/C 对于"装上船"的要求。至于副本提单，它属于不生效的参考文件，承运人不可能在副提单上加批和签章。所以,我提供的提单已构成"装上船"的提单,已经单证相符。根据上述情况,你方应接受单据,按时付款。

开证行接到 A 公司的申辩后又提出反驳意见:

对于普惠制原产地证书"Form A"不表示发票号码的条款的问题,我行并未修改 L/C。经查我申请人也未有过修改的申请。根据《UCP500》第 13 条规定,银行对审核单据的惟一的标准就是以单据上表面与 L/C 条款是否相符,并不考虑什么联合国贸发会议的规定。原产地证书上表示了发票号码,就是表面上单证不符。

对于提单正本有承运人批注内容,而副本也一样应有该批注内容。虽然承运人可以对副本提单不进行签章,但其各项内容均应与正本内容完全一样。正本有,而副本没有,即构成单单不一致。

根据上述情况,申请人无法接受该单据。请速告对单据处理意见。

最后买卖双方经过反复交涉未果,时逢当时该货市场价格趋于上升,买方才决定付款。拖延了 3 个多月,A 公司损失利息 14 000 美元。

☞ **案情分析**

本案虽然是买方设置的假修改 L/C 的圈套,但 A 公司在审证制单中也有失误。由此给我们提供的经验教训如下:

1. 在未接到实际修改书之前不要轻信 L/C 的修改承诺。本案例的 L/C 特别条款中规定:"一切单据除汇票及发票以外,不能表示 L/C 号码及发票号码。"乍看起来此条款并没有什么问题,要求不表示发票号码并不是什么难办的事。但如不熟悉普惠制原产地证书各项目的缮制方法,就无法发现该条款存在的问题。另一方面即使熟悉该证书的缮制方法,而不具备细心的、认真的工作方法,也不一定能联想到单据不表示发票号码所存在的问题。本案例的制单人员就是这样,在 L/C 刚到手时就没有发现问题,在缮制单据时才意识到该条款有问题。等到发现问题与买方联系时,又轻信了买方同意接受修改 L/C 条款的谎话,造成了受骗上当的事故。目前,类似这样的情况在我国外贸企业的出口业务工作中,仍经常发生,有关单位应引以为戒!如果遇到这种情况,应通过议付行电询开证行该证项下的申请人是否已办理修改,轻信买方一面之词则往往会导致风险或隐患。

2. 任何情况下银行审核单据只管单据表面上是否与 L/C 相符。A公司向开证行提出,普惠制原产地证系根据联合国贸发会议的有关规定缮制,甚至提出一些常识问题,这只会使银行和开证申请人知道 A 公司并不懂 L/C 业务。

目前外贸企业多是自己缮制提单,然后送船方或其代理签章。本案例的 A 公司就是在正本提单送外轮代理公司签章时,外轮代理公司在正本提单上加注实际已装船的船名、日期,并由其另加签章后退还 A 公司的。由于 L/C 要求提交一套正本提单和一份副本提单,A 公司向议付行提交另一份副本提单时,却忘了在副本提单上补加实际已装船的批注,造成单证不符。一些外贸公司也经常发生类似疏忽的事情。又例如正本提单由承运人填制签发提单日期后,外贸公司经办人员应该将副本提单同时填上签发日期。否则,虽然是副本提单,但没有签发日期,也会造成单据项目遗漏,外贸企业的有关单证人员对此应给予足够的重视。

出口业务的审证工作是一项非常重要而细致的工作,万万不可粗心大意。

■ 发票品名不符争议案

☞ 案情简介

某工艺品出口公司 A 向国外贸易有限公司 B 出口一批玉制品。L/C是由某国第一国民银行通过其香港分行开立的,并由 C 银行通知受益人——A 公司。L/C 部分条款规定:"100 cartons of Jade Products, including 50 cartons of Change E Files to the Moon and 50 cartons of Xi-chun at Drawing."(100 箱玉制品,包括 50 箱嫦娥奔月,50 箱惜春作画。)

在特别条款中对议付行规定："Instructions to Negotiating Bank：…The Negotiating Bank is required to send the first set of document direct to our Hongkong Branch by registered airmail and the second set by following airmail."（议付行注意：……要求议付行将其中第一套单据以航空挂号邮寄我香港分行，第二套单据由次班航邮寄。）A公司根据对方开来L/C的有关条款规定，按时办理了装运，于8月14日缮制妥该L/C所要求的所有单据向C银行办理了议付手续。C银行审核单据后认为单证相符，当天即向L/C所规定的开证行香港分行寄出单据。8月18日香港分行收到单据后，又将单据寄给开证行——第一国民银行。第一国民银行于8月22日收到单据后经审核发现单证不符，于8月28日向C银行发出因单证不符拒付货款电：

"第×××号L/C项下你单据经审核发现单证不符：

你方第××××号发票对商品名称的描述不全。我L/C规定商品名称为：玉制品（其中包括"嫦娥奔月"和"惜春作画"）。在你方发票上寻找不着我L/C所规定的玉制品的商品名称，仅表示50箱"嫦娥奔月"和50箱"惜春作画"，不符合L/C要求。根据《UCP500》第37条C款规定：'商业发票中的货物描述必须符合L/C中的描述……'，故我无法接受你方单据。经研究决定将你方原套份数单据全部退回，请验收。"

A公司接到开证行上述拒付电后，即召集有关人员讨论，研究结论认为开证行意见不成立。因为A公司出口的商品有两种：即"嫦娥奔月"和"惜春作画"，其具体的规格和计价都不一样，作为发票当然要以具体的商品名称"嫦娥奔月"和"惜春作画"分别计价列出。如果按开证行要求以一个统称"玉制品"列出，则发票无法计价。L/C之所以要用"玉制品"这个统称表现，是因"嫦娥奔月"和"惜春作画"两个商品利用一个L/C开出，才不得不出现了"玉制品"这个统称。所以"嫦娥奔月"和"惜春作画"这两个品名是主要的，而"玉制品"这个统称在发票上有无均可。开证行拒付的意见不成立。

A公司将讨论结果与议付行C银行商讨，要求C银行发电反驳开证行。C 银行经研究认为 A 公司意见不符合单证一致的原则。本 L/C 明确规定："This credit is subject to Uniform Customs and Practice for Documentary Credit(1993 Revision), ternational Chamber of Commerce. Publication No. 500."（本证根据国际商会第 500 号出版物《跟单 L/C 统一惯例》1993 年修订本解释。）该惯例对审核单据的原则就是单据表面上是否与 L/C 条款相符，如果单据表面与 L/C 条款不符，开证行可以拒收单据。L/C 既规定有商品的统称，又规定了商品的具体品名，发票也应该将两者都表示出来才符合要求。

A 公司有关人员认为，如等到退回的单据收到后再更换发票，L/C 势必已过期。A 公司于 30 日直接向开证行作出以下答复：

"你 28 日电悉。关于第××××号 L/C 项下的单证不符事，我们认为只是发票一种单据的内容问题，你行应该暂留存单据并通知我们，听候处理的意见。你行不听取我方意见，单方决定将单据退回来是不对的。"

A 公司发电后的翌日即从 C 银行收到开证行的复电：

"你 30 日电悉。你方单据既已存在单证不符，我行有权决定将原单据退还原处，这是符合《UCP500》惯例要求的。至于是留存单据听候处理或单方决定将单据退还原处，两者可由我行选择，这也是《UCP500》惯例允许的。"

C 银行收到开证行上述电文后才知道 A 公司已直接向开证行提出了意见，这样反使自己处于被动的地位。C 银行又组织有关人员进行研究，再次发现新问题，于 9 月 1 日即向开证行发出如下电文：

"关于第××××号 L/C 项下的单证事，我行认为：我全套单据系根据 L/C 规定于 8 月 14 日向你 L/C 指定的银行——香港分行寄单，于 8 月 18 日到达你香港分行，你却于 8 月 28 日才向我提出单证不符。根据《UCP500》第 14 条 D 款第 I 项规定：'如果开证行及/或保兑行（如有的话）或代表其行事的指定银行决定拒收单据，则其必须不得延迟地以电讯方式，如不可能，则以其他快捷方式通知此事，但不迟于自收到单据之翌日起第七个银行工作日。该通知应发给从其处收到单据的银行，或者，如直接从受益人处收到单据,则将通知发给受益人。'因此,你8月18日收到单据,8月28日才提出单证不符,超过上述《UCP500》所规定的7个银行工作日。你行已无权提出单证不符,应按时付款。"

C银行发出上述电文后,于9月2日又接到开证行复电:

"你9月1日电悉。关于超过7个银行工作日提出单证不符的问题,你方误解情况。我行本身是于8月22日才收到该证项下的你方的全套单据,我行于8月28日向你方提出单证不符,按规定22日的翌日起算,距28日并未超过7个银行工作日,28日仍在7个银行工作日的范围内。因此,单据仍然无法接受。"

C银行接到开证行复电后,经有关人员研究,又作如下反驳:

"你2日电悉。我8月14日寄出单据,8月18日到达你所指定的香港分行,从8月18日开始即认为你行收到我单据。至于你香港分行又将单据寄给你们,则属于你银行内部问题,所以应以8月18日作为你行收到单据的日期,距8月28日超过7个银行工作日,你行无权提出单证不符,请你行按时付款。同时通知你行,你行所退回的第×××号L/C项下的全套单据,我行又同日以航空特快挂号邮寄你行,请你行查收。"

议付行发出上述反驳电后,再未见到开证行复电,最后开证行只好付款而结案。

☞ **案情分析**

本案例最后虽然A公司没有遭受损失,但受益人和议付行确实存在着缺点或错误,也应该引起足够的重视。

1. 商品统称在发票上可有可无的观点是违背L/C要求的。制单工作的原则就是单证相符。L/C既规定有商品的统称又规定有具体品名,两者必须在单据上照样表示。如本案例的情况应在发票上先表示统称"玉制品",然后再分别列出具体品名:"嫦娥奔月"和"惜春作画",并再分别计价,做到单证完全相符,使其无懈可击。根据《UCP500》第37条B款规定,尤其商业发票的货物描述须完全与L/C一致。A公司认为"嫦娥奔月"和"惜春作画"这两个品名是主要的,而"玉制品"这个统称在发票上可有可无,这种观点是站不住脚的。正如 C 银行所说,发票不按 L/C 要求将商品的统称和具体品名都列出,开证行则有权拒收单据,但 C 银行在接受议付时,却接受了这样单证不符的发票,并向开证行寄单,实在是遗憾。

2. 指责开证行单方面退单的理由是不成立的。A 公司于 30 日发电指责开证行,对单证不符的单据应该采取留存单据听候处理的办法,不应单方决定将单据退回来。这种认识也是错误的。根据《UCP500》第 14 条 D 款规定,开证行对不符点的单据是留存听候处理,或单方决定退还单据给寄单人,完全可以由开证行自由选择,两者没有什么区别。所以 A 公司 30 日对开证行作出这样无根据的指责,反被开证行驳得无言可答。

从以上分析来看,本案例单据不符已成事实,开证行拒付货款也成定局。但 C 银行先不提自身存在的不符点,却避实攻虚,于 9 月 1 日抓住开证行的错误——超过 7 天后才提出单证不符问题,其做法是成功的,这是本案例的转折点。虽然开证行并没有就此罢休,尽力为自己辩解,但终被 C 银行据理反驳,不得不接受了单据,这恰恰又是充分利用《UCP500》作依据转败为胜的结果。

■ 发票名称及包装单重量单位不符纠纷案

☞ 案情简介

我某出口公司 A 接到进口国银行开来的一张即期付款 L/C,证中商品名称为:550M/Tons of Yellow Maize(550 公吨黄玉米)。A 公司有关业务员审查 L/C 后,即通知储运部门按 L/C 要求办理装运手续,单证人员于 6 月 15 日依据 L/C 规定的时间和所要求的单据向议付行交单办理了议付。议付行审查单据后认为单证相符并向开证行寄单,未料到 6 月 28 日却接到开证行通知电:

"第××××号 L/C 项下你方单据经审核发现有如下单证不符：

其一，我 L/C 规定：'Commercial invoice triplicate'（商业发票一式三份），你方提供的单据名称却为：'Invoice'（发票），不符合我 L/C 的要求。

其二，L/C 规定商品重量为 550 公吨黄玉米。你方商业发票对其重量表示 549 公吨，而包装单上却表示 549 000 公斤，两者重量单位不一致，因此单与单之间不符。

我行经联系申请人，对上述不符点申请人亦不同意接受。单据暂由我行代保管，听候你方处理意见。"

A 公司接到开证行上述拒付电后，即组织有关人员研究，并核对留底单据，认为对方对单据完全是无中生有的挑剔。

关于 L/C 规定商业发票，A 公司使用发票名称设计的就是"Invoice"的表示，当然是商业发票，并且该发票格式使用了二十几年，国外对此从未提出异议。

关于重量问题，发票表示 549 公吨；包装单表示 549 000 公斤，549 公吨即等于 549 000 公斤，对方完全是企图从"鸡蛋"中挑出"骨头"来。

A 公司经过研究后，于 7 月 1 日作了如下答复：

"6 月 28 日电悉。关于第××××号 L/C 项下的所谓单证不符事，我们认为：

1. 关于发票问题，L/C 项下的结算发票当然是商业发票，发票是商业发票的简称，两者是一种单据，这也是国际贸易结算中被公认的事实。你方以此作为单证不符的依据是不能成立的。我方认为我们所提供的'Invoice'，已经满足了你 L/C 规定的'Commercial invoice'要求。

2. 在国际度量衡标准中，1 公吨本来就是等于 1 000 公斤，那么 549 公吨当然等于 549 000 公斤。虽然你 L/C 规定重量以公吨为单位，但由于包装单上需要计算每袋的重量，即每袋重量 90 公斤，共装 6 100 袋，乘以每袋 90 公斤，所以总重量为 549 000 公斤，同时也等于 549 公吨，符合 L/C 规定。

因此，我单证相符，请立即付款。"

7月4日A公司又接到开证行复电：

"你7月1日电悉。提请你方注意一点：根据《UCP500》的规定，我银行审核单据是依据单据表面与L/C条款相符。单据之间表面互不一致，即视为表面与L/C条款不符。我L/C规定'Commercial invoice'，你提交的单据表面上是'Invoice'，可见你单据表面与我L/C条款不符。同时我L/C规定的重量单位和你发票上重量单位都是'公吨'，惟独包装单上的重量单位为'公斤'，这就是单据之间表面互不一致。速告单据处理的意见。"

A公司根据开证行上述复电对照《UCP500》惯例规定并与议付行研究，认识到单据确存在某些缺点。通过与买方反复磋商，最后该批货物以降价处理而结案。

☞ **案情分析**

本案A公司由于制单不慎才导致重大损失，其教训如下：

1. 发票并不等于商业发票。商业发票作为国际贸易结算中的重要单据之一，既是卖方向买方交货、收款的主要凭证，也是系统地表示装运货物各细节和价目的总说明。除此之外，它还是供国外买方凭以付款入账、清关、纳税等项目的重要凭证。所以，对商业发票的缮制要特别谨慎。从本案例看，目前许多外贸企业在商业发票的设计印制中，其名称仅表示"Invoice"（发票）确实比较普遍。正如本案例中A公司的单证人员所述，该公司使用仅表示"Invoice"格式的发票已经二十几年了，国外从未因此而提出异议。但严格地说，发票仅是个总称，发票在国际贸易中除商业发票（Commercial invoice）外，还有形式发票（Proforma invoice）、领事发票（Consular invoice）、制造商发票（Manufacturer's invoice）、收讫发票（Receipted invoice）、样品发票（Sample invoice）、宣誓发票（Sworn invoice）、海关发票（Customs invoice）等等。L/C规定提供商业发票，理应按规定要求的名称表示出来，以达到单据表面上符合L/C条款的要求。所以，如果发票在印制时，只表示"Invoice"一词者，而L/C又规定提交"Com-

mercial invoice"。在缮制发票时应在发票名称前加上"Commercial"字样，以符合 L/C 要求。

2. 包装单的重量单位应与发票的重量单位一致。本案例的包装单由于单据性质要求表示每件包装的重量(549 公吨÷6 100 袋＝90 公斤)，每件重量是 90 公斤，所以其总重量才出现"公斤"的单位，形成单与证、单与单不一致。一般地说，商业发票的重量表示 549 公吨，包装单表示 549 000 公斤，如果资信较好的买方会立即付款赎单，以便持单提货，投入市场进行交易，这是正常贸易的情况。但如遇到资信不好的买方，或由于货物的市场疲软，买方企图拖延付款的情况下，正巧发现单与单不符，买方当然要以此为借口提出异议。所以作为单证人员为防范风险，必须做到单证相符、单单相符，才能保证安全收汇。例如，本案例的包装单，如果以严密的缮制方法可先以公斤表示，然后再折合成公吨，如 549 000 公斤＝549 公吨，或直接表示出 549 公吨也是可以的。

3. 要安全收汇必须防止单据漏洞。近年来由于单据本身的缺陷而发生纠纷案件，在国际结算中已屡见不鲜。国际结算尤其 L/C 方式项下的单据，单单一致、单证一致是安全收汇的保证。只要单据表面符合 L/C 条款，开证行就负有履行付款的第一责任。为了自身的利益，开证行是不允许单据与 L/C 有任何不符点的。开证申请人接到开证行的赎单通知后，在远洋运输情况下，一般都未见到货物，也不了解货物情况，所以在赎单付款时便会非常苛刻地审查单据。近洋运输，如果货物已到，对货物有异议，或遇到市场疲软等情况，也会对单据百般挑剔，以达到不付款或削价的目的。这一点应引起外贸企业特别是单证人员的高度警惕。

■ 发票缮制与签字争议案

☞ 案情简介

我某出口公司 A 向国外某贸易有限公司 B 出口一批冻野味，6 月 13

日由 D 银行开来一份不可撤销即期付款 L/C。L/C 对有关部分条款规定："85M/Tons of Frozen Partridge, USD. ×××-per M/Ton net, CIF London, The specifications of goods should conform with the stipulation of contract No. LDO-××345 dated 15th March, ×× ··· Signed commercial invoice in triplicate. (85 公吨半冻沙鸡，每公吨净重×××美元，CIF 伦敦。货物的规格必须符合××年 3 月 15 日第 LDO-××345 号合同规定。······签字的商业发票一式三份。)

A 公司接到 L/C 后经审查未发现问题，于 6 月 28 日按时办理了装运。因 L/C 对商品的规格仅要求符合合同规定，没有具体指定，有关单证人员在缮制单据时，根据商品检验检疫局出具的检验证书上规格实际检验结果与合同对照，证实符合合同规定时，在商业发票上将其规格表示如下："Feathers-on, neat and intact, with viscera, without distinction as to sex, 0.5 kg. net weight per brace. (羽毛整洁，带内脏，不分雌雄，每对净重 0.5 公斤以上。)认为这样既是实际货物规格，也符合合同规定，又满足了 L/C 要求。A 公司于 6 月 30 日向议付行交单议付，7 月 15 日却接到议付行转来开证行的拒付通知：

"你第××××号，L/C 项下的单据经我行审查，发现如下单证不符：

1. 我 L/C 规定：货物的规格必须符合××年 3 月 15 日第 LDO-××345 号合同规定。但你发票上表示：'羽毛整洁，带内脏，不分雌雄，每对净重 0.5 公斤以上。'从你方单据上无法证实该规格是否符合××年 3 月 15 日第 LDO-××345 号合同规定。

2. 我 L/C 规定：签字的商业发票一式三份，而你方提供的商业发票并未进行正式签字，却盖以图章式的签名，所以不符合我 L/C 的要求。

以上不符点已经与申请人联系，亦不同意接受。单据暂代保管，听候你方的处理意见。"

A 公司有关人员研究认为开证行所提的意见不能成立。对于商业发票上规格描述的问题，我商业发票上所表示的规格并没有与合同规定有丝毫的差异，既符合合同规定，又满足了 L/C 要求，对方完全是无理挑别。对于签字问题更无道理。A公司于7月18日即通过议付行向开证行提出反驳意见：

"你7月15日电悉。对于第××××号L/C项下的单据，你所谓单证不符事，我方认为：

1. 你L/C规定：货物的规格必须符合××年3月15日第LDO-××345号合同规定。但我们买卖双方合同上规定的规格就是'羽毛整洁，带内脏，不分雌雄，每对净重0.5公斤以上。'我商业发票上也是如此描述，事实上说明我商业发票已满足了你L/C要求。

2. 关于商业发票签字问题，你L/C规定提供签字的商业发票，并没有特别指定需要手签，按《UCP500》第20条B款关于签字的规定：'单据的签字可以手签、传真签字、穿孔签字、印戳、用符号或使用任何其他机械或电子证实方法签字。'上述明确指出签字可以用'印戳'证实方法签字。

因此，我们认为你方所提出的所谓单证不符不能成立，你方应按时付款。"

7月23日又接到开证行的回电：

"你7月18日电悉。关于第××××号L/C项下商业发票上的商品规格问题，我银行不管你买卖双方合同对规格是如何规定的，只管你单据表面上与L/C条款是否相符。根据《UCP500》第3条规定，虽然我L/C对该合同作了援引，我银行与该合同也毫不相关。我银行只管单据的表面与L/C条款相符，即我L/C规定货物规格符合合同规定，只要你单据也能证实规格符合了合同规定，就满足了L/C的要求。即使你发票上所描述的规格事实上是符合合同规定，而从表面上却无法说明它符合合同规定，就是不符合L/C要求。

因此我行与申请人均无法接受单据，速告单据处理的意见。"

A公司接到开证行复电后，组织有关人员与议付行研究，并探讨《UCP500》有关条文后认为，虽然对方是故意挑剔，但严格说我方单据确实存在着缺点。最后只好通过买方进行工作，以削价方式付款而结案。

☞ 案情分析

本案例再次说明了一个问题：L/C 结算方式的特点是单据的买卖。开证行对 L/C 项下的付款，依据的是单据，如果卖方的单据完全符合 L/C 要求，即使货物不合格，银行也保证付款；如果单据不符合 L/C 要求，即使货物品质优良，也难以收回货款。本案给我们的思考是：

1. 商业发票如何正确描述货物规格？本案中单证不符是由发票描述货物规格不正确引起来的。据了解，A 公司的有关单证人员当时在缮制商业发票时是这样理解的：L/C 规定"货物的规格必须符合××年 3 月 15 日第 LDO-××345 号合同规定"。如果在商业发票上也照此表示，虽然单证相符，但不列出具体货物的规格，这样缮制的发票其实不成其为商业发票，因为商业发票是买卖双方交接货物和结算货款的凭证和装运货物各细节的总说明，而且规格又是商业发票的主要项目之一。所以 A 公司的单证人员只好将货物的规格如实地表示在商业发票上，误认为这样既满足了商业发票的要求，又与合同一致，也符合 L/C 的规定。

正确的缮制方法应该这样表示：

"Specifications of goods：Feathers-on. neat and intact，with viscera，without distinction as to sex，0. 5 kg. net weight per brace.

The above specifications conform with the stipulation d contract No. LDO-××345 dated 15th March，××."

（货物规格：羽毛整洁，带内脏，不分雌雄，每对净重 0.5 公斤以上。上述规格符合××年 3 月 15 日第 LDO-××345 号合同规定。）

这样才真正做到了既满足了商业发票的需要，又符合 L/C 的规定。A 公司在本案例中，如果在缮制商业发票时能如上表示，则单证不符就不至于产生，因为货物规格问题才是本案例的真正单证不符。

2. 如何正确看待商业发票的签字？根据《UCP500》第 20 条 B 款规定："单据的签字可以手签、传真签字、穿孔签字、印戳、用符号或使用任何其他机械或电子证实方法签字。"从本条文看，L/C 规定单据的"签字"，银行应该接受使用印戳式的签字,或采用加盖"符号"作为有效的签字。但对于"符号"的含义,根据国际商会出版物第 511 号解释,"符号"就是使用亚洲传统的"印戳标记(chop mark)"。

商业发票虽然是结算单据中一种主要的单据,但它究竟不是物权凭证,所以《UCP500》第 37 条规定:"除非 L/C 另有规定,商业发票毋需签署。"对单据签字是否可使用图章式签字的问题,各国认为如果与签发单据的所在国的法律不违背,则可以接受,何况《UCP500》第 15 条规定:"银行对任何单据的形式……或法律效力……概不负责。"

如果对单据要求必须用手写签字,L/C 应该在条款中明确规定"Commercial invoice to be signed by handwriting"。本案例的 L/C 仅规定:"Signed commercial invoice in triplicate",A 公司用图章式的签字已经满足了 L/C 的要求,所以开证行经 A 公司 7 月 18 日的反驳后,在 7 月 23 日复电中只对货物规格的问题继续提出异议,而对商业发票签字的问题已自知理屈,在复电中只字不提。可见,关于商业发票签字问题完全是开证行的无理挑剔。

■ 发票与原产地证内容不一致致损案

☞ 案情简介

我国某橡胶出口企业 A 与泰国某进口贸易有限公司 B 达成了一笔 L/C 交易,证中有关单据的条款规定:"正本提单一份,商业发票一式三份,以及由商检局出具的普惠制原产地证书 Form A,所有单据除发票外不得表示发货人或受益人的地址。"A 公司按 L/C 要求进行装运后,便向当地商检机构申请出具普惠制原产地证书 Form A,但商检机构却要求在普惠制原产地证书 Form A 上发货人地址栏不得留空。

这样,A 公司不得不电告 B 公司:"由于我国商检机构强制规定普惠制原产地证书上的发货人栏必须标明发货人的名称和详细地址,请立即将原L/C中的条款改为：‘所有单据除发票、普惠制原产地证书以外，不得表示发货人或受益人地址。’”不久，B公司即回电称："该普惠制原产地证书系由我方提供给另外的客户，并非我方所需要，所以难以改证。如果你方不在原产地证书中表示你方的真实详细地址，而是虚构一个地址，则我方可以考虑修改L/C。"接电后，A公司考虑到货物已经发运，如果拒绝接受B方的要求和建议，将会承担运费的损失。另外也以为虚构原产地证书中的发货人的地址，不会影响最终的结汇。于是，A公司便接受了B方的要求，同时B方也如约将原L/C中的单据条款改为："除发票、普惠制原产地证书外，所有单据不得表示发货人或受益人的地址。"

一切似乎进展顺利，A公司将制好的全套单据交议付行又寄至开证行。但开证行当即提出了单据中的不符点："你第×××号L/C项下的单据经审核发现发票上受益人的地址与原产地证书中发货人的地址不符，故而构成单单不符，我行无法付款，请速告单据处理意见。"A公司得此消息后，才意识到原来公司里的单证员习惯了按固定的发票格式制单，忽略了将发票发货人真实详细的地址改为虚构的地址，而此时想再置换发票已为时过晚。最终，A公司不得不与B公司商议降价处理此笔货物，才了结了此案。

☞ 案情分析

本案的外贸单证人员犯了一个十分幼稚的错误。单单一致是L/C业务的基本要求，制单时一定要十分细致地处理。本案给我们提供的教训是：

1. 在不熟悉法规和规定的情况下不能贸然操作

案例中的A公司审证时，未对L/C中规定的"原产地证书不能标明发货人或受益人地址"条款给予足够的注意和重视。在此情况下，如果对我国商检机构出证的规定不熟，单证人员应事先就此问题向我国的商检机构详细询问和调查，以确保出口单证能够满足B公司L/C中的要求。

2. 修改出口单据时不能顾此失彼

本案中 B 公司要求 A 方不在除发票以外的单据中表示受益人地址，是因为除发票以外的所有单据都必须由 B 公司交给其另外的客户，而发票则可以由 B 公司自留。相对而言，发票对 B 公司来说是次要的，但当 L/C 修改后增加了普惠制原产地证书并虚构了发货人地址后，A 公司单证员却忽略了发票与原产地证书发货人地址的不一致，忘记将发票中的真实地址修改为虚构地址，这就为以后的单证不符埋下了隐患，为 B 公司胁迫 A 公司降价处理货物留下了口实。

3. 慎重对待进口商虚构地址的要求

制单工作是维护贸易各方权利和义务的重要环节，不仅要符合国际商业惯例，也要符合国际贸易中的有关法律和法规。因此，单证工作必须做到：正确、完整、及时、整洁。而不应当接受任何一方违背事实、弄虚作假的要求。如果中途作假，将极易造成单证不符，给出口合同的履行带来不必要的麻烦，甚至会引起意想不到的重大损失。商业发票是货物单据中的核心单据，其他单据都是以其为中心填制的。如果产地证中有关发货人地址与商业发票中的同一栏地址不一样，肯定属于单单不符，在 L/C 条件下，是很难保证正常结汇的。案中的 A 公司虽然使其单据虚构发货人的地址符合 L/C 的要求，但却不可能与实际情况及其买卖合同的内容相符，最终存在着不良隐患。

随着电子计算机在外贸业务中的广泛应用，外贸企业运用外贸业务信息管理系统已极为普遍。其中出口合同及单证的计算机管理大大提高了工作效率。要避免上述单单不一致的现象发生，只要在该系统中运用单证制作模块就行了。该模块可以根据外销合同、L/C、产品情况等信息输入基础数据，加入相应的单证条款就可直接生成所有的单据。由于使用该模块生成的单证具有可编辑性，用户可以直接在生成的单证上进行编辑，所以要避免出现上述失误并不困难，关键是要以认真、细致的工作态度对待制单工作。

发票和汇票缮制错误致损案

☞ 案情简介

我某出口公司 A 与科威特某中间商成交货物一批,贸易条件为 CFRC5%,货值为 RMB￥52 500。国外开来 L/C 总金额为 49 875 元,并注明"议付时扣 5% 佣金额给某商号",原文为"When negotiating documents 5% commission to be deducted from amount negotiated and returned to××"。但 A 公司在制单中忽视核对 L/C 金额,在缮打发票和汇票时均按照合同金额 52 500 元,议付时银行扣除 5%,按 49 875 元借记开证行北京账户。开证行接单后来电拒付,理由是发票金额超过来证金额。经多次与开证行及中间商交涉均无效,只好在 L/C 有效期内另赶制新发票和汇票,即金额改为 49 875 元,再扣去 5% 佣金,白白损失了 5% 的金额计 2 493.75 元的收入。

☞ 案情分析

本案例中的 A 公司业务人员因缺乏经验,并对缮制单据复核把关不严,以致中了国外商人设下的圈套,可谓有苦难言。本案的教训如下:

1. 忽视审查 L/C 金额与合同金额是否相符

本案来证总金额为 49 875 元,A 公司审证时未能发现 L/C 所列金额与合同不符。按照合同,总金额应为 52 500 元,而不是 49 875 元。业务人员对于 L/C 上"议付时扣 5%……"错误理解为:L/C 上金额是合同总金额 52 500 元扣 5% 佣金后的净额 49 875 元,于是在缮打发票、汇票时均按合同规定办理。开证行发现单证不符予以拒付是必然的。这个错误本来可以避免,只是由于 A 公司审证制单把关不严,才误入了国外商人设下的圈套,等于白送了 5% 的佣金,即人民币 2 493.75 元给人家。

2. 审证制单要有全面的专业知识和较强的责任心

审证是一项既细致又专业性很强的工作,工作人员稍有疏忽就会带来不可弥补的损失。作为外贸单证工作人员,不仅要具备良好的专业知识,熟悉合同的条款及操作方法,而且要有风险防范意识和丰富的经验,否则,就会给外方欺诈机会,给自己造成不必要的损失。

■ 发票未表示规格条款引起的纠纷案

☞ 案情简介

某出口公司 A 于某年 7 月 16 日接到通知行转来一张电开 L/C。L/C 有关商品条款规定:"50M/Tons Frozen Snapper Sea Bream, Fresh, quick frozen, Weight per fish:2~3kgs(50 公吨冻加吉鱼,新鲜,速冻。每条鱼重 2~3 公斤)。A 公司备妥货物后于 7 月 21 日装运完毕,7 月 23 日又接到通知行转来开证行邮寄该 L/C 的证实书(Confirmation)。7 月 24 日单证人员向议付行交单议付后,8 月 2 日开证行来电提出异议:

"你×××号单据经审核后发现其中发票规格漏表示,'Whole fish and ungutted'(整条不去内脏)。单据仍在我行代保存,听候你方处理意见。"

A 公司单证人员接到开证行上述来电后即对照留底单据与 L/C 条款,发现 L/C 关于规格条款并未规定"整条不去内脏"的类似条款,怎能说规格漏表示"整条不去内脏"? 经联系有关业务员才知开证行曾寄来 L/C 的证实书,证实书确有规定"整条不去内脏"规格的规定。该有关业务员当时认为合同确有这样的规定,而且实际货物已是"整条不去内脏"的规格,货又已装运完备,所以未将该证实书交给单证人员。A 公司随即与议付行研究,议付行称可以不用表示该规格,即于 8 月 3 日作出如下反驳:

"你 8 月 2 日电悉。关于我第×××号单据事,你行 7 月 16 日的电开 L/C 中并未规定有'整条不去内脏'的类似条款,故我单证相符。根据《UCP500》第 11 条 A 款第 I 项规定:'如开证行使用经证实的电讯传递方式指示通知行通知 L/C 或 L/C 修改书,该电讯即被视为有效信用证文件或有效修改书,不应邮寄证实书。如仍邮寄证实书,则该邮寄证实书无效。通知行亦无义务将该邮寄证实书与所收到的以电讯方式传递的有效信用证文件或有效修改书进行核对'。因此,按上述条文规定,你 7 月 16 日以电讯传递方式开出的 L/C 应为有效的正式 L/C,我方应按该有效的电开 L/C 出具单据和审核单据。至于你于 7 月 23 日又邮寄来证实书应属于无效的文件。你在证实书上规定'整条不去内脏'的规格应视为无此规定。故你行所谓单证不符是不成立的,应按时付款。"

A 公司发出上述电文后,于 8 月 5 日又接到开证行复电:

"你 8 月 3 日电关于第××××号 L/C 项下的单证不符的事,你方依据《UCP500》第 11 条 A 款第 I 项认为:以电开 L/C 为有效的 L/C 文件;邮寄的证实书为无效的文件。但你方必须注意,我行在电开 L/C 中明确声明:随后邮寄证实书。根据《UCP500》第 11 条 A 款第 I 项规定:'如电讯声明详情后告(或类似措辞)或声明以邮寄证实书为有效信用证文件或有效修改书,则该电讯不视为有效信用证文件或修改书。开证行必须不迟延地将有效信用证或有效修改书交给通知行'。根据上述条文规定,我行在电开 L/C 中既已声明有'随后邮寄证实书'的词语,则其电讯文件不被视为有效的 L/C 文件,应以邮寄的证实书为有效的 L/C 文件。"

A 公司接到上述开证行的反驳后,又与议付行研究,经议付行对原电开 L/C 进一步审查后,A 公司于 8 月 7 日又发出如下反驳电文:

"你 8 月 5 日电悉。你行 7 月 16 日发出的电开 L/C 中曾加有密押证实。《UCP500》第 11 条 A 款第 I 项规定:'如开证行使用经证实的电讯传递方式指示通知行通知信用证或信用证修改书,该电讯即被视为有效的信用证文件或有效的修改书,不应再邮寄证实书。如仍寄证实书,则该邮寄证实书无效……'所以根据上述条文规定,你行 7 月 16 日的电开 L/C 既已加密押证实,则该电开 L/C 应为有效的正式 L/C 文件,不应该再邮寄证实书。即使你行在电开 L/C 中声明'随后邮寄证实书',并实际上也邮寄来了证实书,但其证实书也是无效的。

因此我方单据完全符合你行 7 月 16 日有效的电开 L/C 条款,所谓不符点不成立。你行应按时付款。"

8 月 10 日开证行终于告知该票货款已转入账下而结案。

☞ **案情分析**

电开 L/C 目前使用比较多,尤其使用"SWIFT"700 或 701 后电开 L/C 更加普遍。过去开证行由于某种原因和习惯,先以简单的电文指示通知行通知受益人,然后再邮寄证实书作为核对电文之用。开证行如果准备使用邮寄证实书做法,一般在电文通知中仅简单地表明开立第××号 L/C,及金额、数量、品名等主要几个项目,电文的本身构成不了完整的 L/C 文件,所以在电文中声明"详情后告"的类似措辞,而且电文不加押。如果在电文中加押了,就表明该电文已证实作为完整的有效 L/C,在这样的情况下,即使邮寄来证实书也是无效的。

本案例就是这种情况,其电开 L/C 已经加了密押,就构成一个有效的 L/C。银行委员会在国际商会第 434 号出版物和第 535 号出版物关于这个问题都表明了上述观点和决定。

■ 发票汇票单证不符致损案

☞ **案情简介**

某年,出口公司 A 向国外某贸易有限公司 B 出口一笔大麻籽。对方开来 L/C 主要条款规定:"……Credit available by the beneficiary's draft(s) at sight,pay to The Standard Bank,Ltd. only. ……Covering 150 M/Tons of Hempseeds,Admixture and moisture must be identical with the contract No. DHF04308 stipulated. ……A certificate issued by the beneficiary and countersigned by buyer's representative Mr. Smith, his signature must be verified by opening bank, certifying the quality to conform to sample submitted on 15th July, ××. "（……由受益人开具的即期汇票,只限付给标准银行……150 公吨大麻籽,杂质及水分必须与第 DHF04308 号合同规定一致,……受益人出具证明并由买方代表史密斯先生会签,其签字须由开证行核实,证明品质符合××年 7 月 15 日提供的样品。）

　　A 公司审查 L/C 后,认为 L/C 条款与合同规定相符。在货物备妥后即邀请买方代表史密斯先生检验货物。买方代表看货后亦认为货物符合样品和合同的要求,表示同意装船。A 公司即按 L/C 要求出具证书,证明所装运货物品质符合××年 7 月 15 日提供的样品,并由买方代表史密斯先生会签。A 公司在装运后,于 9 月 13 日将 L/C 所要求的单据向议付行交单议付。9 月 29 日开证行提出如下单证不符:

　　"1. 我 L/C 规定:'……The benefieiary's draft(s) at sight, pay to The Standard Bank, Ltd. only……'(只限付给标准银行),你方提交的汇票收款人却只表示:'pay to The Standard Bank. Ltd.（付给标准银行）,漏'only',违背了 L/C 规定。

　　2. 我 L/C 规定货的杂质（Admixture）和水分（Moisture）必须与第 DHF04308 号合同规定一致。从你方发票和其他有关单据上都无法确定杂质及水分的含量已符合上述合同规定。

　　3. 你方出具的证书虽然已由史密斯先生会签,但其签字并非真实的,经与申请人事先向我行备案的签字存样对照,差别很大,故该证书无法生效。

　　以上三点与证不符,经联系申请人亦不同意接受单据。速告处理意见,我行暂代保管单据。"

　　A 公司对开证行所提的三项不符点进行了研究,认为对方是无理挑剔,并于 10 月 4 日作出如下反驳意见:

　　"1. 汇票收款人名称有三种习惯填法,即记名式抬头、指示式抬头和来人式抬头。记名式抬头即直接指定某某人为收款人。你 L/C 所规定和我提交的汇票均属于记名式——标准银行,而有无'only',其作用没有很大的差别,均以标准银行为该汇票的收款人。我们认为我汇票的收款人缮制方法已符合你 L/C 要求,应认为单证一致。

2. 对货物规格含量问题,L/C 规定杂质和水分必须与第 DHF04308 号合同规定一致。该合同规定杂质最高 3%,水分最高 12%;我发货票上亦同样记载杂质最高 3%,水分最高 12%。两者均相同,完全符合第 DHF04308 号合同规定,怎能说单证不符?

3. 关于我们出具的证书,证明货物品质符合××年 7 月 15 日提供的样品问题。该证书已经由买方代表史密斯先生在检验货物后亲自会签,并非第三者签字,如何能说签字不真实?L/C 要求受益人出具证书,我们按 L/C 要求的内容出具了;L/C 要求由买方代表史密斯先生会签,我们也已由其本人亲自签字了。史密斯先生只有一个人,怎会出现不同的签字?因此我们完全不同意你行的意见,你行应该接受单证一致的单据,按时付款。"

A 公司信心十足地向开证行提出上述反驳意见,认为开证行这次无理可驳了,未料于 10 月 9 日又接到开证行的异议,其电文如下:

"你 10 月 4 日电悉。

1. 我 L/C 对汇票收款人明确规定:'只限付给标准银行,其意思即禁止第三者参与本汇票的流通,不得背书转让。你实际汇票的收款人没有限制,即无'only',则可以背书转让给第三者,其性质已改变,怎能说两者制法的作用无差别?所以它已违背我 L/C 要求,这是单证不符之一。

2. L/C 规定杂质及水分必须与第 DHF04308 号合同规定一致。虽然你 10 月 4 日电中解释发货票上所表明的杂质含量最高 3%,水分最高 12%,实际与合同规定一致。但我银行处理的仅仅是单据,单据上表现不出与合同相符的记载文句,你再次解释也无用。根据《UCP500》第 4 条规定:'在信用证业务中,各有关当事人处理的是单据,而不是与单据有关的货物、服务及/其他行为'。所以我银行不能去查找你合同或对照你合同规定看是否相符。

总而言之,只要单据相符,就是单证相符;单据表面上不符合 L/C 要求,就是单证不符。我银行不管你实际货物情况或合同如何规定。

3. 对于品质符合样品的证书由买方代表签字问题。银行不管其买方代表史密斯先生是一个人还是两个人。但提请你方注意:我 L/C 规定:'……his signature must be verified by opening bank'(他的签字必须由开证行核实),申请人开立 L/C 时曾提供其签字的样本存案在我行。你方既已接受 L/C 该条款,则你方提交证书的会签人签字必须与我样本相符,其证书才生效。而你方所提供会签人的签字与我行存案的签字完全不符,因此我行无法表示你单据符合 L/C 要求。

综上所述,以上三项确实单证不符。我们已再次联系开证申请人,对方亦不同意接受单据。速告单据处理意见。"

A 公司根据开证行的意见,邀请有关行家研究,意欲再次反驳对方。但研究后认为开证行意见并非无理挑剔,我方已无法反驳对方。但第 3 项不符点关于签字不符的问题,A 公司即找买方代表史密斯先生,才知他早已回国了。A 公司又直接向买方提出,并责问对方:我单据由你方代表史密斯先生亲自签字,为何与你在开证行备案的签字不符? 但对方一直不答复。开证行又再三催促处理单据意见。最终 A 公司只好委托其他代理商就地降价处理货物,造成了不小损失。

☞ 案情分析

本案 A 公司出口单据与 L/C 不符,并被开证行拒付不足为奇,其根本原因在以下几方面:

1. 没有充分理解 L/C 结算方式的特点。L/C 结算方式有两个最大特点:(1)L/C 是一个独立自足的文件,它不依附于买卖双方的合同,不受合同约束。所以《UCP500》第 3 条规定:"就其性质而言,信用证与可能作为其依据的销售合同或其他合同是相互独立的交易,即使信用证中含有对此类合同的任何援引,银行也与该合同毫不相关,并不受其约束。因此,一家银行作出付款、承兑和支付汇票和/或履行信用证项下的其他义务的承诺,不受申请人与开证行或与受益人之间的关系而提出的索赔或抗辩的约束。"(2)L/C 有关当事人处理的是单据,开证行只单纯凭单据表面上是否与 L/C 相符而决定是否付款。所以在《UCP500》第 4 条又规定:"在信用证业务中,各有关当事人处理的是单据,而不是与单据有关的货物、服务及/或其他行为。"

2. 没有严格地审查 L/C 条款。本案 L/C 规定:"由受益人出具证明并由买方代表史密斯先生会签,其签字须由开证行核实……"这样的条款对受益人来说是非常不利的,因为其签字须由开证行证实,是否符合所备案的签字样,受益人无法掌握,开证行可以说相符,也可以说不相符,单凭开证行所说的为准,受益人毫无话语权。这样的条款实质上改变了 L/C 的性质,使 L/C 失去了开证行保证付款的作用。又如买方代表是否按时到达装运港验货?即使验货后又不接受等等,都会给卖方造成无法按时装运、收汇的事故。类似这样的条款还有:要求受益人提交目的港收货人提货确认书,即货物装运后必须等待买方在目的港提货完毕,寄来提货确认书才能结汇。受益人一旦接受这样的条款,都要冒很大的风险。A 公司在审证工作中出了漏洞,才被开证行掌握了主动权,最后陷于被动地位。

3. 缮制单据没有严格按照 L/C 要求单据表面上做到单证一致。L/C 规定杂质和水分必须与合同规定一致。银行不管实际货物的杂质和水分到底与合同规定是否一致,银行只管单据是否表现了 L/C 规定的字句,即在单据上表示:"杂质和水分与第 DHF04308 号合同规定一致"。有了上述这句的表示,即使实际货物杂质和水分与合同不一致,仍然算单证相符,开证行就必须履行其承诺,保证付款。A 公司虽然在发票上表示了杂质最高 3%、水分最高 12%与合同等量的详细记载,而没有表明与第 DHF04308 号合同规定一致的文句,也是无用的,仍然不符合 L/C 要求。

单据是国际贸易结算中主要的依据,即使托收方式也是以单据为惟一依据,单据有问题,付款人有权拒收单据,拒付货款。L/C 方式更是如此。所以《UCP500》第 14 条规定：银行的付款凭表面符合 L/C 条款的单据。当收到单据时必须仅以单据为依据，确定是否表面上与 L/C 条款相符。如果单据表面上与 L/C 条款不符，银行可以拒收单据。本案例的 L/C 规定受益人开具汇票的收款人做成"只限（only）付给标准银行"，A 公司所提交的汇票在收款人栏虽然只漏"only"一词，但其性质却不同。A 公司在反驳开证行电文中认为有无"only"都属于记名式抬头。但更确切地说，"Pay to×××Co. only"应该是限制记名式，这样记名式限制决定了付款人只能将票款付给该抬头人，不得转让。这种方式多由于出票人不使该票据流入第三者，限制该债权关系掌握在收款人手里，这是本抬头方式的主要目的。所以"Pay to×××Co. only"就等于"Pay to×××Co. not transferable"（付给某某公司，不得转让）。"Pay to××× Co"没有"Only"，虽然也是记名式，但却属于非限制式，其收款人可以自己再背书转让。所以两者并非没有区别。开证行认为该汇票不符 L/C 要求是有一定道理的。

■ 发票与提单英法文不一致受损案

☞ 案情简介

我某出口公司 A 向外商某贸易公司 B 出口一笔冻兔。B 公司是中间商，货物又转口给法国商人。A 公司按合同规定和 B 公司开来的 L/C 要求，租船订舱并办妥装运前的一切准备手续。突然，A 公司在装运前接 B 公司通知，因其与法国商人交易中出现问题，要求暂停装运货物，待问题解决后再行通知何时装运。

A 公司考虑一切手续均已办妥，如果退载不装运，须向船方赔偿空舱损失，经研究后决定仍然按原安排继续进行装运。因为对方 L/C 业已开出，装运后仍然照常可以收回货款，所以 A 公司按原计划办理了装运。

A 公司在装运完货物后，备妥 L/C 所规定的一切单据于 5 月 2 日向议付行交单办理了议付。但5月5日B公司来电提出：

"我们接到你5月2日装运通知电后非常惊讶。我前电已通知你暂时不能装船，你既未与我商洽，也未提出任何异议，为何突然进行装船。因我原收货人有变化，故你货到法国港口肯定无人提取货物，因此而引起的一切后果由你方承担，我方不负任何责任。"

5月7日开证行又来电提出：

"第××××号L/C项下的你方单据已收到，但经我审查发现单单不符，即发票和提单两者的商品名称互不一致。发票上商品名称表示：'Capin congele avec os'；而你提单上的商品名称却表示为：Frozen rabbit，bone-in，我行无法接受。单据暂在我行留存。"

A公司查对留底单据，确实如此。据单据经办人员介绍，因为该L/C所规定的商品名称"Lapin congele avec os"系法文的"冻带骨兔"，当时外轮代理公司经办人员提出提单内容要用英文表示，所以才特意改为英文的冻带骨兔名称"Frozen rabbit，bone-in"。A公司与议付行研究后，于5月8日向开证行答复如下：

"你7日电悉。关于我第××××号单据的商品名称，实际并非单单不一致。我提单所表示的品名'Frozen rabbit，bone-in'系英译文的名称，发票上的品名'Capin congele avec os'系你L/C规定的法文品名。两者意思完全一样，'Frozen rabbit，bone-in'就是等于'Capin congele avec os'。该货装运的船只所使用的提单系英语文本，在船方要求下故将品名译成英文。根据《UCP500》第37条C款规定：商业发票中的货物描述必须符合L/C的描述，其他一切单据则可对货物描述使用统称，只要不与L/C中的货物描述有抵触就可以。所以我提单表示其英译文品名与你L/C规定并无抵触，符合《UCP500》惯例，不能认为是单单不一致。"

A公司发出上述反驳意见后，于5月12日又接到开证行复电：

"你8日电悉。《UCP500》第32条C款条文规定：'……其他一切单据则可使用货物统称，但不得与L/C规定的货物描述有抵触。'本条文规定其货物描述可以使用统称，而不是允许使用L/C规定的语种以外的另一种语言。从你单据上看其表面不同于我 L/C 表面条款。对于'Frozen rabbit, bone-in'的概念是否就是等于'Capin congele avec os',我银行不掌握如此专业性知识。因此你提单上的品名与发票上的品名表面上不一致,就是单单不符。请速告单据处理的意见。"

A 公司根据上述情况判断,开证行之所以拒付,主要是由于买方的拒付,开证行配合买方在单据中寻找借口以达到拒付的目的,于是又再次与开证行及 B 公司交涉,但仍无效果。最后 A 公司只好委托目的港船方代理,负责支付一切费用后将原货物运回而告结案。

☞ **案情分析**

本案例看起来是提单上的品名与发票上的品名英法文不一致引起的纠纷,但实质问题是 A 公司在接到 B 公司通知要求暂停发货时,不通知对方就贸然决定继续装运。本案例以 A 公司受损而告终是必然的。其教训如下:

1. 处理贸易矛盾不能只顾自己利益而不顾贸易对方的利益。虽然 A 公司已经租船订舱,也不应该在对方不知情的情况下贸然进行装运。即使需要赔偿空舱损失,也完全可以向对方说明:由于原装运计划落空,其空舱费以及一切损失由你方负担;或另提出其他条件,等待对方答复。但 A 公司没有这样做,只片面考虑有不可撤销的 L/C,有开证行担保付款,就擅自装船。这种只顾自己不考虑对方利益的处理方法是错误的。A 公司的损失应该说是咎由自取。

2. 出口单据一字值千金,万万不可轻视。一般外贸人员都知道,单证工作的相符原则要求四个一致,即单证一致、单单一致、单货一致和单据合同一致。在制单实务中,缮制提单时在正常情况下其货物名称一般都要与发票及其他单据所表示的货物名称一致。即使《UCP500》惯例允许使用统称,但除非在不得已的情况下,单据操作中一般不使用统称。

3. 灵活处理有语种要求的出口单据。到法国的货物,L/C 规定商品名称为法文是很常见的,因为法国海关曾经规定进口报关时有关单证须使用法文。制单时必须与 L/C 规定一致。如发票就要求使用法文制单，即使使用非法文的发票（最起码其商品名称也须以法文表示），进口报关时，海关要求提供非公证式的法文翻译件。本案例中，L/C 规定商品名称既是法文的，所有单据的商品名称也应该是法文的。如果个别提单必须以英文表示时，可以先用 L/C 所规定法文的名称表示后再用括号加注英译文名称。这样既符合了 L/C 的要求又满足了船方对单据的要求。

4. L/C 下开证行保证付款不是无条件的。本案中 A 公司误认为有 L/C 作担保，有开证行保证付款才贸然发货。岂知最后的结果是开证行不仅不保证付款反而拒付货款。A 公司忘了，在任何情况下开证行保证付款是有条件的，其条件就是"单证一致、单单一致"。如果不能保证做到这一点，指望开证行付款是不可能的。更何况在单证实务中，如果买方企图不付款，往往都是在单据中寻找缺口，单据中任何微小的毛病，都可能成为买方不付款的理由。

提 单 类

(Problem of B/L)

■ 提单陷阱争议案

☞ 案情简介

我某出口公司 A 收到香港某银行开来的一份 L/C,金额为 USD96,000,证号为 DCHKH586526F。议付行 B 审核后发现,L/C 运输条款自相矛盾,提单极有可能出问题。但由于货物已装运,要求修改 L/C 为时已晚,A 公司冒险出单。结果,香港开证行果然拒付,经 B 行多次反驳与洽商,开证行终于付款。其交涉处理过程简介如下:

9 月 30 日,议付行 B 寄单,发票金额为 USD91,714.40(在 L/C 规定的溢装范围内)。

10 月 4 日,开证行拒付,理由:…B/L SHOWING PORT OF DISCHARGE: LONGBEACH AND PLACE OF DELIVERY: NUEVO LAREDO. MEXICO I/O SHOWING NUEVO LAREDO, MEXICO AS PORT OF DISCHARGE. (……提单显示卸货港为 LONGBEACH,目的地为 NUEVO LAREDO,MECIXO 而非 NUEVO LAREDO,MEXICO 作为卸货港)。

10 月 5 日,B 行收到拒付电后,再次认真查看了 L/C,L/C 的有关装运条款为：

PARTIAL SHIPMENTS：NOT ALLOWED

TRANSSHIPMENT：ALLOWED

LOADING ON BOARD：SHANGHAI，CHINA

TRANSPORT TO：SEE BELOW

FOB SHANGHAI

（允许分批装运、转运；装运港：中国，上海；运输：请看下列，FOB 上海）

提单条款：FULL SET ORIGINAL CLEAN ON BOARD MARINE BILLS OF LADING ISSUED TO THE ORDER OF'W，F，E，LTD'OR 'D. TRADING LTD'. MARKED FREIGHT COLLECT AND NOTIFY EHUD (J HONY)OVADIA.

［全套清洁已装船海运提单，作成'W，F，E，LTD'或'D，TRADING LTD'的指示为抬头，表明运费预付，通知 EHUD(J HONY) OVA-DIA.］

附加条件：SHIPMENT FOR TRANSPORTATION TO NUEVO LAREDO，MEXICO OR LAREDO TEXAS，USA.

（货物运到 NUEVO LAREDO，MEXICO 或 LAREDO TEXAS，USA）

BILLS OF LADING MUST SPECIFY THE NAME OF LOADING PORT AND DISCHARGING PORT.

（提单必须表明装运港和卸货港）

受益人提供的提单为：

COMBINED BILL OF LADING, PORT 0F LADING：SHANG-HAI, PORT OF DISCHARGE：LONG BEACH, PLACE OF DELIV-ERY：NUEVO LAREDO，MEXICO.

（联合运输提单，装运港：上海，卸货港：LONG BEACH，目的地：NUEVO LAREDO. MEXICO）

10 月 11 日,B 行反驳,理由:

"关于你行 10 月 4 日的拒付电,我行再次查阅了你行的 L/C,发现你行提出的不符点是没有道理的:在你行的 L/C 附加条件中要求'货物运到 NUEVO LAREDO,MEXICO 或……'并没有要求 NUEVO LAREDO, MEXICO 作为'卸货港',因而提单没有必要显示'NUEVO LAREDO, MEXICO'作为卸货港,提单表明目的地为'NUEVO LAREDO, MEXICO'应该被看做符合 L/C 要求。"

近一星期过去了,开证行没有回复,10 月 16 日,B 行再次去电:

"……我行认为,你 10 月 4 日电提不符点不能成立,单证一致,请立即付款。"

同时,B 行请受益人联系开证申请人了解情况后得知,开证申请人由于第一次收到了与受益人同一城市的另一受益人质量较差的货物并蒙受了很大的损失,因而对该城市的受益人提供的货物的质量心存疑虑,这次开证申请人想借银行之手逼迫受益人同意接受先放单让其验货,然后视质量情况再行付款的条件。

10 月 17 日,开证行回电:

"……RE YOUR SWIFT DATED 11 OCT AND 16 OCT SINCE OUR ABOVE-MENTIONED LC CALLED FOR A MARINE BILL OF LADING EVIDENCING SHIPMENT FROM ONE NAMED PORT TO ANOTHER NAMED PORT, THESE MUST BE SHOWN AS THE PORT OF LOADING AND PORT OF DISCHARGE RESPECTIVELY.

THEREFORE, THE DISCREPANCIES WE STATED IN OUR SWIFT DATED 04 OCT IS VALID.

WE ARE CONTACTING THE APPLICANT FOR ACCEPTANCE OF THE SAME AND SHALL REVERT UPON RECEIPT THEIR REPLY.

MEANWHILE, DOCS ARE HELD AT YOUR DISPOSAL AS

PER ART 14 OF UCP500. "

（……关于你行 10 月 11 日、16 日电，我行的 L/C 中要求的是海运提单，它必须是港至港提单并分别表明装运港和卸货港，因此，我行 10 月 4 日电提不符点是有效的。我行正在联系开证申请人接受上述单据，一俟收到他们的答复我行将立即转告。同时，根据《UCP500》第 14 条，现单据代为保管，听候你方处理。）

10 月 20 日，开证行再次来电：

"…LC CALLS FOR A MARINE BILL OF LADING COVERING A PORT TO PORT SHIPMENT

FROM SHANGHAI TO NUEVO LAREDO, MEXICO. IT IS NECESRSARY TO INDICATE SHANGHAI AS PORT OF LADING AND NUEVO LAREDO, MEXICO AS PORT OF DISCHARGE AS PER ART. 23 A OF UCP500.

B/L SHOWING LONG BEACH AS PORT OF DISCHARGE DOES NOT FULFIL THE CREDIT REQUIREMENT.

THEREFORE, THE DISCREPANCIES WE STATED IN OUR SWIFT DATED 04 OCT IS VALID.

APPLICANT ADVISE THAT THEY ARE NOW CONTACTING THE BENEFICIARY DIRECT AND WE SHALL REVERT UPON RECEIPT OF HEIR REFLY. "

（……L/C 要求的是从上海到 NUEVO LAREDO, MEXICO 的港至港海运提单，因此根据《UCP500》第 23 条 A 款，提单必须表明上海作为装运港，NUEVO LAREDO, MEXICO 作为卸货港。现你方的提单显示 LONG BEACH 作为卸货港不符合 L/C 的要求，因此我行 10 月 4 日所提不符点是有效的。申请人已通知我行，他们正在联系受益人，一俟收到他们的答复我行将立即转告。）

10 月 26 日，B 行再次反驳：

"……我行强调以下两点：(1)如果你行坚持要将 NUEVO LARE-

DO 作为卸货港,尽管事实上它是一个内陆地,那么我行不得不指出,你行的 L/C 条款要求自相矛盾。(2)请你行参考国际商会 489 号出版物的第 245 号案例:如 L/C 规定货物起运地或目的地在内陆,而要求提交海运提单,并不准转运,则银行可以接受注明转运将发生的多式运输提单,因此由于 NUEVO LAREDO 是一个内陆地而不是海港,银行应该接受表明以 LONG BEACH 作卸货港、目的地为 NUEVO LAREDO 的运输单据。我行坚持单证一致的观点,请立即付款,同时我行保留向你行追索迟付利息的权利。"

10 月 31 日,B 行收到贷记报单,货款已入受益人账户。收汇 USD91,597.09(扣除国外银行费 USD117.31),此案告终。

☞ **案情分析**

在本案中,开证行确实有故意设置提单"陷阱"的嫌疑,但 A 公司的提单确有一个明显的不符点(此不符点 B 行已事先审出,但因时间仓促,受益人没有来得及更改):收货人打成了"W,F,E,LTD"而非 L/C 要求的 THE ORDER OF'W,F,E,LTD',而开证行没有据此拒付,说明开证行根本就没有认真审单,而自以为受益人已中了自己的圈套,急于以事先的理由拒付。其次,开证行既然要求港至港海运提单,为何又提供了一个内陆地(而不是港口)作为最后目的地?难道不知道该目的地为内陆地区吗?本案例虽然最后由于 B 行的反驳有理有据,收回了该笔货款,但以下问题值得我们深思:

1. 开证行利用单证不符拒付究竟有没有道理?L/C 要求提供港至港海运提单,又以一个内陆地作为最后目的地,最后必然会造成提单卸货港不符合 L/C 条款的规定。从表面上看,开证行的理由似乎有道理。但根据国际商会 489 号出版物的第 245 号案例的解释,"如 L/C 规定货物起运地或目的地在内陆,而要求提交海运提单,并不准转运,则银行可以接受注明转运将发生的多式运输提单",对上述问题就不难得出结论。因为港到港海运提单要求装运港与卸货港"两头"是港口,受益人是无论如何也做不到在信用证提供了一个内陆地作为最后目的地的情况下的"单证相符"的。因此,开证行的拒付理由于情于理都是不成立的。

2. 如何防范 L/C 下的单据风险？在 L/C 业务中,严格按 L/C 要求制作单据是必要的。但如果 L/C 条款本身有问题,"单证一致"也一样会出问题。进口商和开证行往往利用出口商警惕性不高和缺乏金融知识和外贸经验在 L/C 条款上"做手脚",使受益人上当受骗。本案例中,A 公司实际上已误入了"陷阱",由于 B 行反应敏捷,据理力争,才有幸避免了 A 公司遭遇不测。如果议付行与开证行持同样的观点,在单据问题上做文章,A 公司将遭遇血本无归的后果。

3. 如何处理"有问题"的 L/C 条款？本案中,并非受益人完全没有发现 L/C 条款的问题。但由于没有及时提出修改,冒险出单,才造成了事后的麻烦和风险。虽然最后收回了货款,但还是迟收了货款并付出了不小的反驳开证行行为的电报费。因此为防患于未然,要认真审核 L/C 的每一个细节,以达到规避风险的目的。本案中假如 A 公司及时要求开证行修改 L/C 有关条款,如将"港至港海运提单"改成"多式运输提单"就不会有以后的争议和多付冤枉钱了。

■ 倒签提单损害赔偿案

☞ 案情简介

某年 11 月,我国某出口公司 A 与荷兰某进口公司 B 签订了一份白薯贸易合同。合同约定采用 CIF 贸易条件,装运日期不晚于当年 11 月 8 日,以不可撤销的即期 L/C 方式支付。11 月 3 日,B 公司通过银行如期开来了 L/C,经审核,未发现 L/C 与合同不符的任何地方。但 A 公司出口货物尚未备妥,此时,若要求 B 公司修改 L/C 中及合同中的装运期,可能会陷入被动。不得已,A 公司于 11 月 14 日将货物装上船后便向船方出具保函,由船方签发了倒签提单。

A 公司备齐 L/C 中所有所需单据后,交议付行办理了议付手续。一周后,B 公司接受单据,A 公司顺利地收回了货款。但船到达目的港后,B 公司发现上述货物于 11 月 14 日才装船,显然与提单日期不一致。因此,B 公司以 A 公司倒签提单构成违约与欺诈行为为由,要求 A 公司赔偿损失。由于双方争议较大,此事提交中国国际经济贸易仲裁委员会仲裁,仲裁庭认为买方要求卖方赔偿损失的依据不充分,但作出了 A 公司给予 B 公司 4% 的优惠折价的裁决。

☞ 案情分析

本案可以从以下几个方面进行分析:

1. B 公司有无向 A 公司索赔的权利

CIF 合同下的单据,尤其是提单,其内容的正确性至关重要,它构成合同的要件。如果提单内记载的装运日期与实际情况不相符,也就构成卖方对合同的违反。买方有权拒收单据和拒收货物。然而本案例中的 B 公司在不知道 A 公司所交单据内容错误的情况下接受了单据并支付了货款,这并不等于说 B 公司就此失去了向 A 公司索要赔偿的权利。如果案中的情况是 B 公司预先明确表示接受倒签提单,这样 A 公司就不存在任何违约和承担任何赔偿损失。由此可见,本案中的 B 公司虽然在不知情的情况下已经接受了 A 公司的单据,但仍然有向 A 公司索赔的权利。

2. 如何确定 A 公司的违约责任

本案例中的 B 公司在接受单据并支付货款后,并没有承担由于货物市场行情的变化而产生的任何实际经济损失。而这种实际经济损失是 B 公司向 A 公司索赔的重要依据。因此,买方不能仅凭卖方的违约而要求其支付损害赔偿金。那么,A 公司的违约责任应当如何确定呢?由于 B 公司是在接受单据和支付货款之后才得知的,因此,仲裁庭只能将条件违约按保证违约来处理。如按条件违约处理,买方可以宣告撤销合同,而按保证违约处理,买方只能得到名义上的补偿。因此,由 A 公司给予 B 公司 4% 的优惠折价的裁决是公平合理的。

综上所述,出口企业在进行对外贸易的过程中,一定要严格遵守诚信互利的原则,遇到不能履行的条款,要及时与对方商议解决,采取补救措施,切不可隐瞒事实,采用不正规的方式收回货款。进口企业在收取货物、支付货款前,也一定要严格审查单据,查核其与实际情况是否相符,以便及时对不符事实的单据提出异议和拒收。

提单错填"To orderer"致损案

☞ 案情简介

某出口公司 A 与瑞士商人 B 成交一笔交易。在国外开来 L/C 中,其单据条款对提单作如下规定:"Full set of clean on board ocean Bill of Lading made out to orderer marked freight prepaid。"A 公司即按证装船并提供了上述要求的海运提单。该提单的收货人栏按 L/C 说法填:"To orderer"。外轮代理公司提出从未见过这样填制收货人,是否系"To or-der"之误,多了个"er"。A 公司经办人员又核对了 L/C 并告诉外轮代理公司,L/C 就是如此规定,提单制法完全正确,否则无法结汇。

A 公司向议付行交单办理议付手续时,议付行对提单收货人栏的填法又提出异议。A 公司经办人员坚持认为该提单的填法与 L/C 规定丝毫不差,L/C 规定"To orderer",我们也是"To orderer",并且该提单系船长亲自签发,何况船早已开航离港,难以更改。最后 A 公司以担保议付方式寄单。

单据寄达国外后,开证行提出拒付货款,其理由是提单的收货人填法有误,不符合 L/C 规定的要求,故无法接受。单据暂代保管,听候卖方处理意见。

议付行即将上述开证行拒付货款的情况通知 A 公司。A 公司最后通过驻外机构与 B 商洽商多次,拖延了 4 个多月才收回货款,损失利息5400 多美元。

☞ **案情分析**

　　本案例完全是由 A 公司的错误引起的，其关键是对"orderer"一词的错误理解。在外轮代理公司和议付行的一再提醒下，A 公司仍执迷不悟，一错再错，终于导致利益受损。A 公司的错误主要表现在以下三点：

　　1. 毫无根据地认为"orderer"一词与"order"一词同义。开证行在 L/C 开端明确表示："We hereby open our irrevocable Letter of Credit No. 0589321 by orderer of B Trading Co. ,Ltd. ……（我行受 B 贸易有限公司的委托开立第 0589321 号不可撤销 L/C……）。很明显"orderer"一词即指委托人，也就是开证申请人，即 B 贸易有限公司。该 L/C 在提单条款中又规定：提单作成以委托人（或称开证申请人）为收货人（Bill of Lading made out to orderer），而 A 公司没有理解"orderer"这个词，误认为"orderer"即"order"的同义，所以没有按 L/C 规定提供以开证申请人——B Trading Co. ,Ltd. 为收货人的提单，却在提单上收货人栏上填制为"委托人"，实无根据和道理。众所周知，提单的关系人主要是承运人、托运人（也叫委托人、发货人）和收货人。如果提单上收货人一栏表示"委托人"，从承运人的角度看，极易被认为是委托其运输的人，即 A 公司。那么，A 公司既是发货人又是收货人，让承运人在目的港将货给谁？这种提单显然是错误的。开证行不接受单据，拒付货款自有其道理。

　　2. 不应拒绝对外轮代理公司和开证行对提单的异议。外轮代理公司对 A 公司缮制的提单曾经提出疑问，A 公司经办人员却毫不在意。在向议付行交单议付时，议付行也提出了异议，而 A 公司经办人员却仍凭主观臆断，坚持己见，错过了改正错误的机会。如果当时 A 公司冷静地能听取外轮代理公司和开证行的意见，并与他们研究改单，就不致于造成后来的损失。虽然提单系船长签发，但可以通过外轮代理公司电告船长提单存在错误情况，由船长授权外轮代理公司改单。但可惜的是 A 公司没有这样去做。

　　3. 不应采取担保议付方式收取货款。A 公司不能原谅的错误是宁愿担保议付也不愿设法改单。所谓担保议付方式就是受益人在单证不符又无法修改时,由议付行将单据之不符点主动通知开证行,要求授权接受。同时受益人出具担保文件,向议付行声明其责任由受益人一方承担,与议付行无关。但开证行仍然有权不接受,拒绝付款。担保议付方式实质等于把 L/C 方式改为托收方式,对受益人是及其不利的。A 公司不积极设法改单而采取担保议付的方式,完全是一意孤行,其损失当然是不可避免的。

■ 1/3 正本提单随船走纠纷案

☞ **案情简介**

我某出口公司 A 向瑞士某进口商 B 出口一批锌锭,货物目的地为新加坡。贸易条件为 FOB STOWED TIANJIN CHINA(FOB 天津理舱费在内),以 L/C 方式结算。某年 9 月 2 日,B 商通过日内瓦 D 银行开出一份金额为 479 289.60 美元的不可撤销的 L/C。该证规定 1/3 正本提单交船长,由船长签发一张收据来代替这 1/3 正本提单。货物出运后,A 公司于 9 月 23 日按 L/C 规定提交单据给 C 银行要求议付。C 银行审单后,发现单据有不符点,但由于当时出口商品锌锭在国际市场上非常畅销,价格一升再升,因此不符点未被修改,由 A 公司办理了担保手续,C 银行为其作了押汇。

货物抵达新加坡后,9 月 30 日 B 商在新加坡的代理凭自己出具的证明及船长手里 1/3 正本提单提了货。C 银行寄单后,D 行于 10 月 6 日提出由于单据中存在多个不符点,要求减额 15.1 万美元。电报内容如下:
"Further to your documentary remittance dated SEPT. 23,×× PLS be informed that due to numerous discrepancies, documents have not been taken up by the applicant, we have been informed by said applicant that they are willing to waive the discrepancies provided that the sum of USD

151 000. 00 is deducted from the proceeds giving a new total amount of USD328 289. 60 PLS advise beneficiaries and inform us accordingly. DOCS are held at your disposal."（你行某年9月23日寄来的单据中由于有多个不符点，申请人尚未接受单据，他们表示只要A公司同意减额15.1万美元，他们将接受单据，并支付减额后的328 289.60美元，请将申请人提出的减额要求通知受益人。单据在我行保留，听候处理。）

C银行回电指出：D行不指明单据具体不符点的做法是不符合国际惯例的规定的。10月12日D行在未经C银行授权的情况下，以申请人不接受单据为由，将全套单据退回。10月21日D行声称受益人急等单据，要求C银行在收到单据后立即交与受益人。后经C银行了解得知，D行拒付以后，B商通知受益人，他已取走货物并已售出，并威胁如果受益人不接受减额要求，他将拒付全部货款。因此受益人不得不同意减额，并决定从C银行处将单据取回后交给B商的北京代表处，由B商通过电汇的方式把剩余款项付给受益人。为了弥补损失，受益人决定收妥剩余电汇款项后再通过法律手段解决。对受益人的这一想法，C银行并不赞同，并说服受益人继续与D行进行交涉。在交涉的过程中，D行于11月11日来电说明了单据中具体的不符点，同时转告C银行，申请人仍坚持货物在受益人掌握之下。接此电后，C银行认为，要解决该问题关键是调查货物的确切下落。于是敦促A公司从船公司那里取得了相关的有利的书面证明文件。最后在证据面前，D行不得不支付了全部款项、迟付利息和电报费用。

☞ **案情分析**

众所周知，提单作为进出口业务中极其重要的单证，被公认有三项主要功能，即提单是承运人或者其代理人签发的货物收据；是托运人与承运人之间所订立的运输契约或者运输契约的证明；是一种物权凭证，因此谁掌握了提单谁就拥有了货物的控制权。本案例的一大特点是受益人将1/3正本提单直接随船交给了进口商掌握，从而在日后的交涉过程中陷入了被动的境地。本案给我们的经验教训是：

1. 正本提单不能轻易直接交给进口商。本案中由于受益人没有考虑到在 FOB STOWED 术语下，船公司是由开证申请人指定的，因而轻易接受了 L/C 中的将1/3正本提单交给船长的条款。提单交船长实际上就是交给了进口商，等于卖方志愿将货物的控制权无条件地让与他人。虽然银行的手中仍然持有两份提单，但此时已经失去作用。本案告诉我们，不能轻易将正本提单直接交给进口商，特别是在 FOB 贸易条件下更应如此。否则必然会增加日后收款的风险，甚至会落得货款两空的境地。

2. 对开证行的无理行为要据理反驳。在本案中，开证行在 11 月 6 日的电报中强调了单据的多个不符点并据此提出拒付和减额，但没有具体指出哪一点不符合 L/C 的规定。根据《UCP500》的 14 条的规定，"如果开证行拒绝接受单据，它必须毫不延迟地以电讯方式通知此事，该通知必须说明凭以拒绝接受单据的全部不符点……"，所以该拒付是不成立的，也显然是无理的。后来当开证行的工作人员发现到这一点，并指出单据中的确切的不符点时，已经超出了《UCP500》中规定的 7 个银行工作日的时限。如果开证行在第一次来电中就明确提出具体的不符点，并将掌握在手中的已失去完整货权的 2/3 提单连同其他单据退回 C 银行，那么最终受益人的损失就是无可避免的。正是 D 行的无理行为被 C 银行抓住不放，才使本案有了转机。

3. 出现争议后要依靠议付行据理力争。在本案中，面对开证行的拒付，议付行依据国际惯例据理力争，使其最后不得不接受议付行的观点，维护了自身和客户的利益。同时本案中的出口商在进口商的威胁下准备妥协时，C 银行帮助受益人分析案情，提出继续向开证行追讨货款的参考意见是十分及时的。C 银行指出：一旦单据转给了开证申请人在北京的代理处便意味着此笔 L/C 业务的结束，也等于该笔货款结算失去了银行信用的保护，收款的风险更大了；另一方面，如果受益人同意减额，日后再想通过法律手段解决国外进口商的扣款问题也很困难。由于 C 银行最终说服了受益人，才最后获得成功。

另外从本案的经验来看,议付行在处理类似物权单据不全的业务时也应该提高警惕。即使受益人提供的单据符合 L/C 的规定,银行也要慎重处理。如果议付行决定可以通融办理,就必须对出口商的贸易背景、资信情况、市场变化等作全面地了解,这样才能将风险降到最低程度。

4. 在任何情况下都不能放松单据的质量管理。从理论上讲,在 L/C 业务中,只要单证相符、单单一致,开证行就必须履行其第一性的付款责任。但是在实际业务中,例如当国际市场发生变动,进口商经营状况不好的情况下,往往不愿或不能付款赎单。开证行为了避免自己的损失,也会千方百计地从单据中寻找不符点以拒收单据。本案在发生争议时,涉案货物的国际市场行情一涨再涨,而 B 公司又急需货物。照常理来说,这种情况下即使单据有瑕疵开证行也不会拒付。正是这一心理,使 A 公司放松了对单据的质量要求。据事后了解,B 商要求减额的真正原因,既不是单据中出现的不符点,也不是因为货物的质量和其他问题,而是因为在此笔业务前,A 公司的另一位业务员与 B 商曾经签订过另外一笔出口合同,价值 15.1 万美元。后来,因为某种原因该合同没有履行,给 B 商造成了一定的损失。由于这一原因,为达到"堤内损失堤外补"的目的,B 商才在这笔合同签订的时候设下了重重障碍:先要求在 L/C 中加列 1/3 正本提单由受益人直接寄给申请人的条款,A 公司没有接受。于是 B 商又要求开证行在 L/C 中加列了一条 1/3 正本提单随船走的条款,A 公司一时疏忽,没有提出修改,导致了后来纠纷的发生。所以,对出口商来说,在实际业务中严格按照 L/C 的规定制单,不断提高单据管理质量,才是避免和防范风险和损失的有效途径。

■ 提单未表示"Liner out"争议案

☞ 案情简介

我某出口公司 A 向国外某贸易公司 B 出口一批花生仁,以 CIF 条件成交。在装运期前,A公司收到了开证行的 L/C,其中规定:"150 M/Tons of Groundut Kernels,USD.××××per M/Ton net CIF×××,Liner out."在运输条款中另有规定:"Liner out"。A公司有关人员经对照合同条款,对 L/C 多出"Liner out"字样开始有所质疑,但最后是这样理解的:"Liner out"中的"out"解释为"在外"、"除外"的意思;"Liner"解释为"班轮"。"Liner"与"out"二词连在一起就是"非班轮"的意思。按规定,班轮条件下船方要负担装卸费用。那么"非班轮"条款当然就是船方不负担装卸费用。合同规定的 CIF 条件与 L/C 规定的"非班轮"条款两者并没有矛盾。前者的装货费由卖方负担,卸货费由买方负担(也就是船方不负担装卸费用);后者装卸费用都不由船方负担。所以 A 公司接受了上述 L/C 条款,并按卖方负担装货费、买方负担卸货费的条件与船方租船订舱,开始装运。

A公司在装运后于某年7月28日向议付行交单议付,并向开证行寄单。但单到国外,开证行8月7日提出:

"你第××××号单据已收到,经审核发现你提单上未表示'Liner out'条款,故与证不符,无法接受,单据暂代保管。"

A公司觉得很奇怪,双方签订的是 CIF 合同,为什么在提单和有关单据中要注明"Liner out"条款?国际商会《INCOTERMS 2000》对 CIF 条件明确规定:除海洋运输的运费由卖方负担外,买方必须支付货物在海运过程中至目的港为止与该货物有关的一切费用以及卸货费。根据上述规定,既然 CIF 条件的卸货费由买方负担,买方持提单负责卸货,负担卸货费即完成任务,提单上注明与不注明"非班轮"条款又有何作用? 所以,A公司于8月9日向开证行及买方同时分别提出如下意见:

"根据你第××××号 L/C 规定,L/C 并未要求在提单上必须注明'Liner out'条款,我在商业发票上有关价格条件中已按照 L/C 要求表示:'USD×××per M/Ton net CIF××××. Liner out',即已满足 L/C 要求。所以我单据与 L/C 相符,你们应接受单据,按时付款。"

A公司发出上述意见后,8月11日接到 B 公司回电:

"你8月9日电悉。'Liner out'是关系到我公司是否负担卸货费依据的条款。'Liner out'系指卸货费按班轮条款办理,即卸货费由船方负担。由于你提单上未表示'Liner out',所以船方不受此条款约束,不负担卸货费,也不负责卸货。因此我无法付款。如果你方或船方能负担卸货费,我即接受其不符点的单据而付款。"

A公司11日同时也接到开证行的复电称:

"你9日电悉。我L/C在运输条款中明确规定:'Liner out',它作为运输条款,理应在运输单据中将L/C指明的有关运输条款完整地列入,这才符合国际贸易惯例做法。所以我们仍无法接受上述单据。速告单据处理意见。"

A公司觉得自己理解的"Liner out"条款与对方有很大的出入。即就该条款的内容询问有关船公司。最后才明确:原来"Liner out"条款确系船方负担卸货费,其"Liner out"指卸货费按班轮条款办理,A公司经办人员却错误理解为"非班轮"条款,正好将原义理解反了。

但A公司认为双方贸易合同并未规定"Liner out"条款,只是一般地签订了CIF条件。按合同规定的CIF条件,其卸货费应由买方负担。但买方却违背合同规定,另在L/C上擅自规定卸货费由船方负担,是不应该的。A公司于8月15日向开证行复电如下:

"你8月11日电悉。关于第××××号L/C项下的单据所谓不符点事,我们认为虽然L/C规定了'Liner out',但并未明确规定在提单上必须表示'Liner out'。根据《UCP500》第21条规定:如果信用证并未规定单据的措辞或内容,只要所提交的单据内容与提交的其他规定单据不矛盾,银行将接受此类单据。所以根据上述规定,我提单可以不表示你信用证未特别指定必须表示的内容。因此你们认为单证不符是不成立的。"

8月18日开证行又答复如下:

"关于第××××号L/C项下的提单,据你方说法以《UCP500》第21条规定:信用证未规定单据的措辞或内容,只要所提交的单据的内容与提交的其他规定单据不矛盾,银行将接受此类单据。但我们提请你方注意:你方未全面理解《UCP500》第21条的条文。该第21条首先规定:'当要求提供运输单据、保险单据和商业发票以外的单据时,信用证中应规定该单据的出单人及其措辞或内容。如信用证对此未做规定,只要所提交单据的内容与提交的其他单据不矛盾,银行将接受此类单据。'这是第21条整条原文。也就是说上述条文规定只能适用于除运输单据、保险单据和商业发票以外的其他单据。我们所争执的不符点单据正是运输单据,如果不将L/C规定的有关运输条款'Liner out'列入运输单据中,当然应认为不符合L/C要求。因此,我们仍无法接受单据。"

A公司最后经研究认为,虽然买方擅自违背合同在L/C条款中规定"Liner out",其错误在买方,但我们在议付前未提出异议等于接受了L/C对该条款规定。为了不拖延时间,避免产生更大损失,经与船公司研究,其卸货费可以由发货人负担,请目的港船主代理人先垫付卸货费。但经联系目的港的船方代理人,据称该批货物早已由收货人提取,卸货费也由收货人支付了。A公司立刻生疑:开证行一直坚持不接受单据,为何又放单给开证申请人去提货?于是A公司抓住这个机会,于8月21日向开证行提出:

"你18日电悉。关于第××××号L/C项下单据,你方既已决定拒受单据,请速将全套单据按原份数退给我们。"

由于开证行错误地放单给买方提货,无单可退,被迫于8月23日宣称如下:

"关于第××××号L/C项下单据,经研究并征得开证申请人同意接受单据。我行已于本日付款。"

议付行又根据开证行擅自放单给买方的错误,迫使开证行负担由于晚付款产生的利息。

☞ **案情分析**

本案中"Liner out"这个条款的含义是卸货费按班轮条款办理,这里

"out"应指卸货。买方在 L/C 中规定"Liner out",即要求买方不负担卸货费用,其卸货费用由船方负担。A 公司的经办人员由于对"Liner out"没有正确地理解,所以在租船订舱时也没有与船方约定以"Liner out"条款办理。在货物到达目的港时发生卸货费的争端,买方要求船方负责卸货,而船方却认为本批货物在接受装载时约定卸货费由货主(收货人)负担,而且提单上也未记载有"Liner out"的条款,要求船方负担卸货费是毫无根据的。因此买方才提出提单上未表示"Liner out"而拒付。所幸最后由于抓住了开证行擅自放单的错误才免遭损失。本案给我们的启示如下:

1. 对 L/C 含义不清楚的条款不能按主观臆想操作。A 公司有关人员并非没有对"Liner out"条款提出质疑,只是在自己不明确的情况下没有将此条款与船公司商洽,弄清楚"Liner out"的确切含义。A 公司如果不及时提出异议,就等于接受了 L/C。L/C 支付方式的特点就是受益人一旦接受 L/C 条款,开证行与受益人双方都要受 L/C 条款的约束,即使 L/C 条款与合同条款不符,受益人也必须无条件地履行 L/C 条款,更不能以合同的内容向开证行提出抗辩,即使抗辩也无效。L/C 实际上是开证行与受益人之间的"新合约",受益人要受"新合约"的约束。

2. 处理贸易纠纷要做到信息对称。本案例由于 A 公司错误理解"Liner out"的条款本应造成损失的,但后来经目的港船方代理人提供的信息,方知该批货物早已由开证行擅自放单取走,才转危为安。根据《UCP500》第 14 条关于不符点单据的 E 款规定:"如开证行及/或保兑行(如有),未能按照本条文的规定办理,及/或未能代为保管单据听候处理,或径退交单人,开证行及/或保兑行(如有),将无权宣称单据与信用证条款不符。"按本条文规定,开证行对拒受的单据,如既未能保管,又未能退回给交单人,却擅自将单据交给申请人,则开证行无权宣称单据与 L/C 不符。开证行将单据交给申请人,等于开证行已经接受了单据。如果事先知道这一情况,是有充分理由驳斥开证行和开证申请人的。当 A 公司知道上述情况后利用开证行的这个错误,虚晃一枪,提出要求退回单据是十分明智的。开证行无单可退,最终不得不接受单据并支付了货款迟付的利息。由此可见,在处理贸易纠纷时信息对称是多么得重要。

■ 海运提单未加注"clean on board"争议案

☞ 案情简介

我某茶叶出口公司 A 对新加坡贸易有限公司出口茶叶一批。买方通过某银行开出 L/C,其中商品和价格条款规定:"×××cases of Yunnan Green Tea,price:USD×××per case, CIF Singapore."(×××箱云南青茶,每箱价格×××美元,CIF 新加坡。)L/C 总金额为 USD 56 000。在 L/C 装运条款中规定:"Full set shipping company's Bill of Lading marked'Freight Prepaid' and 'Clean on board' to order of shipper endorsed to ×× Bank, notifying buyers……, partial shipments are not permitted."(全套船公司的提单,注明"运费预付"和"清洁已装船"作成发货人指示抬头,背书××银行,通知买方……,不许分批装运。)

A 公司按 L/C 规定数量和要求,于某年 5 月 15 日全数装运出口,并按 L/C 缮制各种单据向指定银行交单议付。单到国外,开证行于 5 月 25 日提出如下单证不符:

"1. L/C 规定注明'Clean on board'(清洁已装船),你提单并没有上述文句表示,因此与 L/C 不符。

2. 我 L/C 总金额 USD 56 000,并规定不许分批装运,而你发票和汇票支取的总金额仅 USD 55 356,构成支取金额不足,违背了不许分批装运的要求。

请告对单据的处理意见。"

A 公司接到开证行的拒付通知,经查对留底单据后即向开证行提出如下反驳意见:

"1. 我所提交的提单已属于'清洁已装船'的提单。请查阅我提单正面已有如下声明:'shipped on board the vessel named above in apparent good order and condition the goods or packages specified herein……'(外表状况良好的货物或包装已装在上述指名的船上。)其 'on board' 字句已满足你 L/C 要求。

至于 'clean'(清洁)的理解是指运输单据上没有被宣称货物或包装有缺陷的批注,就是清洁运输单据。我所提供的提单上无有缺陷的任何批注,即已属于清洁的运输单据,何况清洁的运输单据不是加注了 'clean'(清洁)字样就变成清洁运输单据。如果提单已被宣称货物或包装的状况有缺陷,这样的提单再加上几个 'clean' 字样,该提单也仍然属于不清洁的运输单据。

2. L/C 规定不许分批装运,我并未分批装运。我已按你 L/C 规定的货量全部原数装出,一箱也不少,怎能构成分批装运?至于我支取的金额少于你 L/C 的总金额,系你 L/C 总额多开出 USD644。根据你 L/C 规定的数量乘以单价,所得出的总值就是 USD55 356,难道我按 L/C 总额冒领就反而正确?

所以根据以上情况,我们认为单证相符。你应按时付款。"

开证行接到 A 公司的意见后,又于 6 月 2 日提出如下不同的意见:

1. 虽然你们提供的提单,在下面条文有 'Shipped on board' 的声明,但它只是在提单上事先印就的条文。我们 L/C 规定是要另加注 'clean on board'(清洁已装船)字样。根据《UCP500》的规定,银行审核单据只管单据在表面上与 L/C 条款相符,L/C 要求加注,你未加注,就是单据表面上与 L/C 条款不符,故我拒绝接受。

2. 不许分批装运的 L/C,发票和汇票支取的金额不能少于 L/C 规定的总金额。除非 L/C 金额前面加注有 'up to' 字样——国际商会银行委员会的决定。所以我不能接受单据。"

A 公司接到上述开证行的意见,即邀请有关专家人员研究,最后又作出如下反驳意见:

你 6 月 2 日的意见收悉。我们认为:

1. 我们提供的提单就是已装船的提单。你行意见是提单表示

"已装船"的词语不能依据提单上事先印就的词语来表示。但根据《UCP500》第 23 条 A 款 II 项中规定:"……已装船或已装具名船只,可由提单上印就的'货物已装上具名船只'(loaded on board a named vessel)或'货物已装运具名船只'(shipped on a named vessel)的词语来表示。在此情况下提单的出具日期即视为装船日期与装运日期。"请你行查对我提单正面条文,它亦以印就的词语来表示:'Shipped on board the vessel named above……'(已装运上述具名船只……。)所以它完全符合《UCP500》的规定。

　　再根据《UCP500》第 32 条规定:"A. 清洁运输提单系指未载有明确宣称货物及/或包装状况有缺陷的条款或批注的运输单据。……C. 运输单据如符合本条款和 23 条(海运输提单)、24 条(非转让的海运单)、25 条(租船合约提单)、26 条(多式运输单据)、27 条(空运单据)、28 条(公路、铁路或内河运输单据)或 30 条(运输行出具的运输单据)的规定,银行将认为信用证的要求已经满足。"上述条文也就是说:即使 L/C 规定了在运输单据上要求注明"清洁已装船"(Clean on board)词语,而实际未注明,只要运输单据上没有被宣称货物或包装有缺陷状况的批注,该运输单据就已符合 L/C 要求。我提单既已符合第 23 条规定,又没有被加注货物或包装有缺陷的条款,因此,虽然你 L/C 要求在提单上注明"Clean On board",我没有注明也已经符合 L/C 要求。

　　2. 对于我支取金额少于 L/C 的总金额的问题。你称国际商会银行委员会决定:除非 L/C 总额前加有"up to"以外,支取金额不能少于 L/C 的总金额。上述银行委员会的决定系于 1977 年 10 月和 1979 年 4 月会议上的决定。但《UCP500》第 39 条 C 款在 1993 年又作了新的规定:"除非禁止分批装运的信用证另有规定,或适用本条(B)款者,当信用证对货物的数量有规定,且货物已全数装运,以及当信用证对单价有规定,而此单价又未降低的条件下,允许支取的金额有 5％的减幅。如信用证已利用本条(A)款提到的词语,则本规定不适用。"你 L/C 规定受《UCP500》条文约束,所以,按上述 39 条 C 款规定,我所装运的货量已按 L/C 规定的全数装出,而且所计算的价格亦按 L/C 规定并没有降低。在这样情况下,按上述规定,L/C 总额应允许有 5% 的减幅。(USD56 000×5%=USD2 800),我只少 L/C 总金额 USD644,未超过 5%,符合要求。

以上你所谓两点单证不符,根本是子虚乌有。请你行按《UCP500》规定立即接受单据,并按时付款。

开证行经 A 公司的上述反驳,再未提出异议,不久通知议付行付款。

☞ **案情分析**

从本案例来看,A 公司的单据本无问题,由于其他原因,对方故意在单据上挑剔。可贵的是 A 公司据理力争,锲而不舍才最后收回货款。本案给我们的启示是:

1. 处理 L/C 争议必须熟练地掌握和运用《UCP500》条文。A 公司开始反驳开证行意见时,没有引证《UCP500》的条文,其反驳显然没有说服力。例如:对方称提单未按 L/C 要求加注"清洁已装船"字样,A 公司只是反复阐明什么是清洁运输单据,说了一大篇,对方只一句话就可以驳倒:"L/C 要求另加注,你未加注就是单证不符"。所以,A 公司应按提单不加注"Clean on board"也符合 L/C 规定的道理反驳才有效力。

至于不许分批装运的 L/C 项下支款不足于 L/C 规定的总额的问题,A 公司也是没有以《UCP500》为武器去反驳对方,只阐明支取款额不足于 L/C 总额系 L/C 总额多开出 USD644,并以不能冒领为依据,所以显得无力,缺少说明少支款 USD644 也可以的有力理由和根据。

2. 分析 L/C 条款要善于听取专业人士的意见。A 公司直到最后才邀请专家人员研究,引证了《UCP500》规定去进行反驳才起了作用。例如本案例的 L/C 要求提单加注"清洁已装船"。按《UCP500》第 32 条规定,L/C 即使规定要加注"清洁已装船"的要求,只要我提单没有被批注货物有缺陷,提单又已印就"已装船"的字句,也并不违背其他条文(如第 23 条)规定,提单可以不另加"清洁已装船"的文句,即已符合 L/C 的要求。至于支取金额不足 L/C 总金额的问题,《UCP500》第 39 条规定允许有

5％的减幅,只有利用这样有力的依据反驳对方才是明智之举。

港至港海运提单与联合运输提单争议案

☞ 案情简介

我某土产出口公司 A 与 John Wilson & Bros. Co. 签订一笔蜂蜜贸易合同,对方开来 L/C 装运条款规定:"…Full set of clean 'On board' marine Bill of Laing:covering port-to-port shipment made out to our order and marked 'Freight prepaid' notify buyers M/S John Wilson & Bros. Co…Beneficiary's certified copy of telex despatched to the accountee within two days after the date of shipment on the Bill of Lading advising name of commodity,quantity,weight,value,vessel name,B/L No. , sailing date. …Evidencing the following merchandise:25 M/Tons of Bee Honey. shipment not later than March 31,××. Transhipment is prohibited…"

(……全套清洁港至港已装船海运提单,作成我行指示抬头,注明"运费预付",通知买方 John Wilson & Bros. Co……. 受益人证实的电传副本,受益人必须在提单的装运日后两天内发电传给开证申请人,通知品名、数量、重量、价值、船名、提单号和开航日期。……证明装运下列货物:25 公吨蜂蜜……于某年 3 月 31 日之前装运,不许转船。)

A 公司根据 L/C 要求于某年 3 月 16 日安排装运完毕,并备妥各种所要求的单据向议付行交单议付。议付行审查后认为单证相符,即向开证行寄出单据。未料到 3 月 28 日开证行却提出拒受单据,单证不符。其电文如下:

"第×××××号 L/C 项下的你方单据已收到,经审核发现如下不符点:

1. 我 L/C 规定:Full set of clean 'on board' marine Bill of Lading

covering a port-to-port shipment(全套清洁港至港已装船海运提单),你提交的运输单据的名称为'Combined Transport Bill of Lading'(联合运输提单),不符合我 L/C 要求。

2. 我 L/C 规定:Transhipment is prohibited(不许转运),你提交的运输单据上说明'With transhipment at Hongkong'(在香港转运),与我 L/C 规定抵触。

3. 我 L/C 规定提单日后两天内发出装运通知。你提单日期为 3 月 15 日,即最晚应于 3 月 17 日发出,根据电传副本,证实你方于 3 月 18 日才发出装运通知,所以晚一天,不符合 L/C 规定。

以上三点与我 L/C 不符,故我行无法接受你单据。单据暂代保管,速告处理意见。"

A 公司即根据 L/C 条款和所提交的单据情况进行探讨和研究,认为所有单据没有错误,并于 4 月 1 日提出反驳意见:

"你行 3 月 28 日电悉。我们认为:

1. 你 L/C 规定'港至港已装船海运提单',虽然我提供的是'联合运输提单',但我提供的运输单据项目内容完全符合'港至港已装船提单'的要求。根据《UCP500》第 23 条规定:'如果 L/C 要求港至港运输提单,除非 L/C 另有规定,银行将接受下述单据,而不论其名称如何……'。本条文的意思也就是说,不管提交的运输单据的名称怎么叫,叫港至港已装船海运提单也行,叫联合运输提单也行,只要单据的项目内容符合于上述惯例第 23 条中所规定的 A.B.C.D. 各项条文,银行将要接受该单据。请你行核对我提交的运输单据,其各项内容均符合《UCP500》第 23 条的 A.B.C.D. 各条文。所以我提交的提单完全符合你 L/C 规定。

2. 对于转运问题,虽然你 L/C 规定有'不许转运'的条款,但该批货物系由集装箱装运,请查我提单在'货主提供项目'栏中标有'Containerized'的词句,而且在'Container No.'和'Seal No.'栏也标有集装箱号及其集装箱装载情况和集装箱封志号,这已经说明该提单项下的货物由集装箱运输。根据《UCP500》第 23 条 D 款规定:'即使信用证禁止转运,银行将接受下述提单:1. 注明将发生转运者,只要在提单上证实有关的货物是由集装箱、拖车、和/或子母船运输,并以同一提单包括海运全程运输。……'这就是说只要货物由集装箱装运,而且该套提单的运输已经包括 L/C 所规定的运输起讫全程者,即使 L/C 规定不许转让,银行也可以接收转运的提单。

3. 你行认为装运通知最晚应于 3 月 17 日发出,但我们则认为装运通知最晚应于 3 月 18 日发出。请你行注意:你 L/C 规定的原文:'…within two days after the date of shipment on the Bill of lading…'(……提单上的装运日期后两天内……)是'The date of shipment on the Bill of Lading'(提单上的装运日期),并非'The date of issuance of the Bill of Lading'(提单的签发日期),这是你我双方理解异点的关键所在。

我所提交的运输单据是收妥备运性质,所以根据《UCP 500》第 23 条关于港至港海运提单的规定:'……装上指名船只必须以在提单上注明货物装船日期的批注来证实。在这种情况下,装船的批注日期将视为装运日期。'我提单上装船的批注日期是 3 月 16 日,签发提单的日期是 3 月 15 日。以上述《UCP500》条文规定,其装运的日期是 3 月 16 日,按你信用证规定装运日后两天内,应该是 3 月 18 日,不是 3 月 17 日。因此我于 3 月 18 日发出装运通知是符合你 L/C 要求的。

根据上述条文规定和我方的理解,你行 3 月 28 日来电所提出的单证不符的意见是不成立的,我单证完全相符。请你行立即接受单据并按时付款。"

A 公司于 4 月 1 日发出上述反驳电后,开证行再未回复。4 月 7 日 G 公司接到议付行通知,该笔款项已由开证行全部转入账户,此案告结。

☞ **案情分析**

本案最后得以顺利结案,完全在于 A 公司以不可辩驳的理由说服了开证行,其对国际惯例的掌握和对单据的熟悉,给我们提供了以下经验:

1. 银行接受 L/C 项下一单两用的运输单据。目前国际上的许多承运人采取一单两用的方式,即一种提单格式既用于单一的港至港海运方式,又用于多式联合运输方式。例如海陆联运、陆海空联运等。本案例的A公司提交的提单就是这样的情况。这种做法国际上曾有争议,例如《东京规则》认为,所谓联合运输方式,其中至少有一种是海上或内地、水路运输,至少另一种不是海上运输。按这种解释,联合运输提单就不能用于港至港单一海运方式。但由于近几年来集装箱运输和联合运输方式的发展,许多承运人在提单上将单据的名称明确表示既可用于多式联合运输方式,又可用于港至港单一海运方式。例如"DSR LINES"提单的名称就是这样表示:"Bill of Lading for combined transport or port-to-port-shipment."(港至港运输或联合运输提单。)有的承运人虽然在提单上没有标明这样两用的词句,但在实际做法上也是一单两用。

国际商会银行技术与实务委员会为了适应国际运输业的发展,使"惯例"更适用于实务,所以在《UCP500》条文中对运输单据都规定有"不论其名称如何"的提法,这就是说不管单据的名称如何,只要单据的项目内容符合《UCP500》条文,银行即可接受。因此港至港海运方式也可以接受"联合运输提单",但提单的内容必须符合港至港海运的内容要求,如具备已装船的船名批注,日期,L/C规定的实际装、卸港(即包括运输的全程),如果 L/C 不许转运,实际也不转运(集装箱、拖车、子母船除外),以及其他内容均符合该所属各条文,银行就可以接受。

2. 银行接受 L/C 项下的转运提单。对于转运问题,按《UCP500》规定,如果货物由集装箱、拖车、子母船运输,即使 L/C 不许转运,银行也可以接受将转运的提单。本案例的开证行对于这些国际惯例不可能不知道,只是偏袒申请人,以此为借口,企图达到拒付货款的目的。

3. 正确区别收妥备运提单的装运期与出单期。A公司提交的提单是属于收妥备运性质的联合运输提单,提单上有两个日期:3月15日和3月16日。3月15日是出单日期(Date of issue),3月16日是装运日期(Date of shipment)。既然 L/C 规定是提单上装运日期(Date of shipment on the Bill of Lading)后两天,当然要以3月16日起算,后两天即为

18 日。开证行误以出单日期作为装运日期，即误以 3 月 15 日起算，后两天变成 17 日。这就是开证行理解错误的原因。

A 公司在这次争端中，以《UCP500》惯例为依据，有理有据地反驳开证行，使开证行无言可答，最终付款，是十分难得的。

■ 担心 L/C 过期倒签提单致损案

☞ 案情简介

我某出口公司 A 向日本某株式会社 B 以 FOB 条件出口一批玉米。L/C 规定装运期不得超过某年 4 月 30 日，交单议付期不得超过 5 月 10 日。

A 公司接到 L/C 后即备货等待装船。按计划船舶于某年 4 月 26 日到港，预估 29 日可装完，但因天气影响，船舶延至 5 月 1 日才到港。船到港后又连日下雨，无法装船，直至 5 月 5 日天气才转晴。A 公司即与轮船公司研究，由于天气影响船舶未按时到港，又不能按原计划装船，致使 L/C 过期。如果现在开装，估计 8 日前可全部装完，但提单必须以 4 月 30 日的日期签发装运日，以便符合 L/C 规定，否则 A 公司暂时不能装船，须等待与买方洽改 L/C 的装运期后才能装运。船公司也考虑，如果等待修改 L/C，势必延长船舶周转期，故同意接受办理倒签提单日期。并由 A 公司向轮船公司出具书面担保，声明倒签提单所引起的一切后果和责任，均由 A 公司负责。货物开装后于 5 月 8 日全部装完，同日船舶开航。5 月 9 日 A 公司向银行提交倒签日期为 4 月 30 日的提单办理议付。

买方接到 A 公司的装运通知后，按 4 月 30 日开航时间计算，却迟迟未见船舶到达。买方经查询目的港的船方代理人亦无消息。5 月 13 日船至目的港。买方即怀疑提单装运期不真实。由于市场价格下跌，买方遭受了一些损失，故请律师登轮查核航海日志及装货单日期，发现并证实该提单日期是伪造的。B 株式会社随即通过开证行正式向 A 公司提出拒付货款。其理由:已查核该轮航海日志并证实提单日期倒签,故不能接受该提单(附上航海日志有关内容及装货单的照片影印件)。

A回驳开证行:根据《UCP500》第4条明确规定:"在信用证业务中,各有关当事人所处理的只是单据,而不是单据所涉及的货物、服务及/或其他行为。"所以银行与我受益人之间处理的只能是单据而不是单据以外的其他行为,不能处理涉及货物和船舶的情况。根据《UCP500》第13条A款规定:"银行必须合理小心地审核信用证规定的一切单据,以确定是否表面与信用证条款相符合。"(请注意"表面"一词)我单据"表面"上与L/C一致,即L/C规定4月30日前装运期,我提单上装运日是4月30日,所以"表面"上单证一致。你行应保证付款。尤其《UCP500》第15条又规定:"银行对于任何单据的形式、完整性、准确性、真伪性或法律效力,或对于单据上规定的附加的一般性及/或特殊性条件,概不负责。"所以,银行应仅管单据表面上的一致,对其单据真实性,甚至单据伪造或法律效力是不管的。再根据《UCP500》第9条A款规定:对不可撤销L/C,只要将规定的单据提交给开证行,且符合L/C条款,单证一致,即构成开证行确定付款的承诺。

所以按以上各条文规定都已经构成了你开证行保证付款的承诺。而且你行的L/C本身也作了如下的保证:"对根据本证开具和提示汇票,并能按时提交出与本证规定一致的单据,我们保证对出票人、背书人和善意持有人承担付款责任。"

请你行接受单据并立刻付款。

开证行接到A公司的意见后,立即提出反驳意见:"你方所引证的《UCP500》第15条是对银行的免责而言。我银行对于单据的伪造、不真实,如果未发现时,其后果在法律上是不负任何责任和义务,因为银行没有义务去鉴定单据的真伪。但是,我银行虽然没有这个义务,却有这个权利,一旦发现单据是伪造的,而且已持有可靠的证据而证实它系伪造,我银行又是凭该物权单据(提单)担保付款,而物权单据本身是伪造的,当然有权利提出不接受其伪造的单据。请速告处理单据的意见。"

A 公司经了解,日方株式会社实际已经向目的港船方代理出具保函先提取货物了。所以,A 公司又向该株式会社交涉,而该株式会社称:由于你方没有按合同和 L/C 规定日期发货,延误我按时销售良机。现市场价格下跌,遭受 51,000 美元的损失,你方必须赔偿我上述损失。

A 公司最后经研究,认为买方已持有我倒签提单的证据,如果对方向法院起诉,则更加被动,最后决定赔偿对方要求而结案。

☞ **案情分析**

A 公司倒签提单致损的根本原因是没有理解《UCP500》关于银行不管单据的准确性、真实性或单据伪造的规定精神。其教训有以下几点:

1. 银行对单据效力的免责不是无条件的。《UCP500》第 15 条规定了银行对单据有效性的免责,其条件是指银行在未发现单据虚假和伪造的情况下,不负担任何法律责任。但在 L/C 支付方式下,开证行作为当事人之一,对受益人担保付款主要依靠的是单据,尤其是有价证券(即法律上所谓物权证)——提单。如果开证申请人一旦因破产或其他等原因无力偿付时,开证行要代开证申请人进行赔款。在这种情况下,开证行可依靠所持有的提单提取货物或进行转售处理。所以,开证行如果已经发现提单是伪造的,则开证行的权益会受到直接损害,开证行理所当然有权提出拒付货款和拒受单据。

2. 倒签提单是违法行为。目前我一些出口企业对倒签提单的严重违法的性质认识不足,对倒签提单现象似乎见怪不怪,这是单证工作中十分危险的一种现象。倒签提单就是不按规定时间交货的违约行为,买方有权提出索赔其损失或拒绝收货。英国法律视不按时交货为卖方违反合同的"要件"。倒签提单之所以是违法的行为,就是因为伪造提单日期是对买方的欺骗行为。多年来,我外贸公司由于倒签提单引起的诉讼案件已经发生了不少,严重的曾被法院判决扣留船舶,而船方则持装货人出具的书面担保文件要求赔偿船方一切损失,造成了我方严重的经济和政治损失,这种教训至今尚未引起有关外贸企业的高度警惕。本案例的 A 公司最后意识到如果对方向法院起诉,则问题更加复杂化,将使自己陷于更严重的被动地位,所以才不得不答应对方的索赔。

3. 倒签提单的后果是得不偿失的。A 公司在本案例中其主要的错误是没有直接向买方商洽修改 L/C 的装运期。由于连日下雨人力不可抗拒的因素致使船舶脱期到港,从而影响按时开装,按情理,一般商人是可能同意延展装期的,更何况船舶到港时间晚于合同规定,日方本身就有责任。但当时 A 公司没有这样处理,却以违法的行为欺骗买方,以为可以侥幸过关,最终落得个得不偿失的结果,这是我外贸企业应引以为戒的。

■ 重量单与提单不符争议案

☞ 案情简介

我某食品出口公司 A 于某年出口一批海产品至加拿大。9 月 22 日接到加拿大银行开来的不可撤销即期付款 L/C。L/C 在装运条款中规定:"Shipment from Chinese port to Toronto,Canada. Transhipment are permitted."(从中国港装运至加拿大多伦多,允许转运。)其中提单条款规定:"Full set of clean 'on board' ocean Bill of Lading made out to order and endorsed in blank,notifying buyers."(全套已装船清洁海运提单,做成空白抬头,空白背书,并通知买方。)另外要求重量单一式两份(Weight list in duplicate)。

A 公司根据 L/C 要求按时备妥货物,并进行租船订舱。但船运公司称:在目前有效船期中只有至蒙特利尔港(Montreal)的船只。经双方研究,最后承运人同意接受货到蒙特利尔港后,由承运人负责以火车运至多伦多港交货,并同意出具从中国港口至多伦多港全程的提单。

A 公司按时装运后,于 10 月 15 日办理交单后,却于 10 月 29 日接到开证行电称:

"第××××号 L/C 项下你第××××号单据经我审核发现不符点:

1. 你方提交的重量单(Weight list)上既没有单据的信头名称,又没有出单人的签章,无法证实该单据由何人出具。

2. 你提交 Bill of Lading(提单)栏目中'Port of discharge'(卸货港)栏为'Montreal'(蒙特利尔);'Final destination'(最终目的地)栏为'Toronto,Canada'(加拿大多伦多)。不符合我 L/C 的要求。

以上不符点我行无法接受。单据仍在我行暂代保管,请示如何处理。"

A 公司接开证行上述电后,经查原留底单据并召集有关人员研究认为:关于重量单出单人问题,原 L/C 仅规定重量单一式两份,并没有其他任何要求。对于提单问题,L/C 规定从中国港口至加拿大多伦多,我提单也表示了最终目的地为加拿大多伦多,而且 L/C 也允许中途转运。所以开证行提出的所谓不符点,根本不存在,即于 31 日向开证行发电提出:

"你 29 日电悉。关于第××××号 L/C 项下单据不符点事,我们认为:

1. 关于我提交重量单出单人和签章问题,因你 L/C 仅规定:'重量单一式两份',并没有其他进一步的要求。根据《UCP500》惯例第 21 规定:'当要求提供运输单据、保险单据和商业发票以外的单据时,信用证中应规定该单据的出单人及他们的措辞或数据内容。如果信用证中没有这样的规定,只要提交的单据的数据内容能与提交的其他所规定的单据不矛盾,银行将接受这样的单据。'我提交的重量单的内容并未与所提交其他单据内容有所矛盾,而你 L/C 又没有对该单据的出单人和其他项目作任何要求和规定,所以我所提供的重量单一式两份已经满足了你 L/C 的要求,更不存在有单证不符的情况。

2. 关于提单目的港问题,你 L/C 规定从中国港装运至加拿大多伦多。我提单也表示了从中国上海港至加拿大多伦多,只不过中途在蒙特利尔港转运,但你 L/C 也规定允许转运,所以我们认为我提单不存在与

L/C 不符的情况。

综上所述，我单证完全相符，你方应立即付款。"

A 公司发出上述电文后，期待着开证行的付款消息，但于 11 月 3 日又接开证行复电：

"你 31 日电悉。关于第××××号 L/C 项下你提交的提单存在不符点事，我们认为：我 L/C 对提单规定'全套已装船清洁海运提单，……'，又对目的港规定'从中国港装运至加拿大多伦多。'即该批货必须以海运从中国港装运至加拿大多伦多港。你方提单海运是从中国港至蒙特利尔港，所以不符合我 L/C 规定。我行经与申请人商洽，均无法接受。单据仍在我行保存，速告处理意见。"

A 公司根据开证行意见，邀请有关专家进行研究，结果认为该提单项目的确不符 L/C 要求。A 公司又与买方进一步商洽，最后以降价处理的办法而告结束。

☞ **案情分析**

从本案例看，双方理解《UCP500》惯例均有不足之处：

1. 开证行误解《UCP500》惯例。除非运输单据、保险单据和商业发票以外，开证人如果对单据的出单人和单据的数据内容有所要求时，一定要在 L/C 条款中作出规定，如果 L/C 没有这样的规定，只要受益人所提交的单据的数据内容能与提交的其他规定单据不矛盾，银行就应该接受这样的单据。因为这三种单据基本都是固定格式，而且 L/C 对这三种单据的主要项目都有所规定。例如运输单据中的装运港、目的港、收货人、通知方以及运费支付条款；保险单中的保险金额加成、保险的险别和赔付地点、方法；商业发票中的价格条款和商品条款等在 L/C 中也都有所规定。所以《UCP500》第 21 条规定：当要求这三种单据以外的其他单据时，L/C 中应规定该单据的出单人及他们的措辞或数据内容。本案例的 L/C 对重量单只规定一式两份，对于该单据的出单人、内容和项目并没有任何规定，A 公司提交的重量单的内容又没有与其他单据矛盾，所以，即使该重量单不表示其出单人、没有签章,开证行也无权提出异议,当然应该接受该重量单。这是开证行理解《UCP500》惯例的不足之处。也正因为如此,所以开证行经 A 公司 31 日去电反驳后有所醒悟,在 11 月 3 日第二次电文中仅对提单上存在的问题坚持意见,而对重量单所谓的不符点自知理亏,避而不谈。

2. 出口公司误解了卸货港和目的港的关系。A 公司认为 L/C 规定从中国港至多伦多,既然又允许转运,所以在租船订舱时接受了船方在蒙特利尔卸货,再在蒙特利尔以铁路转运至多伦多的意见。因此承运人出具提单时在"Port of loading"(装运港)栏表示:"Shanghai"(上海);在"Port of discharge"(卸货港)栏表示:"Montreal"(蒙特利尔);在"Final destination"(最终目的地)栏表示:"Toronto"(多伦多),A 公司误认为这样已符合 L/C 要求了。

L/C 规定提交"Full set of clean'on board'ocean Bill of Lading……"(全套已装船清洁海运提单),既然要求海运提单,并非联运提单,而卸货港又规定为"Toronto"(多伦多),这样,条款应理解为海运至多伦多港。虽然 L/C 允许转运,也不能在海运中途再改换其他运输方式转运至多伦多,应以海运方式转运。也就是说如果要转运,可允许从中国港海运至蒙特利尔港,仍再以海运方式在蒙特利尔港转运至多伦多港,这样才能算符合本案例的 L/C 要求。如果是这样,则提单上的"卸货港"应表示为"多伦多",另加批注"With transhipment at Montreal"(于蒙特利尔转运),这样才符合 L/C 要求。

■ 航空运单签发日期争议案

☞ 案情简介

我某出口公司 A 向日本株式会社 B 出口一笔工艺品。L/C 规定:
"10 cartons of Vase with Plum Flowers. Air waybill for goods consigned

to B Co., Ltd. quoting our credit number. Shipment from Qingdao to Tokyo not later than Aug. 15, ××. Documents to be presented to negotiating bank within 5 days after date of shipment. Signed packing list in duplicate."(10 箱梅花瓶,以 B 株式会社为收货人的空运运单注明我 L/C 号码。装运不晚于某年 8 月 15 日从青岛至东京。所有的单据须于装运日后 5 天内向议付行交单。签字的包装单一式二份。)

A 公司在 8 月 7 日向机场办理装运手续,并取得 8 月 7 日签发的空运运单。但因连日暴风雨,当天未能起飞,延至 8 月 10 日才起飞。又因 12 日与 13 日系双休日,A 公司有关装运人员于 8 月 14 日才将运单交给单证人员,单证人员经检查发现空运运单的签发日期为 8 月 7 日,8 月 7 日距 8 月 14 日超过 5 天,违背 L/C 关于 5 天交单的规定。查询装运人员,据称货物并非 8 月 7 日装运,实际是 8 月 10 日才正式起飞。如果日期与 L/C 有抵触,航空公司可以再加注实际发运日期。经联系决定在运单上加注:"Actual date of dispatch:Aug. 10, ××."(实际发运日期:某年 8 月 10 日。)

A 公司于 8 月 14 日即向议付行交单。议付行审查单据未发现其他问题,即向开证行寄单。

8 月 21 日接到开证行来电称:

"第××××号 L/C 项下第××××号单据已收到,经审查有如下不符点:

1. 我 L/C 规定装运日后 5 天内交单,但你提交空运运单签发日为 8 月 7 日,而议付行寄单日与你汇票出具日均为 8 月 14 日,证明你于 8 月 14 日才交单。8 月 7 日距 8 月 14 日已超过 5 天,不符合 L/C 规定。

2. 包装单完全系影印本,不符合 L/C 要求。

单据暂代保管,速告处理意见。"

A 公司认为对方所提出的不符点不成立,经研究后于 8 月 23 日作如下反驳答复:

"你 8 月 21 日电悉。关于所谓不符点问题,我们认为:

1. 我所提供的空运运单虽然签发日期为 8 月 7 日,但我在空运运单上载明实际发运日期为 8 月 10 日。我于 8 月 14 日向议付行交单,8 月 10 日距 8 月 14 日不超过 5 天,符合 L/C 要求。你行不能以运单签发日起算装运日期,如果运单没有实际发运日期,则可以签发日期作为装运日期。

2. 包装单影印本问题。根据《UCP500》第 20 条 B 款规定:'除非信用证中另有规定,只要单据注明为正本,如有必要时,已加签字,银行还将接受下述方法或看来是用下述方法制作的单据作为正本单据:Ⅰ.影印、自动处理或电脑处理;Ⅱ.复写……'

根据上述规定,所以我提供包装单影印本完全符合要求,你行应该接受我影印本的单据。因此所谓不符点是不成立的。请按时付款。"

反驳电发出后,8 月 25 日又接开证行电:

"你 8 月 23 日电悉。你方完全误解《UCP500》条文规定。

1. 空运运单如果以运单上批注的实际发运日期作为装运日期,则必须有一定的条件,并非你方所理解那样:任何空运运单上有了实际发运日期就以该实际发运日期作为装运日期。根据《UCP500》第 27 条的规定,只有信用证要求空运单据须批注实际发运日期的情况下,该实际发运日期才能作为装运日期,否则均以空运运单的签发日期作为装运日期。

我 L/C 并未要求空运运单须批注实际发运日期,故该运单仍以签发日期作为货物装运日期。你运单的签发日期为 8 月 7 日,距你 8 月 14 日交单日已超过 5 天,违背 L/C 规定,所以构成单证不符。

2. 对于'Signed packing list'影印件问题。《UCP500》虽然允许正本单据可以使用影印件,但你方在 8 月 23 日电中所引证《UCP500》第 20 条 B 款的条文未援引完整。该 B 款规定正本单据可以使用影印件,但对单据签字问题,接着又规定,单据签字可以手签,也可以用签样印制、穿孔签字、印戳、符号或其他任何机械或电子证实方法签字。影印件正本单据上的签字不能与文件一起也影印,你提交的包装单连签字也影印,所以不符合要求。

速告单据处理意见。"

A 公司根据开证行上述意见,认真研究《UCP500》条文的要求,又进一步与议付行探讨,才认识到单据确实不符合《UCP500》条文要求。随即向 B 株式会社进行洽商,经过反复交涉,结果因市场疲软,答应补贴对方 10‰而结案。

☞ **案情分析**

国际贸易结算单据上产生的单证不符,一般多数由于几种原因:有的由于审证时疏忽 L/C 条款,或对 L/C 条款理解有误,有的却是由于对《UCP500》条款不熟悉或一知半解,理解有误。本案 A 公司就是因为对《UCP500》条款一知半解,没有全部掌握,才造成了这样的事故。本案的经验教训如下:

1. 空运的装运日期与海运的装运日期的规定不同

《UCP500》关于空运的装运日期与海运的装运日期的规定如下:海运提单上如果加批了实际装上船日期,则以该批注日期作为装运日期,否则以提单签发日期作为装运日期。空运的装运日期只能在 L/C 条款特别要求必须注明实际发运日期的情况下,才以所批注的实际发运日期作为装运日期。如果 L/C 并未要求批注实际发运日期,即使运单上已经批注实际发运日期,则仍然以运单签发日期作为装运日期。A 公司单证人员在议付前,已经发现空运运单签发日期距交单日超过 L/C 规定的 5 天期限,所以又向航空公司再加批实际发运日期,以为空运的装运日期可以按加批的实际发运日期起算,这是造成该不符点的原因之一。

2. 取得空运运单后要尽快在限期内交单议付。单证工作时间性比较强。A 公司于 8 月 7 日就已取得了空运运单,装运人员却拖延至 8 月 14 日才向单证人员交单。L/C 既然只限 5 天内交单议付,在这样特殊要求下,就应特别认真对待,在取得空运运单时,就要设法在限期内交单。A 公司在事故发生后,据装运人员申述,当时以为飞机因天气影响不能起飞,恐情况有变化,所以才等待落实后再交单。即使这样,8 月 10 日起飞,11 日为何不设法交单议付？明知 12 日、13 日是双休日,为何又拖至 14 日才交单,这是造成不符点的又一个原因。

3. 正本单据签字不能影印复制。A 公司在 8 月 23 日致开证行电文中虽然引证了《UCP500》第 20 条 B 款条文,但条文中最末一句关于签字问题却被疏忽了。《UCP500》第 20 条 B 款关于单据签字方式规定比较宽,可以手签(Signed by handwriting)、签样印制(Facsimile signature)、穿孔签字(Perforated signature)、印戳(Stamp)、符号(Symbol)等。有人误认为上述的"Facsimile signature"就包括影印机复制的签字在内,其实不然。"Facsimile signature"的确切含义是通过电子计算装置或激光打印机或通过机械装置的复制签字。所以 L/C 要求签字的正本单据,其签字不能用影印复制。

■ 提单"签发日期"与"装船日期"争议案

☞ 案情简介

某年 3 月,某出口公司 A 向当地议付行提交 L/C 项下全套出口单据进行议付。议付行审单后提出不符点:"该提单装船批注中没有注明装船日期。"

A 公司单证人员接到不符点通知后,迅速查看留存的复印件,随之提出反驳:提单表面"PLACE AND DATE OF ISSUE"一栏中已经表明装运日期,装运日期与提单签发日期相同,无须再另外批注装船日期。双方发生争议,议付行遂依据《UCP500》第 23 条 A 款 Ⅱ 项的有关规定向受益人解释如下:

《UCP500》第 23 条 A 款 Ⅱ 项规定提单必须"INDICATES THAT THE GOODS HAVE BEEN LOADED ON BOARD. OR SHIPPED ON A NAMED VESSEL. LOADING ON BOARD OR SHIPMENT ON A NAMED VESSEL MAY BE INDICATED BY PRE-PRINTED WORD-

ING ON THE BILL OF LADING THAT THE GOODS HAVE BEEN
LOADED ON BOARD A NAMED VESSEL. IN WHICH CASE THE
DATE OF ISSUANCE OF THE BILL OF LADING WILL BE
DEEMED TO BE THE DATE OF LOADING ON BOARD AND THE
DATE OF SHIPMENT. IN ALL OTHER CASES LOADING ON
BOARD A NAMED VESSEL MUST BE EVIDENCED BY A NO-
TATION ON THE BILL OF LADING WHICH GIVES THE DATE
ON WHICH THE GOODS HAVE BEEN LOADED ON BOARD. IN
WHICH CASE THE DATE OF THE ON BOARD NOTATION WILL
BE DEEMDED TO BE THE DATE OF SHTPMENT."（注明货物已装
船或已装运于指名船只。已装船或装运于指名船只,可以是在提单上以
预先印就的文字表明货物已被装上指名船只或已装运于指名船只,在这
种情况下,提单的签发日期即视为装运日期。在所有其他情况下,装上指
名船只必须在提单上注明货物装船日期的批注来证实。在这种情况下,
装船的批注日期将视为装运日期。）也就是说,如果提单表面预先印就
"ON BOARD"（已装船）字样,该提单为已装船提单(ON BOARD B/L),
提单可以只有一个日期,提单 PLACE AND DATE OF ISSUE 一栏中标
明的日期可视为装运日期,这时,装船日期和提单签发日期是相同的。

如果提单表面只预先印就类似 "RECEIVED IN APPARENT
GOOD ORDER AND CONDITION UNLESS OTHERWISE STATED"
（除非另有注明,所收货物表面状况良好）,该提单为收妥备运提单(RE-
CEIVED FOR SHIPMENT B/L),不预先印就"ON BOARD"（已装船）
字样,提单表面要加"ON BOARD"（已装船）批注,同时批注装船日期,此
时,批注的装船日期可以早于、晚于或等于提单"PIACEAND DATE OF
ISSUE"一栏中标明的提单签发日期。

A公司最终接受了议付行的意见和建议,更改了单据,从而有效避免
了遭受开证行或付款行拒付的风险。

☞ 案情分析

本案由于议付行的及时建议,才使提单不符点得以更正,并及时获得了议付款。对出口公司来说,提单"签发日期"和"装船日期"的含义是完全不同的,应有清醒的认识:

1. 提单"签发日期"与"装船日期"的区别

由于已装船提单与备运提单的法律意义不同,对各方当事人的风险存在明显差异,因此,相应的"签发日期"与"装船日期"对 L/C 项下的各方,尤其是承担第一付款义务的开证行来说,有相当的利益关系。

一般来说,已装船提单应于货物装船后签发。然而,在集装箱运输中,尤其是承运人在内地货运站接受货物,或由于船舶一时不能到位、货物不能马上装运的情况下,承运人应托运人的请求,于货物装船前签发收妥备运提单,又称船边提单(ALONGSIDE B/L)。因属收妥备运,并未实际装船,故提单上面也就没有装船和装船日期的记载。由于这种提单仅指货物业已收妥备运,但何时装运、能否装运均难确定,对收货人而言尚欠保障,所以实务中,银行及进口商一般不接受这种提单。

由于收妥备运提单不具备"注明货物已装船"的要素,因此,货物装船后,发货人需凭这种提单向承运人换取已装船提单。承运人通常并不是另行签发,而是在该收妥备运提单上批注"已装船"(SHIPPED ON BOARD)字样,这是表明提单并不是另行签发,而是在该收妥备运提单上批注"已装船"字样。由于签发单据在前,装船在后,签发日期并不是装船日期,所以,该装船批注还必须注明装船日期。

有的船公司把已印就的收妥备运提单作为通用格式,收货装船后,在签发提单的时候,直接批注"已装船"字样。在这种情况下,即使装船日期和签发日期为同一天,也必须另外注明装船日期。

可见,不同种类的提单,其日期具有不同的含义。由收妥备运提单转化而成的已装船提单有两个日期:一个是已装船批注中的日期,也就是装船或装运日期;另一个是提单的签发日期。大多数情况下,这两个日期是相同的。然而,如船公司在收妥货物之后装船,或在装船之后若干天后签发提单,则两个日期就会不相同。

2. 提单时间与交单时间的区别

《UCP500》第 43 条 A 款规定,"IN ADDITION TO STIPULATING AN EXPIRY DATE FOR PRESENTATION OF DOCUMENTS, EVERY CREDIT WHICH CALLS FOR A TRANSPORT DOCUMENT(S) SHOULD STIPULATE A SPECIFIED PERIOD OF TIME AFTER THE DATE OF SHIPMENT DURING WHICH PRESENTATION MUST BE MADE IN COMPLIANCE WITH THE TERMS AND CONDITIONS OF THE CREDIT. IF NO SUCH PERIOD OF TIME IS STIPULATED, BANKS WILL NOT ACCEPT DOCUMENTS PRESENTED TO THEM LATER THAN 21 DAYS AFTER THE DATE OF SHIPMENT."(除规定交单到期日以外,每个要求提交运输单据的信用证还应规定一个在装运日后必须按照信用证条款交单的期限。如未规定该期限,银行将不接受迟于装运日后 21 天提交的单据。)

如果受益人提交的提单为已装船提单,提单的签发日期即为装运日期,根据《UCP500》第 43 条计算交单期时,则可以理解为提单签发日后 21 天交单。如果受益人提交的提单为收妥备运提单转化而来的已装船提单,则根据《UCP500》第 43 条计算交单期时,应依据装船批注中的日期来计算。例如,收妥备运提单中,"已装船"批注中的装船日期为 3 月 3 日,提单签发日为 3 月 5 日,则交单期应为 3 月 24 日之前。

有时,L/C 特别规定"DOCUEMNTS MUST BE PRESENTED WITH IN 15 DAYS AFFER SHIPMENT DATE."(在装运日后 15 天内交单。)此时,已装船提单应根据提单签发日来计算交单期;收妥备运提单转化而来的已装船提单应根据装船批注中装船日期计算交单期。

若 L/C 特别规定"DOCUMENTS MUST BE PRESENTED WITH IN 15 DAYS AFTER B/L ISSUING DATE."(在提单签发日后 15 天内

交单。)此时,无论是已装船提单,还是由收妥备运提单转化而来的已装船提单,都应根据提单"PLACEAND DATE OF ISSUE"一栏中的提单签发日期来计算交单期。

若 L/C 规定"DOCUEMNTS MUST BE PRESENTED WITH IN 15 DAYS AFTER B/L DATE."(在提单日后 15 天内交单。)此时,由于已装船提单表面只有一个日期,只需根据提单签发日期计算交单期即可;若受益人要提交由收妥备运提单转化而来的已装船提单,应立刻通过议付行向开证行电询 B/L DATE 的确切含义,如果时间来不及,宜根据装船日和提单签发日这两个日期中较早的日期来计算交单期。例如,提单装船批注日期为 3 月 3 日,提单签发日期为 3 月 1 日,此时,为确保顺利收汇,应根据上述两个日期中较早的提单签发日计算交单期,即受益人在 3 月 16 日之前交单为宜。

总之,提单上必须标明"签发日期"与"装船日期",若提单预先印就"已装船",则提单签发日即为装运日,不必另加批注;若提单未预先印就"已装船",除了在提单"PLACE AND DATE OF ISSUE"栏目标明签发日期外,装船批注必须另外注明装运日期,避免被银行以无签发日期或以无装船日期之由拒付。

■ 不清洁提单被拒收致损案

☞ 案情简介

我某出口公司 A 向国外贸易有限公司 B 出口一批货物,采用 L/C 支付方式,由集装箱装载运输出口。A 公司于某年 5 月 4 日装运后,5 月 8 日向议付行交单。5 月 23 日单到国外开证行,但 B 公司于 5 月 25 日提出拒受单据。其理由:所收到的提单为不清洁提单,因提单上承运人加有批注:"Shipper's load and count" "Said by shipper to contain"(发货人装载并计数,内容系根据发货人报称)。承运人对其货物的数量、内容均不了解,其数量由发货人计数而得出;其内容又是根据发货人单方面报称,其意思也就是说,提单项下所装运的货物内容承运人完全不知,装上废品、垃圾也可以。这种提单怎能接受?根据《UCP500》第32条 B 款规定,银行不接受载有不清洁批注的运输单据,所以我方无法接受你方的单据。

A 公司通过议付行向开证行和开证申请人提出反驳意见:我所提供的提单完全属于清洁提单。你方对清洁提单概念不清。《UCP500》第32条 A 款关于清洁运输单据作如下定义:"清洁运输单据系指未载有明确宣称货物及/或包装状况有缺陷的条款或批注的运输单据。"我提单上所记载的"发货人装载并计数,内容系根据发货人报称"的词句与货物或包装状况有缺陷毫不相关,所以并不构成"不清洁提单"。

《UCP500》在第31条 I 项中又明确规定:"银行将接受含有'发货人装载并计数',或'内容据发货人报称'或类似文字的条款的运输单据。"

根据以上《UCP500》规定,对于提单上记载有"发货人装载并计数,内容系根据发货人报称"的条款,不但不能构成不清洁运输单据,而且银行还应该接受类似上述文句的运输单据。所以你方所提出的由于不清洁提单而拒绝接受单据是毫无根据的。请开证申请人立即按时付款。

开证行接到议付行和 A 公司的上述反驳意见后,于6月3日又提出:提单上的运输唛头和发票上的唛头不一致(提单上表示:"A. B. /MA-LACCA";发票上却表示:"A. B. /MALACA")。经洽开证申请人仍然不同意接受单据。速告单据处理的意见。

A 公司经复查留底单据,确实发票上表示的运输唛头有误,造成提单与发票之间单单不一致。A 出口公司几经与 B 公司洽商并补寄正确发票,最后仍被迫降价处理该批货物,时延4个多月才算结案。

☞ **案情分析**

本案中 A 公司本可按时收回货款却没有收回,下列原因值得反思:

1. 不熟悉 L/C 有关国际惯例,错失有利机会。开证行提出任何单证不符的意见和拒受单据,必须在收到单据第 2 日起 7 个工作日之内提出才能生效,而且所提出的不符点必须全部地一次提出。开证行是在 5 月 23 日收到单据,5 月 25 日提出拒受不清洁提单,在 6 月 3 日又提出发票上运输唛头有误。5 月 23 日距 6 月 3 日已超过 7 天,而且又是分两次提出,根本违反了国际惯例。本案例的 L/C 中明确规定:本证根据《UCP500》所开立,并受其约束。该惯例第 14 条 D 款 I 项规定:"如开证行及/或保兑行(如有的话),或代其行事的指定银行,决定拒绝接受单据,它必须不得延误地以电讯方式,如不可能,则以其他快捷方式通知此事,但不得迟于收到单据的翌日起算第 7 个银行工作日。该通知应发给寄送单据的银行,或者,如直接从受益人处收到单据,则通知受益人。"第 II 项规定:"该通知必须说明银行凭以拒绝接受单据的全部不符点,并说明单据已代为保管听候处理,或已退交单人。"接着在 E 款又规定:"如开证行及/或保兑行(如有的话),未能按照本条文的规定办理及/或未能代为保管单据听候处理,或径退交单人,开证行及/或保兑行(如有的话),将无权宣称单据与信用证条款不符。"

对照上述条文规定,开证行已违背了《UCP500》规定,所以开证行已无权宣称单证不符,应按时付款并接受单据。但 A 公司不熟悉上述国际惯例,本可以据理力争按时收回货款,最终却失去了机会,反而以降价处理,造成了较大的损失。

2. 议付行未按 L/C 有关国际惯例进行有力的反驳。议付行本应该比外贸企业更熟悉《UCP500》,帮助 A 公司据理反驳开证行的无理意见,但遗憾的是,议付行并未提出有力的反驳意见,这是完全不应该的。

3. A 公司在缮制单证时不严格致使单单不一致。如果开证行和买方一次性提出全部不符点,A 公司还是无法收回货款。

这些教训应引起各外贸企业的充分注意。

海运提单承运人和装运港不清引起的纠纷案

☞ 案情简介

我某出口公司 A 与香港一客户签订了总额为 1 925 万美元的箱式鸿运扇出口合同。某年 3 月初,该公司收到 Kwangtung Provincial Bank, Hong Kong Branch 开来的 L/C,证中规定起运港 Hubei,目的港 Hong Kong。3 月 25 日该公司将货物出运,随后向当地中国银行交单议付。不料,开证行于 4 月 8 日来电提出以下单证不符点:

Bills of Lading

I)Without Showing Name of carrier.

II)Without Showing Actual Port of Lading.

Insurance Policy Showing Shipment From Wuhan (Hubei) Whereas Bills of Lading Showing as Hubei

(提单:I. 没有注明承运人名称;II. 没有注明实际装运港。保险单上注明的装运港为武汉(湖北),然而提单上的装运港却为湖北。)

A 公司接到开证行上述拒受单据的通知后,经核查留底单据,发现开证行所述情况部分属实。L/C 规定起运港为"湖北",业务员认为湖北并非港口,货物装船后即指示船公司出具装运港为"武汉"的提单,单证部门审单时发现单证不符,随即通知船公司更改,但疏忽了保单的更改,以致出现提单的装运港为"湖北",保险单的装运港为"武汉(湖北)"的单单不一致、单证不一致的情况。至于提单上无承运人名称一说,A 公司认为不存在此问题。因为 A 公司所使用的提单是中国对外贸易运输总公司印制的,提单上既有中国对外贸易运输总公司的名称,又印有该公司标志,只是在船长签章一栏处由中国外运金陵公司签章。

A 公司经研究,以下述理由向开证行提出反驳意见:

1. 湖北系省名而非港口名,武汉是湖北省的一个市,乃本批货物的实际装运港。但按你方 L/C 的要求,我方提单上的装运港仍为"湖北",保险单上装运港虽为武汉,但也注明了"湖北"字样。因此我们认为,我们的做法是符合单证一致的原则的。

2. 我们提供的提单是注明有承运人名称的提单,提单上印有承运人——"中国对外贸易运输总公司。""中国外运金陵"公司作为中国对外贸易运输总公司的子公司,代表总公司在提单船长一栏处签章是完全可以的。按照《UCP500》第 23 条 A 款的规定:"如果 L/C 要求港至港装运的提单,除非 L/C 中另有规定,银行将接受表面上看来注有承运人的名字的提单。"

据此,我们认为我们提供的单据已符合 L/C 要求,不存在不符点,请尽速付款。

A 公司向开证行提出如上意见后,开证行对提单上未表示承运人名称仍然不同意接受,提出理由如下:

你方海运提单表示承运人名称的问题,我们认为你方的做法不符合国际惯例。按《UCP500》第 23 条 A 款的规定:如果信用证要求港至港装运的提单,除非信用证另有规定,银行将接受表面上看来注有承运人名称,但任何承运人或船长的签署或证实必须表明其为承运人或船长。承运人或船长的代理人的签署或证实也必须表明被代理方,如承运人或船长的名字及资格。中国外运金陵公司在签章时并未表明其为承运人或代理人及代理何方。根据这一规定,我行已再次与开证申请人联系,开证申请人仍然不同意接受该海运提单。

最后,A 公司被迫同意客户的意见,将 L/C 改为 D/P 60 天付款条件收取货款,承担了收款的风险和利息损失。

☞ **案情分析**

本案中,开证行对 A 公司所提交单据提出的两个不符点是否成立,特分析如下:

1. 关于第一个不符点。这确属 A 公司单证工作上的差错,虽然 A

公司在回电中进行巧辩,但提单与保险单上表明的装运港不一致是事实。如果两种单据上都有装运港湖北,其做法与 L/C 的要求并不相违背。武汉港系湖北的一个港口,但提单上未表明武汉港,保险单上虽表明了武汉港,同时也注明了湖北。但如果开证行援引《UCP500》第 13 条 A 款:"⋯⋯单据表面上互不相符,应视为表面上与 L/C 条款不相符"的规定,仍可以拒绝付款。因此,A 公司的正确做法应是在提单和保险单的装运港一栏内均注明 Wuhan,Hubei。

2. 关于第二个不符点。尽管 A 公司在电文中摘引《UCP500》第 23 条 A 款的规定,说明中国对外贸易运输总公司即是提单表面上看来的承运人,但这一说法并不能说服对方。因为按照上述条款的规定:承运人或船长的任何签字或证实,必须表明承运人或船长的身份;代理人代表承运人或船长签字或证实时,也必须表明所代表的委托人的名称或身份。据此,中国外运金陵公司作为中国对外贸易运输总公司的代理,提单上正确的签署应为"中国外运金陵公司 As agent for the carrier named above"。即便由中国对外贸易运输总公司签章,也应签署"中国对外贸易运输总公司作为承运人"(As Carrier)字样。

■ 转运提单与联合运输提单名称纠纷案

☞ 案情简介

我某出口公司 A 向泰国巴伐利亚有限公司(B)出口一批电器电料,国外开来 L/C 有关条款规定"100 cases of Electric Goods and Materials, shipment from Chinese port to Bangkok. partial shipments and transhipment are prohibited. Full set clean on board marine bill of lading marked'Freight prepaid'to order of shipper endorsed to K Bank notifying buyers."(电器电料 100 箱,从中国港口至曼谷。禁止分批装运和转运。全套清洁已装船海运提单,注明"运费预付",发货人抬头背书 K 银

行,通知买方。)

A 公司接到上述 L/C,经审查认为没有什么问题,即装集装箱运输,随后备妥各种单据向议付行交单议付。单到国外却被开证行拒付,其理由如下:

"1. 我 L/C 要求的是:清洁已装上船的海运提单(clean on board、marine bill of lading),你们提交的却是联合运输提单(combined trans-shipment bill of lading)。

2. 我 L/C 规定不许转运,但根据你们提单上的记载,显然货物是经过转运到曼谷港,故不符合 L/C 规定不许转运的要求。

以上两项单证不符,我行无法付款,单据暂由我行代保管,速告单据处理意见。"

A 公司接到开证行上述拒付货款的意见后审核留底单据,经研究认为开证行所提出的异议是故意挑剔,故作如下答复:"你×日电悉,关于第××号 L/C 项下的单据,我们认为其所谓'不符点'是不存在的:

1. L/C 虽然规定提交清洁已装上船的海运提单,但你银行可以接受联合运输提单,我联合运输提单上标明:'This combined transport bill of lading issued subject to Uniform Rules For A combined Transport Documents[ICC publication No.298].'[本联合运输提单系根据《联合运输单据统一规则》(国际商会第 298 号出版物)办理。]根据该国际商会第 298 号出版物中《总则》规则 1 第 1 款规定:'即使与缔约双方按本规则规定进行货物联运的原来意图相反,上述货物是按照单一运输方式承运的,本规则仍应适用。'所以联合运输提单也可以适用于港至港海运提单。同时《UCP500》第 23 条关于海运提单的规定中也没有提及 L/C 要求海运提单时银行可以不接受联合运输提单的说法,所以我们认为单证相符。

2. 关于转运的问题,提请你行注意:我货物系由集装箱运输,《UPC500》条 23 条 D 款规定:'即使信用证禁止转运,银行对下列单据予以接受:1. 对注明将发生转运者,只要提单证实有关货物已由集装箱、拖车及或子母船运输,并且同一提单包括海运全程运输。……'根据上述条文规定,只要货物由集装箱运输,即使 L/C 规定禁止转运,银行也可以接受货物将转运的提单。因此我单证仍相符。"

A 公司发出上述反驳意见,在一星期后又接到开证行通知,对方仍坚持不同意接受单据:

"你方×日电悉,关于第×××号单据,即使货物由集装箱运输可以接受转运提单,但也解决不了问题。L/C 规定提交'已装上船的海运提单',我行收到你方单据是'联合运输提单',单据名称相差甚远。我银行审核单据的依据是单据表面上是否与我 L/C 相符。《UCP500》第 13 条和 14 条均强调单据表面上是否与 L/C 条款相符,如果单据表面与 L/C 条款不符,银行可以拒受单据。你方前次电文中强调依据国际商会第 298 号出版物《联合运输单据统一规则》,但我行不受其约束。我 L/C 明确规定:Except as otherwise expressly stated herein, this credit is Subject to Uniform Customs and Practice for Documentary Credit(1993 Revision), International Chamber of Commerce, publication No. 500. (除另有规定外,本证根据国际商会第 500 号出版物《跟单信用证统一惯例》1993 年修订本办理)。《UCP500》强调银行接受单据主要依据单证表面上相符,所以我无法接受以联合运输提单的名称代替已装上船的海运提单。单据仍无法接受。"

A 公司对开证行的意见,组织有关人员与议付行共同研究,作出如下反驳:

"你×日电悉,第×××号单据关于你 L/C 规定提交'清洁已装上船的海运提单',我们仍然认为你行应接受'联合运输提单'。你行强调只受《UCP500》约束,但根据《UCP500》惯例第 23 条关于海运提单的规定:'如果 L/C 要求港至港的海运提单,除非 L/C 另有规定,银行将接受下述单据而不论其名称如何……'该条文的意思也就是,虽然 L/C 要求海运提单,但只要所提交的单据符合该条文的 A.B.C.D. 四项规定精神,不管其单据名称是何种叫法,银行将接受其单据。换句话说,即使 L/C 要求海运提单,我单据名称是联合运输提单,只要我单据未与条文中的 A.B.C.

D 各项抵触,银行也要接受其联合运输提单。现试将我提单的内容与该条文的 A.B.C.D 各项规定对照如下,看是否有抵触:

A. 项主要规定如下内容:

(1)要求表明承运人名称,其签字应由承运人或船长或其代理人签署。我提单已标明承运人名称,在签字处又标明是代表承运人的代理人(Agents for the carrier)。

(2)要求已装船的注明。我提单上已在'Laden on board the vessel'栏中注明已装上船的日期并签字。

(3)要求注明 L/C 规定的装、卸港。我提单上装货港已注明 L/C 的港口:中国港大连,卸货港:曼谷。

(4)要求提交全套正本份数。我提单正本一式三份已全部提交了。

(5)要求记载全部条款或简式提单。我提单背面有全部承运人的条款。

(6)要求未注明受租船合同约束或以风帆为动力。我提单也无此标明。

(7)要求符合 L/C 其他规定。我提单其他方面均符合 L/C 其他规定。

B. 条文只解释关于转运的含义(即规定什么叫做转运)。

C. 如果 L/C 未规定禁止转运……。你 L/C 已规定禁止转运,所以本条文不适用我们情况。

D. 即使 L/C 规定禁止转运,银行应接受证实了货物由集装箱、拖车或子母船运输的提单,只要同一提单已包括海运全程运输。我提单系由集装箱运输,所以应允许转运。这个意见已在前次电文中申述过了。

因此,你行所提出的两项'不符点'是不存在的,你应按时付款。"

最后 A 公司接到议付行通知,开证行已付款,而且以议付行向开证行索取到因迟付款的利息而结案。

☞ **案情分析**

本案能够较圆满地结案,完全在于 A 公司能够依据《UCP500》说服对方。本案例涉及到的关键问题如下：

1. 关于货物转运提单问题。根据《UCP500》第 23 条有关规定：如 L/C 要求提交港至港的海运提单，只要 L/C 未明确规定禁止转运，而且同一提单包括全程运输，银行可以接受注明货物将转运的提单。如果 L/C 规定禁止转运，但货物是由集装箱运输，而且同一提单包括海运全程运输，银行也可以接受将转运的提单。如果 L/C 禁止转运，提单上声明有承运人保留转运权者，银行也可以接受这样的提单。

本案例 L/C 虽然规定禁止转运，但提单上证实"Containerized"（集装箱装运），已符合上述条文规定，银行应接受这样的提单。不能以此作为"不符点"拒付货款。A 公司准确地依据《UCP500》条文进行反驳，使开证行无法再坚持自己的意见。

2. 关于联合运输提单问题。开证行抓住联合运输提单问题作借口，坚持不接受单据。A 公司第一次反驳中依据《联合运输单据统一规则》的条文进行申述，显然无力，所以被开证行以"我行不受其约束"一句话给予否定了。对方反而以《UCP500》提出：银行只管单据表面上相符，L/C 规定海运提单，提交联合运输提单，就是单证不符，坚持拒付货款。

虽然联合运输提单这一名称与 L/C 规定的海运提单不一致，但《UCP500》第 23 条就规定：不论其名称如何，只要所提交的单据符合该条中的 A.B.C.D. 各项，银行就可以接受。A 公司提交的联合运输提单内容均符合条文中 A.B.C.D 各项，其实质就是符合了海运提单的内容，也就是单一的海运一种运输方式，只是单据上冠以"联合运输单据"的名称而已，银行是可以接受的。目前我国集装箱运输所用的提单，习惯使用"联合运输提单"。国际上不少承运人为了适应运输的需要和使用方便，在提单上印就了"Bill of lading for combined transport or port-to-port-shipment（港至港运输或联合运输提单）"，使其一单两用，既可以用于港至港海洋运输，也可用于多式联合运输。所以国际商会《UCP500》条文，就是照顾有些承运人的习惯做法，在条文中增订了"无论其单据名称如何"的规定，以适应国际运输的需要。A 公司组织有关人员与议付行共同研究对策,才准确地以《UCP500》第23条规定说服了对方。

从本案例纠纷中还可以得到一个启示:L/C项下的单证问题,完全要以《UCP500》的惯例作为处理的依据,离开《UCP500》,依据其他国际惯例或公约均难以得到解决。

■ 提单条款不具体引起的争议案

☞ 案情简介

某出口公司A接到新加坡某银行开来的一份L/C,其中规定启运港为"中国港口",卸货港为"日本港口",A公司完成交货后,向议付行提交的提单上注明启运港为秦皇岛,卸货港为"日本港口",并由船长签字,提单有关内容如下:

OCEAN VESSEL:SHORI(船名:SHORI)

PORT OF LOADING:QINHUANGDAO(启运港:秦皇岛)

PORT OF DISCHARGE:JAPANESE PORT(S)(卸货港:日本港口)

FOR THE MASTER(船长)

MASTER OF M. O. SEAWAYSLTD(M. O. SEAWAYSLTD 船公司:船长)

(SIGNATURE)(签署)

SHORI(船名)

AS CARRIER(承运人)

议付行对此没有提出异议,并办理了议付手续。但开证行收到单据后,提出以下两个不符点:1.无法确认提单上的签字人的身份;2.提单上卸货港未列明具体港口。并以此拒收议付行的单据,双方为此发生争议。

☞ **案情分析**

本案是一起单据不符争议案,争议的焦点主要是提单签字人身份和卸货港问题。我们可以从以下几个方面进行分析:

1. 关于签字人身份的确认

根据《UCP500》第 23 条 A 款中规定,提单可以由船长及其代理人签字,但是,"承运人或船长的任何签字或确认须表明其为承运人或船长的身份,承运人或船长代理人签字亦须表明其被代理人,即承运人或船长的名称和身份"。从此规定看,该提单上述签署确实不够明晰。

本案例是由船长签字,但其格式容易引起误解,使人弄不清船长是"M. O. SEAWAYS LTD."的船长,还是"SHORI"的船长,且后面"AS CARRIER"字样无法确认谁是承运人,是"M. O. SEA WAYS LTD."还是"SHORI"? 而且,船长的名字也没有标明。

从该提单的内容上分析,其印就的格式上有"M. O. SEAWAYS LTD."这表明该提单为上述公司的提单,填写的船名为"SHORI",所以,船长应为"SHORI"号的船长,而该船属于承运人"M. O. SEAWAYS-LTD."因此,比较明确的签字应该是:

FOR THE MASTER OF M. O. SHORI(M. O. SHORI 船长)

(SIGNATURE)(签署)

NAME OF MASTER(船长姓名)

2. 关于提单上港口不明确的问题

国际商会第 489 号出版物第 240 个案例与此类似。本案例的问题是:如果 L/C 规定的卸货港为"任何日本港口",提单是否必须填写具体卸货港。一般认为,必须填写。否则,收货人无法从提单表面看出应从哪里提货,《UCP400》第 26 条 C 款Ⅲ项证明了这一点。《UCP400》第 26 条对不能接受的提单进行了较明确的阐述。其中,"除非单据(提单)上注明的目的地不是卸货港,在卸货港项下有预期或类似性质注明者(不能接受)"。即一般情况下银行是不接受卸货港不确定的提单的,除非目的地不是该预期的卸货港。由此推论,"日本港口"具有预期的性质。也就是说,按《UCP400》规定,卸货港是"日本港口"的提单是不能接受的。

但是,《UCP500》中对提单的论述不同,它不像《UCP400》那样规定哪些提单不能接受,而是在第23条中对应接受提单的要求作了详尽的阐述,更强调审核的标准及与 L/C 相符。其中,A 款Ⅲ项指出,注明信用证规定的装卸港,即使……(b)含有"预期"批注或类似词语,只要提单上注明了信用证规定的装货港及/或卸货港,银行也将接受。议付行提出:这是否意味着应以单证相符为审核提单的标准呢?但是,开证行坚持认为,《UCP400》与《UCP500》在这一点上其实质是相同的,即装卸港不能不确定。

究竟应如何理解《UCP500》有关条款呢?在国际商会第 470－37/37 号文件《UCP400》修订工作组成员会议纪要中,谈到有些承运人不愿执行合同规定的装卸港,而采取装"预期"港口的不确定的办法,但这种做法因《UCP500》将加列对运输单据的基本要求而必须在提单上注明确定的装卸港。这表明开证行对《UCP500》的理解是符合国际商会有关出版物的精神的。

本案的经验教训告诉我们,在实务中,海运提单作为运输的合同和证明,表明承运人所负责的区间,卸货港是承运人责任终止的地点,应注明具体港口。况且,一个从表面上看不知货物运往何处的提单,作为可以流通转让的物权凭证,其流通转让性令人怀疑。为避免纠纷,最稳妥的做法是:开证行在开证时如买卖双方还未具体确定装卸港,可用笼统的说法,但是,应明确表示填写"日本港口"的提单是否可接受;而作为受益人,为避免风险,在无法知道具体卸货港的情况下,应要求信用证加注"填写卸货港为日本港口的提单可接受"的文字(B/L INDICATINGPORT OF DISCHARGE AS JAPANESE PORT(S)ACCEPTABLE),这样,就不可能发生如上纠纷。

商 检 证 书 类

(Problem of Commodity Inspection Certificate)

商检报告出具中文遭拒付案

案情简介

我国某出口公司 A 以 L/C 为结算方式,出口 800 台 5.6 英寸便携式 DVD 影碟机至法国,金额为 USD80 000.00。某年 2 月 18 日,A 公司向出口地银行交单。同日,交单行将单据寄往法国巴黎某开证行索偿。

2 月 28 日交单行收到开证行拒付电,理由是"INSPECTION OF QUALITY REPORT ESTABLISHED IN CHINESES LANGUAGE THEN WE ARE NOT IN A POSITION TO CHECK ITS CONTENTS."(质检报告以中文出具,因此我行无法核对其内容。)

交单行收到该拒付电后,立即通知了 A 公司,但并未引起重视。A 公司考虑到交涉费用,请交单行不必反驳,等候开证行付款。

时隔半月,交单行仍未能得到开证行的付款通知,于是在 3 月 16 日,按程序向开证行催收。

3 月 21 日,开证行回电,声称"单据仍然保留在我行,听候你行处理,申请人指示我行拒付上述金额为 USD80 000.00 的单据,如在 3 月 22 日前未得到其他指示,我行将把单据退回你行,并关闭我行的业务案卷。"

交单行应 A 公司请求,当日立即回电致开证行,称 A 公司不同意退单,现不要办理退单并等候交单行进一步指示。

3 月 25 日,交单行回电开证行反驳其拒付理由,表明由于 L/C 并未规定不能使用中文,因此其提出的拒付是无理的。

4 月 1 日,开证行回电称:"我行提醒你行注意你行某年 3 月 21 日的电文,该电通知我行等候受益人的进一步指示,该电文并未对我行的拒付进行反驳,因此我行认为你行某年 3 月 25 日迟到的争辩是无效的。我行重申,我行无法核对质检报告表面是否与 L/C 和其他单据相符,因此我行今日退回单据并关闭我行的业务案卷。"

4 月 1 日,出口地交单行反驳:"等候我行指示并不意味着我行接受你行的拒付理由,我行已经清楚地指示你行不要退单,同时,拒绝接受你行的拒付理由。《UCP500》并没有规定反驳拒付的时限。因此,我行拒绝接受你行的拒付是有效的。同时,我行保留我行的追索权。"

4 月 4 日,开证行回电:"根据《UCP500》第 21 条和 ISBP 第 24 条,提交的单据的数据内容不得与其他单据相互矛盾,我行不能确认质检报告的内容是否与其他单据相符,并且根据《ISBP》第 26 条,单据应当以信用证使用的英语语言出具,单据已经被退回你行。"

4 月 5 日出口地交单行回电称:"根据《ISBP》第 26 条规定,由受益人出具的单据才必须使用 L/C 的语言,而上述提及的质检报告,根据 L/C 规定应该由指定人 HOMITA EIJECTRONICS SHANGHAI CO. LTD. 出具,而非由受益人出具。因此,以中文出具的质检报告并未违反《ISBP》第 26 条规定。《UCP500》第 21 条规定:当要求提供运输单据、保险单据和商业发票以外的单据时,信用证中应规定该单据的出单人及措辞或内容。如信用证对此未做规定,只要所提交单据的内容与提交的其他规定单据不矛盾,银行将接受此类单据。《ISBP》第 24 条规定:信用证项下提交的单据在表面上不得相互矛盾。该原则并不要求数据内容完全同一,而仅仅要求单据不得相互矛盾。据此我行认为以中文出具的质检报告的内容和其他单据是一致的,没有不相符。因而我行认为该不符点是不成立的和没有道理的,同时我行保留对该款项的追索权。"

4月7日开证行回电:"考虑到我们之间关于不符点的争议,我行从快件公司收回了单据,我行坚持我行的拒付理由,单据保留在我行听候你行处理。"

4月8日,交单行考虑到尽管开证行以前对中文质检报告从未提出异议,但开证行位于法国巴黎,确认中文检验报告的内容与 L/C 要求是否相符可能确有困难,遂将中文质检报告的英译本寄往开证行。

4月14日开证行回电:"我行确认已经收到英文质检报告,该报告并非 L/C 项下提交的单据,根据《UCP500》第21条和《ISBP》第24条及26条,我行坚持我行的拒付理由,单据保留在我行听候你行处理。"

此时,出口地交单行认为仅仅向开证行催收已无济于事,遂决定采取下述措施,以造成对开证行的"高压"态势:

1.向开证行在国内的分行通报此事,并称出口方受益人已着手整理材料,准备通过法律途径解决该事件,请其考虑中行与开证行的长期合作关系,以及如果出口方受益人起诉后,可能给开证行及其分支机构带来的不良影响,要求其协助处理。

2.向出口地交单行的海外机构——法国巴黎中行求助。当日交单行将所有案卷包括往来电文等用特快专递寄给巴黎中行,并通过电话与其取得联系,请其尽快协助处理。

3.将该案咨询国际商会,了解他们对该事件的看法,希望通过此举取得相应的佐证,为进一步调整催收策略做铺垫。

4.对开证行进行升级查询,分别致电开证行的部门经理和总经理,指出"出口地交单行已收到你行4月14日电文,出口地交单行认为在以往的电文中已经明确地指出你行的拒付是没有道理的,并坚持认为该业务的情况没有违反《UCP500》第21条和《ISBP》第24条及26条的规定。为了帮助你行确认质检报告内容是否与 L/C 要求相符,出口地交单行已将英文质检报告寄送你行,但事隔已久,出口地交单行仍然未收到你行合理的答复和付款,请您关注此事并促成及早付款。同时,出口地交单行已将此事告知国际商会,并仍然保留追索货款及其迟付利息的权利。"在此后的半个月里,开证行未采取任何行动,但有消息不断从巴黎中行及开证行在国内的分行传来。出口地交单行又通过电话告知上述二行,称出口方受益人将于近期内起诉开证行及其在国内的分行。

5月中旬,出口地交单行收到 ICC BANKING COMMISSION(国际商会银行委员会)MR GARY COLLYER 的答复,称:"IF THE L/C DOES NOT SPECIFY THAT DOCUMENTS MUST BE IN A CER. TAIN LANGUAGE. THEN DOCUMENTS OTHER THAN THOSE ISSUED BY THE BENEFICIARY MAY BE ISSUED IN A LANGUAGE THAT IS DIFFERENT TO THAT OF THE LC. THE DISCREPANCY WORDING THAT YOU HAVE QUOTED IS NOT A SPECIFIC REASON FOR REFUSAL. IF THE BANK COULD NOT READ THE DOCUMENT. THEY WOULD BE RE. SPONSIBLE FOR OBTAIN A TRANSLATION. MAKING A DECISION ON THE ACCEPTABILITY OF THE DOCUMENT AND IF APPROPRIATE. PROVIDE A REFUSAL WITHIN A REASONABLE TIME NOT TO EXCEED SEVEN BANKING DAYS FOLLOWING THE DAY OF RECEIP OF THE DOCUMENTS. "(假如信用证未规定必须以某种语言出具单据,则除了受益人出具的单据外,单据可以用不同于信用证的语言出具。你行提及的上述开证行的拒付理由是没有道理的,假如该行不能看懂此单据,他们将有责任获取翻译件,以便对单据做出正确的判断。并且,如果可以拒付,必须在收到单据后的次日起不超过 7 个银行工作日的合理时间内提出拒付。)

5月25日,根据国际商会银行委员会对交单行十分有利的答复,交单行再次致电法国巴黎中行、开证行的总经理及开证行在国内的分行,告诉他们国际商会银行委员会对此事的意见,并称将于近期内起诉开证行及其在国内的分行,强烈要求开证行支付该货款及因迟付而产生的利息。

5月27日,法国巴黎中行致电交单行,称此事已有转机,开证行将重新考虑该问题,并将尽快做出明确答复。

5月31日,交单行收到开证行同意付款的电文,起息日为6月2日。

6月2日,开证行将本金 USD80 000.00 及迟付利息 USD440.00 付至交单行,交单行当日为 A 公司入账。

☞ 案情分析

本案可从以下两个方面进行分析:

一.从出口企业的角度看,其应吸取如下经验教训:

1.要深入了解进口商信誉和贸易背景。不管哪种结算方式,了解贸易商的信誉、动态经营情况、货物的市场行情等,是有百利而无一害的。出口企业可以根据情况调整销售或供货策略,从而最大限度规避风险。在本案例中,A 公司事先对进口商将破产已有耳闻,但未引起警觉,也未告知出口地银行,抱着侥幸的心理出单。假如出口地银行催收无方,假如出口单据确有不可反驳的不符点,承担损失恶果的只能是 A 公司自己。但如果 A 公司事先把 L/C 申请人将破产的情况告知出口地银行,银行就能在审核单据时严格把关,同时给 A 公司以合理的建议,共同采取防范措施,为安全收汇打下牢固的基础。

2.正确认识 L/C 结算方式。在各种结算方式中,L/C 被认为是最古老、最公平、相对较安全的结算方式,但 L/C 结算方式对出口企业也不是万能的。在本案例中,因种种原因,A 公司作为 L/C 的受益人,对该证的关键条款没有给予重视。例如,要求提供的不是通常作为物权凭证的海运提单,而是非物权凭证的航空运输单据,使 A 公司作为受益人在拒付中处于非常被动和不利的地位。在本案中,假如不符点是不容置疑的,一方面,A 公司将不得不接受开证行的拒付,面临失去货款的损失;另一方面,由于是航空运输,货物不受银行、受益人等控制,早已由开证申请人提取甚至已经变卖,又面临货物的损失,"钱货两空"的风险随时存在。因此,出口企业作为受益人对 L/C 条款要有足够的认识,特别对诸如提交航空运输单据、1/3 的海运提单自寄开证申请人等不利于受益人掌控物权的条款应有清醒的认识,采取不接受或谨慎接受的态度,并采取必要的避险措施。

3. 对出口地银行的地位要有正确认识。长期以来,仍有少数出口企业对出口地银行的地位没有正确的认识。认为只要单据交给了出口地银行,银行未书面正式提出不符点,就承担了付款责任,一切均万事大吉了。其实,这种观点是错误的,也是十分有害的。根据国际惯例,只有开证行或其指定银行,才在单证相符的条件下,承担第一性的付款责任,对于出口地银行,通常真正的身份是"交单行",它采取的是"收妥结汇"方式,即只有在开证行付款的情况下,才将款项记入出口企业账户。出口地银行进行的审单,是其提供的一项服务,而非必须承担的责任和义务,对单证是否相符没有最终的决定权,即使它认为单证相符,也没有付款的责任和义务。本案例中,由于 A 公司的业务人员错误地认为出口地银行应承担付款责任,险些造成出口企业和出口地银行"打内战",错失向国外开证行追索的良机。假如 A 公司坚持错误观点,不仅仅影响出口地银行追款的积极性、恶化银企关系,还会造成货款落空的损失。

4. 正确对待单据不符点。在 L/C 业务中,只有在单证相符的条件下,开证行才承担第一性的付款责任,反之,在单证不符的情况下,开证行不承担付款责任。是否需要付款,取决于作为开证申请人是否接受出口商的单据。在实际业务中,由于种种原因,作为受益人的出口企业提交的单据往往存在着不符点,许多出口企业对之漠然处之,或者认为是老客户、老关系,有一点不符点没关系,大不了被扣去几十美元的不符点费,收回货款是没有问题的。在这种错误思想指导下,有的出口企业甚至对于自己举手之劳就能更改的不符点,也懒得动手,使自己在收汇中处于被动的地位,特别在货物的市场行情对受益人不利、申请人财务状况恶化的情况下,开证行和开证申请人将利用合法的拒付权力,拒付货款,使出口企业遭受损失。

在本案例中,出口地交单行审单人员发现检验证报告以中文出具,而不是通常以 L/C 使用的语言——英语表达,遂向 L/C 受益人提出中文出具的质检报告可能被当作不符点的警示,建议更改,是及时的善意建议,但未能引起出口企业应有的重视,以致造成了日后的麻烦。假如该出口企业听从出口地银行的劝告,从严把握单证质量关,就不会有以后的争议和能否收回货款之忧。

二. 从银行的角度看,我们可以得出以下启示:

1. 倡导服务企业观念。在进出口业务中,银行的"立场"并不是一成不变的,是随着进出口业务的变化而变化的。在出口业务中,银行站在出口企业的一方,作为出口地银行,应尽可能帮助出口企业收回货款。由于取得货款的惟一条件是单证相符,因此,在出口单据处理上,应该严格审核单据,不管是实质性的还是非实质性的不符点,均应建议企业改正;对于有争议的问题,也应该从严把握。如在本案中,非受益人出具的单据究竟可否以 L/C 以外的语言出具? 国际惯例没有明确规定,因此出现了开证行与出口地银行的争议。前文提及的国际商会银行委员会 MRS GARY COLLYER 的答复意见,也仅仅代表其个人的观点,若出口企业和出口地银行起诉开证行,他的意见(或者是国际商会银行委员会集体的意见)只是专家(或团体)的意见,仅起参考作用,起决定作用的仍然是法院法官的意见,起诉地法官将如何判断,尚不得而知。但若出口企业以 L/C 使用的英语出具了质检报告,开证行就找不到合适的拒付理由。

在进口业务中,银行站在进口企业的一方,应尽可能维护进口企业利益,同时也应该注意自身的形象和利益。若进口企业希望拒绝付款,进口地银行应独立地审核单据,凭实质性的不符点才能拒付。否则,不仅仅影响自己的信誉,还将造成经济上的损失。在本案例中,开证行凭非实质性的不符点拒付,最后不仅付了本金,还赔付了利息。

2. 采取"多管齐下"的催收策略。在本案中,收到对方 4 月 14 日简短的电文后,出口地交单行认识到,无论出口地交单行怎样据理力争,开证行拒意已决,而此时,又从 A 公司处得到了一个坏消息,此证项下的最终付款人——L/C 的申请人已濒临破产,若开证行付款,势必造成开证行的垫款,尤其对开证行的有关业务当事人带来影响,形势十分严峻。因此,出口地交单行采用了多种催收方式,加大催收力度,终于达到了迫使对方付款的目的。

3. 银行的拒付或反驳应理由充分、逻辑严密。本案中开证行有两个失误,一是不符点选择不当,二是拒付依据选择不当。为了达到拒付目的,尽管开证行援引了《UCP500》第21条和《ISBP》第24条及第26条,但由于出口地交单行有理有力的做法,均被一一驳回。

■ 商检证保险单与L/C规定不符致损案

☞ 案情简介

某年10月15日,英国某银行开给我农产品出口公司A一张L/C,有关部分条款如下:"Amount: USD918,000.……1,800 M/Tons (quantity 5% more or less allowed) of Round Shaped White Rice,@USD510. PER M/Ton net, CIF Liverpool. Full set of original clean 'On board' ocean bills of lading made out to order and endorsed in blank marked 'Freight prepaid' notifying Dobson & Co., Ltd., 42 King's Avenue, Liverpool. TWY ISJ Britain.……Inspection certificate of quality in triplicate, inspected at the time of shipment, issued by C. C. I. B. ……Insurance policy in duplicate for 110% of the invoice value covering P. I. C. C. ocean marine cargo clauses(W. A.) and War Risks dated 1/1/1981. Loss if any, pay to Dobson & Co., Ltd."(总金额918 000美元……1,800公吨,数量允许5%增减。圆粒白大米,每公吨净重510美元,CIF利物浦。全套清洁已装上船的正本海运提单,作成空白抬头空白背书,注明"运费预付"通知不列颠利物浦TWY ISJ皇室大街42号多布逊有限公司……中国进出口商品检验局签发的品质检验证书一式三份,在装运时检验。……保险单一式二份,按发票价值的110%投保,包括中国人民保险公司1981年1月1日修改的海上运输货物保险条款的水渍险及战争险。保险如发生赔偿,

请付给多布逊有限公司。）

A 公司接到 L/C 后即备货，于 10 月 25 日全部货物装运完毕，并备妥单据向议付行交单办理议付。议付行经审单后不同意议付，其理由为议付金额超出 L/C 总金额。L/C 规定总金额为 USD918 000，发票和汇票金额却为 USD945 540，超额 USD27 540。

A 公司认为 L/C 规定货量 1 800 公吨，并允许 5% 增减装。也就是说 1 800 公吨加 5%，最高可以装 1 890 公吨。我们实际只装 1 854 公吨，仅增装 3%[1 800 公吨＋(1800×3%)＝1 854 公吨]，这是 L/C 规定条款允许的。每公吨单价 USD510 乘以 l 854 公吨，总金额就是 USD945 540。

议付行仍不同意议付，因 L/C 虽然规定货量允许增减装 5%，但 L/C 总金额并未允许增减。所以即使数量符合 L/C 规定，而议付的总金额超出 L/C 总金额限度也是绝对不允许的。议付行建议，既然货已装运完，又无法更改，只能凭担保议付(Documents negotiated against beneficiary's indemnity)。所谓凭担保议付即 A 公司出具担保文件，承担开证行或开证申请人提出拒付款或拒受单据时所发生的一切后果及风险。在这种条件下，议付行向开证行寄单并在寄单面函中主动列明单证不符情况，由开证行决定是否接受单证不符的单据或付款。

A 公司请有关人员研究，认为采取担保议付风险太大，其实质即放弃 L/C 的开证行保证付款的权利，等同于托收方式。最后研究决定，采取部分 L/C 部分托收方式(part L/C and part collection)。部分 L/C 部分托收方式即汇票分两套缮制。L/C 总金额 USD918 000 缮制一套，在证下正常办理议付，其超额 USD27 540 部分缮制汇票办理光票托收。

议付行向开证行寄单后，开证行于 11 月 10 日提出 L/C 项下的单据与证不符：

"1. L/C 规定'保险如发生赔偿，请付给多布逊有限公司'。从你方提供的保险单上却找不到类似文句的表明。

2. 关于品质检验证书，L/C 规定'Inspected at the time of shipment'（于装运时检验）。你方提交的品质证书上并无上述文句的表明。根据提单上表明的装运日为 10 月 25 日,品质检验证书的签发日期为 10 月 23 日,说明你方检验时间不是装运时检验的。

3. 提单上通知人栏中:'…TWY ISJ Britain' 正确表述应为 '… TW6 ISJ Britain.'

单据暂保留。速告处理意见。"

A 公司经核对留底单据,认为开证行所提出以上三条"不符点"是没有道理的,尤其对第 3 项提单通知人栏中的"…TWY…"应为"…TW6…"觉得奇怪。再三对照 L/C 规定,对方开来 L/C 就是"TWY",根本不存在"TW6",我单证完全相符。A 公司于 11 月 14 日即通过议付行向开证行提出:

"你 11 月 10 日电悉。关于你方对第 ×××× 号 L/C 项下的单据所提出的'不符点',我方答复如下:

1. L/C 规定:'保险如发生赔偿,请付给多布逊有限公司',我们根据上述规定已在保险单上以多布逊有限公司为被保险人(The insured)。意即多布逊有限公司为被保险人,也是保险单的权益所有人。如保险发生赔偿,当然付给多布逊有限公司。所以我们已经执行了你 L/C 的条款,这与明文注明'保险如发生赔偿,请付给多布逊有限公司'毫无区别。

2. 本批货物实际于 10 月 23 日开始装上船,10 月 25 日全部装运完毕,中国进出口商品检验局于 10 月 23 日对本批货物全面进行检验,认为合格才装运上船,所以我品质检验证书于 10 月 23 日签发。据中国进出口商品检验局称,其证书的出具日期即表示为该货的检验日期。10 月 23 日开始装运,23 日检验,已符合你 L/C 规定'于装运时检验'的要求。

3. 我所提交的提单上通知人 'Dobson & Co., Ltd., 42 King's Avenue, Liverpool, TWY ISJ Britain' 完全符合你 L/C 规定。至于你行提出应为 '…TW6…' 请你行仔细核对所开立的 L/C。该证根本也是 '…TWY…' 并非 '…TW6…'。今将你行开立的 L/C 的影印件通过传真给你,请你核对。

综上所述,我单据完全符合 L/C 要求,其'不符点'是不存在的。请你即按时付款。"

11月18目开证行又来电：

"你11月14日电和传真L/C影印本收悉。今答复如下：

1. 对于提单通知人地址错字问题，首先向你表示歉意。我行经查核，由于我行开立L/C时，电传机发生障碍，将'TW6'误为'TWY'。因此申请人对此问题表示接受该提单。

2. 对于本批货物装运数量为1 854公吨，超过我L/C总金额。其超额部分你方以托收方式要求付款，我正与申请人商洽要求承兑。但其主要关键问题不在此而在于L/C项下的单据存在与证不符。虽然你方于11月14日来电作了一些解释，但我们认为其不符点是明显存在的：

（1）对于保险单未表示：'保险如发生赔偿，请付给多布逊有限公司'，虽然保险单上被保险人栏已为'多布逊有限公司'，两者效果类似，但我银行并不管买卖双方的实际业务效果。我行只能单纯依据单据表面上是否符合L/C要求。因为《UCP500》第4条明确规定'在信用证业务中，各有关当事人处理的是单据，而不是与单据有关的货物、服务及/或其他行为。'所以保险单表面上没有表示信用证所要求的词语，就是单证不符。

（2）根据你方解释，第××××号L/C项下的货物于10月23日开始装运，所以品质检验证书出具日期为10月23日。但我行只能从运输单据上来确定装运时间。根据《UCP500》第23条A款Ⅱ项规定：'已装船或装运于指名船只，可以是在提单上以预先印就的文字表明货物已被装上指名船只或已装运于指名船只，在这种情况下，提单的签发日期即视为装船日期和装运日期。'所以按上述规定，你方所提交的已装船的提单，其出单日为10月25日，则10月25日应为本批货的装运日期。按你方前电称，中国进出口商品检验局认为其证书出具日期即为货物检验日期。也就是说，你证书于10月23日出具，即于10月23日检验，10月25日装运，怎能符合L/C要求的'于装运时检验'的规定？所以这一点又显然是单证不符。

因此我行仍无法付款。希望速告单据处理意见。"

A 公司对开证行的意见与议付行有关人员研究,认为对方所述,除提单通知人地址以外,A 公司的检验证和保险单确实存在两点不符。该公司最后直接与买方商洽,以每公吨降价为 USD490 结算,承担损失 USD37 080 而结案。

☞ **案情分析**

本案涉及的争议问题较多,但主要反映在单据的处理上:

1. 关于溢短装条款问题引起的单证不符。以重量为计量单位的货物,一般都有溢短装条款的要求。一般条款是这样规定的:"Amount of credit & quantity of merchandise 5% more or less acceptable."(L/C 内的金额及货量均可接受 5% 增减),即金额及数量都可以增减 5%,这样规定就比较明确。但有些国外开来 L/C,在货物数量规定允许增减,而没有允许金额可以增减。如"The quantity of shipment 5% more or less acceptable"(装运数量允许有 5% 增减)。A 公司在审查 L/C 时没有严格审查和注意这个问题,以为既然 L/C 允许装运数量可以增减 5%,所以就增装了 3%,结果 L/C 金额不够,造成超额议付。正确的做法是,如果遇到 L/C 只在数量上允许增减,而金额没有允许增减时,应该掌握在数量上只减装 5% 以内,而不增装,否则只好提出修改 L/C 了。

议付行建议采取凭担保议付寄单,A 公司经研究后采取部分 L/C 部分托收方式。两者比较,后者比前者似乎好些,因为前者失去了 L/C 的作用,等同于全部托收,后者只是超额部分托收,其主要部分仍然按照 L/C 性质办理议付。但根据历年来的经验,采取部分 L/C 部分托收方式也有被国外以单证不符为借口提出拒付的。因为,虽然超额部分办理光票托收,但发票上仍然有注明超额部分××××金额另办托收的文句,所以严格说,L/C 并未允许这样做,这也是与 L/C 不符。从以往经验看,国外只拒付托收部分,或托收与 L/C 项下全部拒付,已屡见不鲜。因此受益人应该在装运前严格审查 L/C 条款,核算 L/C 总金额是否足额。本案例的开证行虽然未提出这个问题,实际是因为单据上已被发现有明显的单证不符,对方已掌握了足够的拒付理由。

2. 关于保险条款引起的单证不符。L/C 的保险条款规定:"保险如发生赔偿,请付给多布逊有限公司。"A 公司虽然将多布逊有限公司列为保险单被保险人,其效果也是一样的,但 A 公司没有了解 L/C 结算的特点。开证行在提出拒付的理由中也已经表明,银行在处理 L/C 业务中不是依据有关货物、服务或其他的行为而是单据。他们只管单据表面上与证一致,才保证付款,而不管你业务的效果。如果 A 公司能在保险单赔款偿付栏中照 L/C 要求的原句给予注明"保险如发生赔偿,请付给多布逊有限公司",这样就无懈可击了。

3. 关于商检条款引起的单证不符。L/C 规定"Inspected at the time of shipment",出口公司最好的做法是要求商检局在证书上将原句列出。如果不能在证书上注明上述字句,则证书的出证日期保持与提单的装运日期一致,也可以满足和符合 L/C 要求,但不如前者做法更妥当。本案例的品质检验证书的出证日期与提单的装运日期相差 2 天,被对方作为提出单证不符的借口就不奇怪了。

从单证实务上说,所谓装运日期就是货物装上运输工具的最后完成的日期,并不是货物实际开始装运时间。以海运来说,货物全部装运完毕,船方大副才在"装货单"(Shipping order)和"收货单"(Mate's receipt)上签字和签批装运完成日期,所以已装船的提单日期就是装运日期。《UCP500》也规定已装船的提单日期作为货物装运日期,如属于备运提单,则以提单上记载的实际装上船的日期为装运日(参见《UCP500》第 23 条 A 款Ⅱ项)。

A 公司认为货物是先检验后装船,所以检验证书日期比装完货物日期早。实际情况虽然是这样,一般检验证书日期也可以比提单日期早一两天,但 L/C 有类似本案例这样要求在装运时检验的特别条款时,则必须保证证书日期与提单装运日期一致。

提单通知人的地址错字由于开证行电传机的障碍而产生,银行对此可以不负责任。所以开证申请人也只好表示接受错字,因为《UCP500》第 16

条规定,银行对于电讯传递过程中发生的迟延、残缺或其他差错,概不负责。

总而言之,L/C 上规定有关单据条款未在单据上一一相应落实,必然后患无穷。

■ 商检证书以受益人名义出具争议案

☞ 案情简介

我某油漆出口公司 A 向国外某公司 B 出口一批建筑涂料,国外开来 L/C 规定要求出具"Inspection certificate of quality in duplicate"(品质检验证书一式两份)。在货物装运后,A 公司单证人员在向商检局申请出具品质检验证书时,因该批货物报验程序不对,商检局没有出具品质检验证书。单证人员向公司负责人汇报,并核对各项手续和资料,证实 L/C 确要求出具品质检验证书一式两份。但业务部通知储运部的委托书上有关申请报验和出具检验证书漏填该项目,使报验人员认为不需要报验。又由于该商品属非法定检验商品,合同也没有规定出具品质检验证书,所以装运前也未办理申请检验。

为了向银行交单结汇,A 公司只好自己按 L/C 要求和发票上表示的规格,出具品质检验证书一式两份。但是,议付单据一到开证行即被提出:"第×××号 L/C 项下单据经审查存在不符点:我所收到的品质检验证书系由受益人自己出具的,我 L/C 虽然未规定出单人,但该证书等于由受益人自己证明自己的商品合格,这样的检验证书不能生效。根据《UCP500》第 20 条关于出单人不明确的规定,L/C 项下应提交的任何单据,如果对其出单人规定不明确时,只要所提交的单据表面与 L/C 其他条款相符,并且不是由受益人出具,银行将予接受。这就是说,L/C 对出单人规定不明确的,只要不是受益人出具,其他任何人出具都可以接受。所以,受益人自己出具的品质检验证书不能生效。经联系申请人也不同意接受单据。单据暂代保管,速告单据处理意见。"翌日,国外 B 公司也提出异议:"第××××号项下货物的品质无检验证书无法通关。我地当局也规定出口商自己出具的证书无效。请速补寄检验机关出具的证书。"

A 公司接到开证行上述拒付的通知后,认为单纯从单证角度看,开证行的理由不充足,经研究决定先对开证行提出反驳意见,并对开证行作如下答复:"你 20 日电悉,你行对第××××号 L/C 项下我第××××号单据所谓不符点,我们不同意你方意见。我们认为你行所引证《UCP500》第 20 条是误解原条文规定。原条文是这样规定的:不应该使用诸如'第一流的'、'著名的'、'合格的'、'独立的'、'正式的'、'有资格的'、'当地的'以及类似意义的语言描述 L/C 项下应提交的有关单据的出单人的身份。如信用证中含有此类词语,只要所提交单据在表面符合信用证的其他条款和条件,且该检验证书不能由受益人出具,银行将予接受。你第×××号信用证并未有这样类似语言来描述出单人,你只规定'品质检验证书一式两份'。所以,本情况不适用于《UCP500》第 20 条,却适用于第21 条,第 21 条是这样规定的:'当要求提供运输单据、保险单据和商业发票以外的单据时,信用证中应规定该单据的出单人及它们的措词或数据内容。如果信用证中没有这样的规定,只要提交的单据的数据内容能与提交的其他所规定单据不矛盾,银行将接受这样的单据。'所以我所提交的品质检验证书符合你信用证和《UCP500》的规定,你行没有理由不接受它。请你们立即付款。"

3 月 23 日,A 公司与买方反复洽商,决定以生产厂商的名义补出品质检验证书代替原来的证书,开证行也未再提出异议,最后按原额付款了结此案。

☞ **案情分析**

本案情并不复杂,但却比较典型,我们可以从中得到以下启示:

1. 把好审证关是避免被动受损的关键。在具体的外贸业务中,审查 L/C 是一项重要的工作。本案例中 A 公司对 L/C 的审查是不够严格的。

因为,在买卖双方的合同中并没有规定要卖方出具品质检验证书,这本来是买方的错误,应该修改 L/C 品质检验条款。但 A 公司没有在审证时审查出来,所以才照常办理租船订舱和各项装运手续,这是 A 公司的失误,也是导致本案例发生并使 A 公司陷于被动的主要原因。

2. 熟悉国际惯例是应对纠纷的武器。国际贸易惯例是开展国际贸易业务和处理贸易纠纷的主要依据。只有对有关国际贸易惯例非常熟悉,才能在实践中灵活应用。所幸该公司比较熟悉《UCP500》,本案发生后,才能够对开证行提出的异议进行有力的反驳,最后才改变了被动的局面。对买方提出的品质检验证书问题,A 公司采取了比较灵活的方法,在不违背原则的前提下,补出了生产厂家的品质检验证书,使之能够办理通关手续,也保证了自己安全收汇。

3. 加强单证管理是实现安全收汇的保证。本案反映出 A 公司内部信息沟通和协调中的问题。如通知储运部的委托书上漏填了报验和出具检验证书项目,却没有被及时发现和反馈。外贸企业的单证管理实际上是企业内部的信息流管理。要提高外贸企业的经营管理水平,提高经济效益,仅仅重视物流是不够的。如果信息流不畅通,反馈信息不及时或者信息错误,必然会对物流失去控制。所以,在实际工作中,要克服重经营轻管理的思想,将重视物流和重视信息流结合起来,才能全面提高经营管理水平。

■ 商检证书签字不符引起的纠纷案

☞ 案情简介

某年 1 月 27 日,出口公司 A 收到香港某银行开出一笔金额为 USD220 000.00 的 L/C,该证规定:"inspection certificate issued and signed by the authorized person(s)of L/C applicant. Whose signature(s) must be in conformity with the records held in our file certifying that…"

（商检证由开证申请人授权的有权签字人出具并签字,其签字必须与其开证预留的印鉴相一致并证明……。）此证由通知行直接通知受益人 A 公司,但通知行未仔细审查,也没有提出该条款的问题所在,而 A 公司收证后也没有认真审证。当年 2 月出口商交货,开证申请人派人前往出口地验货,并在商检证上签字,出口商遂向银行交单议付,一星期后,开证行收到单据并发出不符点电传称:"商检证上的签字与申请人在开证行预留的印鉴不符。"提出拒付。出口方银行依据《UCP500》第 5 条 A 款规定"开立 L/C 的指示,L/C 本身和修改 L/C 的指示及修改书本身必须完整和明确",向开证行发出反驳电传,指出开证行开出的 L/C 不完整,开证行在开证时应该随 L/C 一起将申请人的预留印鉴提供给通知行,以便议付行核实审单,否则,通知行有责任请开证行立即提供申请人预留印鉴并尽早付款。

此电发出后,开证行很快回电,仍坚持单据存有不符点,不理会签字样本寄回一事,并通知货物仍滞留仓库,仓储费每天达 960 港元,申请人要求退单。经多次交涉,开证申请人还是拒不赎单,开证行拒付货款,全部单据和货物由出口方处理,造成 A 公司严重损失。

☞ **案情分析**

本案实际上是由 L/C 软条款引起的纠纷案。所谓 L/C 软条款是指置出口方有关当事人于不利地位的弹性条款。本案中 L/C 里明显有软条款,即商检证上要求要有申请人授权的有权签字人签字,并要求该签字必须与申请人在开证行预留的签字样本一致。这一条款对于出口商以及出口方银行来说是很不利的,因为这种预留印鉴存放在开证行,而开证行又不将印鉴寄给出口方银行,导致出口方银行审单议付时,无法核实单据上的签字是否与存放在开证行的预留印鉴一致,极易被开证行提出不符点而拒付。因为,开证申请人在开证行预留印鉴的有权签字的人与签署商检证的人可能并非一人,结果出口方得到商检证后,向银行交单时其签字必然不符,造成开证行拒付。这种人为地有意拒付,往往是在市场价格看跌,货物不好销售或者进口商又找到了更便宜的货物时发生。可见,进口商早就在 L/C 里了做文章,为拒付货款提供了方便。出口方由此面临着三个不利:一是出口方不能及时收汇,资金积压;二是出口方承担仓储费;三是出口方不能及时处理货物,甚至可能会被迫降价或自负货物造成的损失。

此案给我们以下经验教训:

1. 出口方收到 L/C 时应仔细审证,发现条款模糊或者实难办到的事情,应立即请开证申请人修改 L/C 条款,以免造成被动。当 L/C 存在软条款时,出口方银行将不给予出口方做出口押汇、打包放款等资金融通,因此,在外贸实务中应及时发现和修改软条款。

2. 银行在审证时发现有不易掌握的条款时应及时与出口商联系。本案例中通知行应要求开证行将预留印鉴调出寄出口方银行备案,并将其视同 L/C 的一个部分,以便出口方银行审核签字的真伪,避免造成单据不符。

■ 商检证书与 L/C 条款不符争议案

☞ 案情简介

我某食品出口公司 A 向外商 B 出口 150 吨冻对虾。B 公司通过银行于 5 月 10 日开来 L/C,有关商品条款规定:"150 M/Tons of Frozen Headless Prawn,sizes:6—12 pcs. per Ib. for 50 M/Tons,13—15 pcs. per Ib. for 100 M/Tons. (150 吨冻无头对虾,每磅 6—12 只,计 50 吨;每磅 13-15 只,计 100 吨。)

A 公司业务经办人员接到 L/C 后,发现 L/C 中商品规格与合同不符,L/C 规定为"每磅 6—12 只",而合同规定是"每磅 8—12 只",没有"每磅 6—12 只"的规格。这当然是买方开证时疏忽,将"8—12"笔误为"6—12"。A 公司认为船期已很紧,如果修证后再装船,势必过期而根本无法议付,最后决定按合同规定期办理装运。为了使单证一致,单据可以按 L/C 规定表示,所以没有通知 B 公司修改 L/C,于 5 月 15 日完成装运。但在 A 公司申请商检证书时,商检局提出不同意在品质检验证书上证明与货不符的"6—12 pcs. per Ib."(每磅 6—12 只)规格,只能按实际货物情况如实地证明"8—12 pcs. per Ib."(每磅 8—12 只)。A 公司有关人员经与商检局再三商洽,商检局仍不同意出具与实货情况不符的证书。如果缺少商检局的品质检验证书,又无法向银行办理正常议付,A 公司最后只得按商检局出具的"每磅 8—12 只"规格的证书向银行交单议付。

果然不出所料,议付行不同意议付,只好于 17 日向议付行提交保证书,以"表提"方式凭担保议付寄单。但单寄到国外,开证行于 23 日来电提出:

"关于第××××号信用证项下的你方第××××号担保议付单据,我行不能接受其不符点,即:我信用证对货物规格规定为'每磅 6—12 只',你方单据均为'每磅 8—12 只'。单据暂代保管,速告处理意见。"

A 公司接到开证行拒付电后,于 24 日向 B 公司提出:

"关于第×××号合同项下冻无头对虾,你信用证规定货物规格误为'每磅 6—12 只',为了节省你方修改信用证费用及手续,我单据按正确表示'每磅 8—12 只'。但 23 日开证行来电不接受其不符点。希望保持你我双方良好贸易关系,速联系说服开证行接受单据。谢谢配合!"

A 公司去电后,于 27 日接到 B 公司回电:

"你 24 日电悉,关于第××××号合同项下 150 吨冻无头对虾,其中规格问题开证行坚决不同意接受该不符点,请直接与开证行联系。"

A 公司于 28 日又通过议付行向开证行提出,开证申请人电称同意接受该不符点,请开证行即与申请人联系。但 29 日开证行回电称,再次联系申请人,其仍不同意接受。

在开证行说买方不同意接受,而买方又称开证行不同意接受,两者互相推诿的情况下,A 公司通过当地其他客户了解到,该货在当地已处于滞销状态,所以 B 公司企图以单证不符为借口达到不接受货物目的。如果买方仍然不接受单据,再拖延时间,货物到达目的港后无人提货,不仅仓库费用剧增,而且货物可能会变质,其损失将再加严重。

A 公司最后研究决定与 B 公司谈判,结果以降价20％而结案。

☞ **案情分析**

在 L/C 支付方式下,依据合同规定的条款开立 L/C 是买方的义务。如果买方不按照合同条款或改变合同条款开立 L/C,就是违约行为,卖方有权提出修改 L/C 要求,直至与合同完全一致为止,这是卖方的权利。本案例的关键问题就是,A 公司没有使用这个权利,其实当发现 L/C 所规定的货物规格与合同不符时,应该立即向买方指出货物规格的错误,要求修改 L/C 后才能装运。A 公司没有这样做,这是造成其损失的根本原因。从 A 公司的失误分析,主要有以下三点:

1. 误认为船期紧迫而不改证。当时船期偏紧是事实,但 A 放弃修改 L/C 是没有道理的,在不修改 L/C 的情况下先装运更是没有道理的。因为修改 L/C 货物规格错误的同时可要求 L/C 展期,何况造成过期的原因是买方错开货物规格引起的,其责任不在卖方,卖方有权要求展期。这是 A 公司的失误之一。

2. 误认为"单""货"可以分离。A 公司在发现 L/C 与合同产生不符时,错误地认为实际货物可以按合同办理,使其"货"与"合同"一致;而单据可以按 L/C 办理,使其"单""证"一致。这种解决矛盾的方法是不可取的,因为"单""货"不一致,也很难做到单证一致,商检局不同意出具与实货情况不符的证书就已说明。

从收汇角度来说,只要卖方接受了 L/C,该 L/C 即成为独立于合同之外另一新的契约。卖方只有无条件地遵守 L/C 条款,提交与 L/C 条款绝对一致的单据,开证行才能付款。A 公司虽然也了解一点,但却未考虑因商检证书可能造成单证不一的后果。这是 A 公司失误之二。

3. 误以为凭担保议付可以结汇。A 在交单议付时由于商检证规格与 L/C 规定不一致,造成单证不符点无法正常办理议付,所以只好凭担保议付。案情中提到"表提"的问题,是担保议付寄单的一种方式。担保议付寄单有两种方式,即"表提"与"电提"。"表提"多因受益人估计对方会接受的情况下,受益人向议付行提交担保文件,议付行在寄单面函上主动说明单据存在不符点的情况及凭担保议付,请开证行授权付款或承兑。开证行是否接受由其决定,一切后果由受益人负担,这叫做"表提"。"电提"是议付行先将不符点情况电告开证行请示是否接受,待开证行回电表示接受后再寄单。如开证行不同意,则议付行通知受益人再采取其他措施。如果是实质性的单证不符,最好采取"电提"方式;如果是非实质性的一般性的单证不符,才能考虑采取"表提"方式,因为"表提"方式实质等于托收方式。

A 公司即使在不修改 L/C 情况下,在装运前或在采取"表提"寄单方式前(尤其装运前)如能先与买方联系,向买方摆情况说道理,指出买方开证的错误,为了配合对方节省费用,免予修改,要求对方确认,有可能对方由于情理原因只好确认。A 公司却在采取担保议付并于开证行提出拒付不同意接受后,才向买方提出。这时生米已煮成熟饭,买方当然要以开证行不同意接受为借口而顺水推舟。这是 A 公司失误之三。

从本案例中可吸取三点教训:其一,发现 L/C 条款与合同不符时,一定要坚持修改 L/C 后才能装运;其二,在审证时和装运前就要考虑到单证相符的问题。只片面看单证一致,而不看单与货一致,其结果还是单证不符;其三,不要随便采取担保议付。

单 据 制 作 类

(Problem of Making Documents)

不符点单据异议案

☞ 案情简介

我某矿产出口公司 A 向东南亚某公司 B 出口一批磷矿石，L/C 的货物描述为（DESCRIPTION OF GOODS）：50 000 MT ROCK PHOSPHATE FOB FANGCHENG, CHINA AS PER PROFORMA INVOICE NO. NV03H-1…

单据条款中规定：

1. COMMERCIAL INVOICE IN TRIPLICATE.（商业发票一式三份。）

2. CERTIFICATE OF ORIGIN ISSUED BY CIQ.（由中华人民共和国出入境检验检疫局签发的原产地证书，CIQ 为 China Inspection and Quarantine Bureau 的缩写。）

3. 3/3 SET OF CLEAN ON BOARD BILL OF LADING CONSIGNED TO THE ORDER OF ISSURING BANK.（3 份凭开证行指示、已装船的清洁提单。）

4. BENEFICIARY'S CERTIFICATE REQUIRED IN TRIPLI-

CATE STATING THAT THE APPLICANT HAS BEEN ADVISED OF THE COMPLETE DETAILS OF SHIPMENTS BY TELEX/FAX NO.505759 AND COPY OF TELEX/FAX ADVICE IS REQUIRED FOR NEGOTIATION.（受益人证明书一式三份，申明开证申请人通过电传号505759已经得到了完全的装船信息，并且凭电传装船通知复印件议付。）

开证行收到单据后，表示拒付，并提出如下不符点：

Ⅰ. INVOICE GOODS DESCRIPTION NOT SHOW "AS PER PROFORMA..."（发票中的货物描述没有显示"按照形式发票……"。）

Ⅱ. CERT. OF ORIGIN SHOWING CONSIGNEE DIFFER FROM B/L.（原产地证显示的收货人与提单不一致。）

Ⅲ. B/L DOES NOT SHOW THE NAME OF MASTER.（提单没有显示船长名。）

Ⅳ. BENE'S CERT. MISTYPED "CERTIFY" AS "CITIFY".（将受益人证明中的"CERTIFY"错误地拼写成"CITIFY"。）

Ⅴ. SHIPPING ADVICE：NO EVIDENCE OF THE SHIPPING DETAILS HAS BEEN ACTUALLY FAXED.（装船通知：没有任何证据表明实际已传真过装船的详细信息。）

A公司针对开证行所提出的单据不符点，立即对单据进行研究并与B公司磋商。由于是老客户，加之产品质量较好，B公司很快同意接受不符点，不久付款赎单结案。

☞ **案情分析**

本案开证行提出的不符点是否成立，可做如下分析：

1. 关于发票的不符点。《UCP500》第37条C款规定："商业发票中的货物描述必须与信用证中的描述一致。其他一切单据则可对货物的描述使用统称，但不得与L/C中的货物描述有抵触。"国际商会在《ISBP》第62条款中进一步规定："发票中的货物描述必须与信用证一致，但并不要求如同镜子反射那样一致。例如货物细节可在发票中的若干地方不同，当合在一起时与 L/C 规定一致即可。"由此可见，《UCP500》对发票的货物描述是有严格规定的，漏打"AS PER PROFORMA…"确实构成不符点。

2. 关于产地证的收货人。由于 L/C 只对产地证的出证人有要求，此外并未规定其他所需内容。根据《UCP500》第 21 条："在信用证没有规定的情况下，只要提交的单据项目内容与其他任何规定的单据不矛盾，银行将接受此类单据。"本案中，产地证中收货人显示的是开证申请人，而提单中的收货人显示的是凭开证行指示，似乎构成了不符点。但是根据国际商会《ISBP》第 199 条规定："收货人的信息，如果显示，则不得与运输单据中的收货人信息相矛盾。但是，如果信用证要求运输单据作成'凭指示'、'凭托运人指示'、'凭开证行指示'或'货发开证行'式的抬头，则原产地证可以显示 L/C 的申请人或 L/C 中具名的另外一人作为收货人，也可以接受。如果 L/C 已经转让，那么以第一受益人作为收货人也可以接受。"显而易见，此不符点不能成立。

3. 关于提单签署。本案中提单是由船代代表船长签章。根据国际商会《ISBP》第 76 条 C 款和 103 条 B 款规定："如果由代理人代表船长（或船东）签署，则必须表明其代理人身份，且必须注明被代理的船长（或船东）姓名。"由此可见，无论是海运提单还是租船合约提单，如果是代理人代表船长签章的，则必须显示船长姓名，漏打船长姓名确实构成不符点。签署栏可以显示如下：

AS AGENT FOR THE MASTER

CAPT. ×××（船长名）

MASTER OF M. V. "×××"（船名）

（代理人签字盖章）

4. 关于拼写错误。虽然国际商会在《UCP500》中对此没有明确规定，但是在国际商会《ISBP》第 28 条中有明确规定："如果拼写及/打印错误并不影响单词或其所在句子的含义，则不构成不符。例如在货物描述中,'MASHINE'表示'MACHINE'(机器),用'FOUNTAN PEN'表示'FOUNTAIN PEN'(钢笔)或用'MODLE'表示'MODEL'(型号)都不会导致单据不符。"因此,本案中"CERTIFY"被错打为"CITIFY"也不应视为不符点。

5. 关于"装运通知"已传真的证据。《UCP500》第 13 条 C 款规定:"如果信用证中列有一些条件,但并未列明应予提交的满足该条件的单据,银行将认为未列明这些条件,且对此不予理会。"本案中,银行的意思是要受益人提交一份传真机打出的"ACTIVITY REPORT"(也称"TRANSMISSION REPORT")来证明"装运通知"确实已经传真,但是由于其在 L/C 中并未列明,因此,此不符点不能成立。

从本案中不难看出,作为一名合格的单证人员,除了在审证制单时做到认真仔细外,仅知道"单证一致,单单一致"的基本原则是远远不够的,还必须认真学习和掌握国际商会的《UCP500》和《ISBP》的规定。其次,还可以通过查阅国际商会出版物 632 号《ICC 银行委员会意见汇编》中的问题答疑,一方面寻找自己需要的答案,另一方面还能够学到 ICC 单证专家分析问题的方式和方法,领悟《UCP500》和《ISBP》的主要精神及规定。也可经常向银行资深审单人员请教,在缮制单据时做到心中有数,以便在遇到开证行的挑剔时从容应对。

■ 货物明细单处置不慎致损案

☞ 案情简介

某年 8 月,我出口公司 A 接到一阿联酋客商定牌生产卫生棉棒的业务,数量为一个 40 英尺集装箱,贸易条件为 CFR KOTKA,货物最终由外商经 KOTKA 转运至东欧某国销售,以 L/C 方式付款,9 月 15 日交货。阿商来证中另有这样一段话:"SHIPMNET IN CONTAINER IS ACCEPTABLE ON FCL OR LCL BASIS AND B/L MUST INDICATE

THE SAME, FOR FCL SHIPMENT, B/L MUST ALSO INDICATE THAT ALL. FCL CONTAINER HANDLING CHARGES AND DELIVERY ORDER CHARGES AT THE PORT OF DESTINATION ARE PREPAID. "（提单必须显示，货物于集装箱用整箱或拼箱运输，对于整箱运输，B/L 还必须显示在目的港的所有集装箱搬运费和提货单费已预付。）A 公司查阅了《INCOTERMS2000》关于 CFR 贸易条件下买卖双方权利义务的规定，发现在买方义务部分的 B6 款，有这样的规定："……买方支付有关货物在运输途中直至到达目的港为止的一切费用，除非这些费用根据运输合同应由卖方支付；及包括驳船费和码头费在内的卸货费，除非这些费用根据运输合同应由卖方支付……"也就是说，在特殊情况下，为了买卖顺利进行，卖方可代买方支付该部分费用。为了不影响该笔贸易及今后的合作，A 公司在修改 L/C 装运期（即从 9 月 15 日修改为 10 月 2 号）时没有要求客商删除该要求，于是在给外运公司《出口货物明细单》的"外轮外运注意事项"一栏中打上了该要求（其中由于电脑程序容量的关系，"ARE PREPAID"两字被打在下面相连的"本公司注意事项"栏内，但很明显和前文联系起来，且该栏除此两词外别无其他内容）。为了给外运公司较多的准备时间，9 月 13 日 A 公司将《出口货物明细单》交给了外运公司。直到 10 月 2 日，外运公司对于 A 公司《出口货物明细单》内有关要求未提出任何异议，货物于当天顺利装船出运。A 公司修订预签提单时，发现有关条款要求未打在 B/L 中，于是要求外运公司在 B/L 中显示上述有关要求，才引起外运公司的注意。但遗憾的是，该外运公司对 L/C 中提出的这个要求似乎闻所未闻，表示不能接受。在 A 公司再三要求下，外运公司才通过上海的总公司与 KOTAKA 的代理联系，但该代理对有关费用的内容也不了解，但明确表示，若外贸公司同意支付代垫的费用，可以照办。

　　在交单期迫近且别无他法的情况下，为尽快收汇，A 公司不得已向外运公司提供担保书，即同意偿付外运公司由此可能支付的代垫费用。但出乎意外的是，外运公司上海的总部竟担心 A 公司不履行承诺，拒不同意按要求签单,反而建议 A 公司联系客户改证。

此时,货物已装船出运,L/C 已快到期。在明知修改 L/C 的可能性极小的情况下,A 公司仍请求客户改证,但多次发出的传真及电话改证的要求均得不到回复。最后,客户终于发来了传真,以发货期延长为由,提出中止合同,而此时货已在运往 HAMBURG 的途中。为避免较大损失,A 公司迅速联系其他的老客户,但因为时间仓促,未果,在进退两难的情况下,不得不通知外运公司从 HAMBURG 运回货物。

一笔正常的出口业务,从货物装运出口到全部退回,此案经济损失至少有以下几方面:40 英尺 FCL CMP-HAMBURG 的往返海运费,与客户的联络费用,多次邮寄样品确认费用,报关费,装、卸货费,港口费,仓储费,推迟支付工厂货款的利息,企业经营费和管理费等。A 公司可谓损失惨重。

☞ **案情分析**

一笔 L/C 项下十分普通的出口业务,由于操作上处置不当,造成如此损失,其教训是极其深刻的。从当事人在有关环节操作失误分析,本案应吸取的教训有以下几点:

一、A 公司审证及改证的教训

A 公司在审理 L/C 时,既然发现了卖方须支付卸货等费用的"特殊条款",并查阅了《INCONTERMS 2000》关于 CFR 贸易条件下买卖双方权利义务的规定,就理应在办理租船订舱之前先与外运公司沟通,请其确认能否照办,目的港卸货等所发生的费用究竟是多少,以便作成本核算。如外运公司承诺,业务才能往下进行;如果无法满足 L/C 的要求,那么可修改 L/C。既然 L/C 的装期必须修改,何不一改装期,二删"特殊条款",一气呵成呢?按 CFR 贸易条件成交,货物一旦越过船舷,卖方便完成了交货,一切风险责任由此转移到了买方。买方没有理由让卖方替自己支付目的港卸货等所发生的费用。可见,提出删除"特殊条款",并无任何不妥。从时间上、费用上来考虑,A 公司不应该在没有收到买方关于装期修改的 L/C 时,就安排货物出运。从 9 月 13 日托单到 10 月 2 日出货,有 20 天的时间,可以很从容地安排 L/C 修改。

二、外运公司审单及出单的教训

A 公司制单时,"特殊条款"的关键两字"ARE PREPAID"未打在"外轮外运注意事项"一栏内,落在了下一栏,留人以口实。如出单时以醒目记号提醒外运公司注意,托单后再用电话或电传跟踪,确认该条款,完全可以避免"不幸"之事的发生。外运公司对 A 公司在《出口货物明细单》上"外轮外运注意事项"一栏中的要求视而不见是一个不能容忍的错误。此外,外运公司从要求卖方提供付款担保到拒不同意签单;从货物装船出运后仍要求卖方联系买方改证到货物原船拉回,一错再错,负有不可推卸的责任。

三、此案 A 公司应如何处理为妥

1. 当得知"KOTKA"的代理明确表示"若外贸公司同意支付代垫费用,可以照办"时,应该趁热打铁,落实垫支费用的具体数额。

2. 在提供支付代垫费用的担保书后,知道外运公司拒不改单的原因时,应立即付诸行动——电汇一笔相当数额的款项给外运公司作卸货费等,并传真外运公司银行电汇水单,扫除其后顾之忧,说服其尽快更单。在该款入外运公司账户的同时,声明保留对此笔货款的追索权及该业务纠纷的诉讼权。

3. 如果外运公司仍拒不更单,应该以书面形式向外运公司主张自己的权力,为日后弄清是非责任,直至最终解决问题,落下关键的一笔。

4. 在发现问题,提出更单的同时,应着手进行费用测算,风险评估。拿出几套(包括最坏结果)的方案,把损失尽可能减少到最低限度。而不是人云亦云,被人家牵着鼻子走。例如:

——在不产生其他费用或费用甚少的情况下,让买方担保提货(接受不符点,付款赎单)。具备下列条件之一者,可按担保提货操作:货物紧俏,走势看好;货价有竞争力;客户资信好,多年交往无不良记录等。

——适当补偿客户损失,促成交易。只要卖方态度诚恳,承诺补偿损失、工作到位的话,基本上可以化解矛盾,最终收回货款。

——抓住时机,果断出手,将 L/C 改为 D/P,变银行信誉为商业信誉。虽然这本身就是一种风险,但卖方可以牢牢地掌握货权。买方不付款,就不能从银行取得正本提单,也就无法将货提走。至于如何补偿客户损失,其方法也是很多的。

此案所幸的是货物原船拉回后,如果没有保质期问题和货损、货差,仍可以安排再次出口;客户虽中止合同,取消订货,但没有提出违约赔偿的问题。尽管如此,A 公司仍可要求外运公司承担全部费用,并按总费用的一定百分比赔付一笔罚款。

■ 单据未填受益人国别纠纷案

☞ 案情简介

我某出口公司 A 按 CIF PUSAN 贸易条件向韩国出口一批瓷器,双方商定由韩国 D 银行向 A 公司开立不可撤销 L/C,规定装运期为 4 月 1 日,有效期为 4 月 30 日。L/C 通过我国 C 银行通知议付。L/C 规定受益人在交单议付时须提交一份受益人声明,表明在中国境内关税和其他官方费用都已结清,并在 L/C 上规定了单据的式样[SIGNED BENEFICIARY'S STATEMENT CERTIFING ALL RELEVANT FEE(CUSTOMS DUTY ETC.)REQUIRED OFFICIALLY IN BENEFICIARY COUNTRY HAS BEEN SETTLED]。A 公司接到 L/C 后立即备货制单,于 3 月 28 日向 C 银行交单议付,C 银行在 3 月 28 日议付后递向 D 行寄单索偿。不料 4 月 2 日 D 行却来电拒付,称受益人声明未按 L/C 要求的格式制作,开证行称 BENEFICIARY COUNTRY 下加横线是要求在制单时添入具体的国别,而不是照抄原证文本。电文称他们会将不符点传递给进口商,并持单听候 C 行的指示。C 行和 A 公司商议后认为不符点的理由过于牵强,但为了避免辩论是非的麻烦(这样会大大增加往来电传的费用),A 公司立即重新制作了受益人声明并通过 C 行替换原单据。经 DHL 查询,新替换单据于 4 月 5 日到达韩国 D 行。但 D 行声称该套单据已被拒付,开证行已解除付款责任。此时 C 行已通过 A 公司了解到 D 行拒付的真实背景,原来这批瓷器在运输途中有部分破损,进口商已从 D 行借出提单,会同保险公司商讨赔偿的问题,因保险公司的勘察尚未结束,无法确定赔偿的金额,进口商为了减少自身的风险,于是便以拒付为条件要挟 A 公司降价。果然几天后 D 行又来电文称已与进口商联系,希望能减少索偿金额。由于 C 行与 A 公司心中有数,经研究后,向 D 行发电文如下:

1. 我行对贵行提出的不符点保留自己的意见,我行认为不符点不成立。

2. 本着双方合作的目的,受益人已在规定的交单期内按贵行的制单要求提交了替换的单据。

请贵行按《UCP500》规则立即清偿全额货款,我方保留追索利息的权利。

不久,A 公司如愿收到货款,了结此案。

☞ **案情分析**

如何处理拒付,在最大限度上保护自己的合法权益是很有技巧性的。此案给我们的启示如下:

1. 关于利用单证中细小瑕疵拒付的处理。单证制作最好是完全没有瑕疵,但一些进口商为了转移自身本应承担的风险,要求开证行利用这些细小的瑕疵(比如一个无关紧要的拼写错误,一些用词的顺序)来拒付单证,从而要挟出口商降价。一些银行为了多揽业务,不顾自身银行的信誉,迎合开证申请人的意图,造成国际结算无法正常进行,使出口方陷入被动的局面(我国一些地方银行也存在着类似问题)。国际商会认为对于不影响单据效力的细小瑕疵拒付不予支持(如出单人在制作提单时将受货人"THE ABC CO."打成了"ABC CO.",开证行以少一个"THE"为理由拒付单据,国际商会认为该不符点无效)。当开证行以细小瑕疵拒付时,出口商首先应判断一下这个不符点是否影响单证的使用。有一些单据对精度要求较高(例如一些用于官方手续的文件),这类单据不允许有任何一点瑕疵,否则将影响进口商的收货权利。一旦发生这类拒付,出口商最好马上与进口商联系换单以方便进口商提货。另一类拒付是为了拒付而拒付,进口商要求开证行以单据细小的瑕疵拒付,实际上是为了别的目的(例如货物行情在国际市场上发生了变化),对于这类拒付,出口商就应该会同议付行据理力争,维护自己的利益。在实际操作中应多与进口商联系,弄清每一笔拒付的背景情况,对症下药。

2. 由于开证条款不明晰而引起的拒付应由开证人承担责任。《UCP500》明确规定开证应清晰明了。如果对单证填写有特殊具体要求的,一定要在 L/C 中写明,否则开证人无权就不清晰的地方向制单人或议付行提出拒付。本案中的 L/C 在开立时对单据的要求未明确提出(即在画线处要填写具体国名),导致制单人误解,责任在开证行。此外出口商制作的受益人声明无论在形式结构或内容上都未与 L/C 和其他单据相冲突,属于合格单据,开证行不应该拒付。出口商在收到拒付时可以先分析一下拒付是由于谁的原因所引起的,对于不是自身原因所引起而是开证行条款不清晰所引起的拒付应向开证行提出抗辩,要求其承担自己应负的责任。

3. 掌握拒付后单证流转情况以采取相应的措施。本案例中产生的拒付就是因为进口商与保险公司关于赔偿金额未达成共识的结果。由于保险公司的理赔尚未完成,进口方怕自己有所损失才要求银行拒付。对这类拒付除了出口方银行要对此据理力争以外,出口方也可和进口方沟通,了解和掌握货物和进口方的动向。如出口方了解到拒付是由于进口方对货物质量不满意或出口方自身的原因所引起的,可以在适当的条件下作一些让步以免僵持下去,让出口方完全无法收款。如进口方拒付损害了出口方的利益,出口商除了与银行密切联系反驳事宜以外,还可以联系船公司了解进口商是否已借单提货。在实际操作中,进口方往往会向银行借单提货,验货后发现货物有不符之处才向银行提出拒付要求,于是产生了一系列的无理拒付。出口方如获得货物已被提走的信息,收款的保障系数就会增大,因提单已被拿去,开证行就无法退回全套单据,只能全额付款。

4. 被拒付的单据应在合理的期限内重新提交。本案例中开证行之所以最终全额付款,其重要原因是我方已按开证行提示的制单要求重新缮制并提交了单据。尽管开证行在收到重新提交的单据后声称由于该套单据已被拒付,他们已解除了付款责任,但是开证行也十分明白他们的观点是错误的。《UCP500》明确指出 L/C 未规定交单的期限,交单时间不得晚于提单后 21 天。我方补寄单证的时间在此期限内,所以完全有理由替换原单据来消除开证行所谓的不符点,这样一来开证行就应立即按国际惯例对 C 行进行偿付,除非开证行对新提交的单据提出合理的拒付。当然在替换单据时要特别注意交单期,一旦过了交单期则替换单据无效。此外,议付行还要注意 L/C 有无禁止二次交单的条款,在本案例中 L/C 未禁止二次交单,所以替换行为无懈可击;如果 L/C 禁止二次寄单,出口商可以要求议付行声明替换的单据是属于第一套单据项下。所以说一旦开证行拒付,出口商首先应看一下交单期和开证行拒付的是何种单据,若能在交单期内重制单据,就应立即替换单据,然后再会同出口方银行来商议如何反驳拒付,双管齐下可能会达到意想不到的效果。

5. 关于拒付时间的争议。出口商收到拒付后首先可以看一下开证行的拒付是何时发出的。因为国际惯例中对发出拒付的时间有所规定。这里有一个理解上的误区,即认为开证行只要在 7 天以内发出拒付电就可以了。其实在《UCP500》中规定的拒付时限是在合理的时间内而不是 7 天。何谓合理时间?即根据各个银行每天的业务量及处理每一笔单据的时间再加上每套单据的难易程度而定,而不是一概而论。议付行可以根据自身处理单据的经验作出判断,对于一些明显超出处理时限的拒付可以不予理会,并向开证行指出这个问题要求其立即付款。当然争议的仲裁权在于法庭和有关仲裁机关,法庭会收集一些证据来证明拒付是否超过合理时限,若情况属实,即使拒付发出的时间未超过收单后的 7 天,拒付也无效,开证行也应立即付款。通过对拒付时间的限制给出口商多了一层保护,也摒除了一些无理拒付(无理拒付往往是拖之又拖,超过拒付时限),出口商和议付行如果能很好地利用这一点,即可使很多的无理拒付变成无效拒付。

无理拒付在 L/C 结算上时有发生,出口商在收到拒付电后首先不要害怕,不要先否定自己,更不要因为害怕收不到货款而草率地同意降价要求,往往许多不符点只是摆摆样子、拖延付款时间而已。出口商应与议付行商议后作出相应的对策来降低自身的风险和损失。

■ 软条款下审证制单不慎致损案

☞ 案情简介

某年 3 月,我出口公司 A 与某国进口公司 B 签订了一笔冻虾出口合同,合同约定:装运期 5 月,不可撤销 L/C 付款,凭卖方开具见票后 30 天付款的跟单汇票议付。合同签订后 B 公司迟迟不开证,经 A 公司多次催证,B 公司才于 6 月 20 日开出 L/C,其中规定装运期为 7 月 20 日,并且记载"本 L/C 在你方收到授权书后方生效"。A 公司审证时误以为此条款属银行业务内容未提出异议。

7 月 5 日,A 公司将货装船完毕后到银行交单议付,但因 L/C 未生效而被议付银行拒绝。A 公司立即电告 B 公司"货已装船,但无授权书"。7月 8 日,B 公司回电告知办理授权书需要时间,要求将 L/C 付款方式改为托收方式,并采用"承兑交单见票 30 天付款托收",以方便提货,避免货物滞留港口,造成不必要的损失。因货船已启航两天,A 公司只得按 B 公司要求向原 L/C 议付行、现托收项下的委托行申请,将付款方式改为"承兑交单见票 30 天远期",并在托收指示书上指示:托收费由 B 公司负担。

8 月 21 日,代收行电告:7 月 21 日 B 公司承兑,8 月 20 日收款时拒付,其理由是产地证与发票合一,不符合当局规定,并且产地证上的重量与发票不一致,无法通关。A公司立即纠正单据,通过委托行重寄发票、产地证。但B公司仍不付款。后经第三方调解,A公司同意降价20%收款。但代收行、委托行因B公司不承担托收费,便从货款中又扣去托收费。最终A公司不仅损失了20%的货款,还付出了不小的托收费。

☞ **案情分析**

本案是一起较典型的买方利用L/C软条款设置圈套的案件。卖方因签约、审证、制单失误,履约中又处理不当,中了对方圈套,造成不必要的经济损失。其教训有以下几点:

1. 签约失误。A公司未在合同中明确开立L/C的期限,只规定装运期为5月。根据国际贸易的习惯做法和某些国家法院的判例,买方应在装运期限开始之日以前的合理时间内给卖方开出L/C,或者最迟应当在装运期开始的第一天给卖方开出L/C,以便卖方能放心地装运货物。因而本案B公司应在5月1日以前的一个合理时间内给卖方开出L/C。最迟也应在5月1日开出信用证,以便A公司能在5月底之前装船。但B公司于6月20日才开出L/C,并在L/C上擅自修改装运期为7月20日,与合同严重不符。当买卖合同规定以L/C方式支付货款时,买方的主要义务是按合同要求开立L/C,这也是卖方履行其交货义务的先决条件。B公司未按合同要求开立L/C,已构成根本违约,A公司本可要求解除合同,并要求B公司承担违约责任,但A公司在审证时却未提出异议,更未及时提出索赔。

应注意的是,在L/C与合同不符的情况下,卖方无论是按合同履行还是按L/C履行都会引起纠纷。如果卖方按L/C规定履行交货义务,则可能会因交货与合同不符被要求承担赔偿责任,甚至要求解除合同;如果卖方按合同履行交货义务,则又可能因单证不符,遭银行拒付而不能安全收汇。因此,卖方在收到买方开来的L/C与合同规定不符时,应及时要求对方修改L/C,使L/C与合同相一致;若修改L/C有困难,则可要求买方确认不符之处,视为对合同内容的修改。经对方确认后,卖方按 L/C 履行交货义务,既可以做到单证相符,保证安全及时收汇,又不会涉及违约责任。

2. 审证失误。未注意 L/C 软条款。L/C 软条款使 L/C 表面为不可撤销的,实为可撤销的。因为其生效或付款责任的承担必须以买方或开证行履行一定行为为前提,若买方故意设置陷阱,必将千方百计使其不能成立,则卖方将非常被动。如本案,只要 B 公司不提供授权书,L/C 无效,则开证行不承担付款责任。因而当 A 公司向 B 公司索要授权书,又明确告知货已装船时,即意味着已失去提出解除合同的主动权,造成了交涉的被动。

3. 盲目相信对方,将 L/C 付款方式改为托收结算方式。L/C 与托收结算方式最大的区别在于:L/C 属于银行信用,只要卖方完全按照 L/C 的要求履行义务,单证相符,银行就保证付款;托收是属于商业信用,银行办理托收业务时,只是作为卖方的代理人,根据其指示行事,不承担付款的责任,若买方收货后拒绝付款或拒绝承兑,则委托行或代收行不承担任何义务或责任,他们的责任只是限于及时向付款人提示汇票,并于遭到拒付时把情况通知委托人(卖方)。因而在采用托收方式时,卖方在收取货款方面有很大的风险。

4. 托收制单不慎重。A 公司未考虑 B 公司所在国的特殊规定。伊朗、土耳其、西班牙等国银行都不接受与发票联在一起的原产地证。另外产地证上的重量与发票不一致,也无法通关。这给 B 公司拒付货款提供了理由。根据国际商会《URC522》(托收统一规则)第 12 条 a 款的规定:"银行必须确定它所收到的单据与托收指示所列表面相符,如发现任何单据缺少或非托收指示中所列,银行必须以电讯方式,或在不可能采用电讯方式的情况下,以其他快捷的方式通知向其发出指示的一方,不得延误。银行在此方面没有进一步的责任。"即一般要求银行只是根据委托人的指示以善意和合理地谨慎办理托收业务。但如果某些国家的银行(托收中的代收行)和海关对单据的形式和内容有特殊规定或要求的,则出口方在制单时应充分考虑,以避免托收时被拒绝付款。

5. 对托收费的负担操作有误。根据国际商会《URC522》第 21 条 a 款的规定:如果托收指示中规定托收手续费和/或开销由付款人承担而付款人拒付时,提示行可根据不同情况凭付款或承兑或其他条款和条件交单,而不再收取这些手续费和/或开销。这些放弃的手续费和/或开销均应由发出托收的一方承担,并可在收到的款项内扣除。本案中 A 公司虽在托收书上指示,托收费由 B 公司承担,但未明确"不得免除",因而委托行在 B 公司拒付托收费时,从委托人 A 公司应收货款中扣除,是符合托收统一规则的。A 公司应在托收指示书明示:托收费由 B 公司负担,不得免除。否则在付款人 B 公司拒付时,委托行仍可向委托人 A 公司扣收托收费。因为委托行只与委托人有委托关系,委托行是接受委托人的委托提供结算服务,而办理托收业务的银行与付款人之间不存在直接的合同关系,当根据委托人的提示不能从付款人处收到托收费,当然从委托人处收取。至于委托人 A 公司与付款人 B 公司的约定,只对约定的双方发生效力,对办理托收业务的银行没有法律约束力,当付款人 B 公司违反约定拒付托收费时,A 公司可追究 B 公司的违约责任。

本案最大教训是 A 公司对 L/C 软条款未引起注意,以致在 L/C 议付时,被议付行告知 L/C 未生效,拒绝议付。在 L/C 尚未生效时,将货已装船,并告诉 B 公司,以致交涉被动。当对方拒绝出具授权书,要求修改 L/C 结算为托收时,又盲目相信对方的商业信用,并采用了风险最大的承兑交单方式,以致屡次出错,越走越被动,一步步进入 B 公司设置的陷阱。

■ 出口清关证明信填写不当致损案

☞ 案情简介

我国出口公司 A 与国外公司 B 达成一份贸易合同,由 A 公司向 B 公司空运500箱鲜香菇。双方约定用 L/C 结算货款。B 公司按合同要求在规定的期限通过 D 行开出不可撤销自由议付的 L/C 一份,在 L/C 单据条款中规定提交正本空运单,并要求空运公司出具一张表示货物已出口清关的证明信(原文如下:4. ORIGINAL AIRWAY BILL CONSIGNED TO ×××CO… 5. THE GOODS MUST BE CUSTOMS CLEARED AND CARRIER OR ITS AGENT'CERTIFICATE TO THIS EFFECT IS REQUIRED FOR NEGOTIATION.)。L/C 通过我国 C 行通知 A 公司。A 公司在审证未发现 L/C 条款与合同有任何不符,且也无"软条款",于是按时发货,在交单期内向 C 行交单议付。C 行审单后未发现其他单据任何问题,只是空运公司出的证明信中内容完全按 L/C 照抄了一遍(即证明信被作为 THE GOODS MUST BE CUSTOMS CLEARED.)而未作任何词句和语态变动。不仅如此,证明信中也无任何"WE CER-TIFICATE"或类似的语句(虽然该证明信已落款盖章)。C 行立即将该不妥之处提示给 A 公司。A 公司表示,原来只是听说单证要完全一致,所以特别要求空运公司完全按 L/C 制单。经 C 行解释以后,A 公司表示如果将证明信寄回空运公司修改,势必要延误交单期和收汇时间,要求对此不符点担保出单。C 行遂向 D 行寄单索汇。D 行不久来电拒付,称证明信内容并未证明货物已出口清关,这与 L/C 要求不符,并称"我们会将不符点提示给客户,一旦开证申请人接受单据,我们会在扣除有关费用后将款项按贵行付款路线付出。我们持单听候贵行的进一步指示。"C 行接到拒付电后将拒付情况传递给 A 公司,请 A 公司联系 B 公司付款赎单。不久 C 行收到货款,但 A 公司在收汇时间和银行费用上均受到了一定的损失。

☞ **案情分析**

　　证明信在很多单证书中并未着重提到,而且由于相当一部分证明信是受益人自行出具,往往就不被重视,然而无论是从 L/C 实务还是从法律的角度来讲,它都是一份很重要的单据,应当引起足够的重视。证明信作为 L/C 结算中常用的单据,根据签发人的不同可以分为受益人证明信;第三方证明信(除开证人和受益人以外的任何第三方出具的证明信),本案例中的证明信就属于这种证明信。一般来讲,制单员在出具证明信时易犯如下错误,特分析如下:

1. 只注重单证表面一致而忽视其本质一致。单证一致是制单的原则,但单证一致不是指单证之间一个字或一个符号也不能相差,而是指单据和 L/C 在内容上的一致性和完整性。有的时候为了时态或语态要单证"不一致"。例如 L/C 要求:"SHIPPING DETAILS WILL BE FAXED TO APPLICANT WITHIN 24 H AFTER SHIPMENT AND BENIFICIARY'S CERTIFICATE TO THIS EFFECT IS REQUIRED FOR NEGOTIATION."在制单时就应该作成:"SHIPPING DETAILS HAVE BEEN FAXED TO APPLICANT WITHIN 24 H AFTER SHIPMENT."而不能再用"WILL BE"。上面的案例也是说明有时单证要"不一致"的。本案例中的证明信看起来做到了完全一致,一字不差照抄原件但却什么也没有证明,反而造成了拒付。如果本案例中的证明信能做成如下式样就可避免拒付的发生。

CERTIFICATE

WE,×××(空运公司名称),HEREBY CERTIFICATE THAT THE GOODS(货物名称),UNDER INV NO ×××& AIRWAY BILL NO ××× ARE CUSTOMS CLEARED.

签章

当然上述情况也有例外,例如发票中的货物描述就必须和 L/C 中的货物描述完全一致,而不能相差一个符号。

2. 出证日期与证明信中的内容相抵触。一些制单员由于工作繁忙而忽视一些单证中的细节问题,如出证日期等细节。尤其是分批出货时,为方便起见,一些制单员就把以前制好的单据从电脑中调出来再次使用(特别是一些内容不变的单据,如证明信)。这样一来,就常常会忘记对制单日期的修改,造成单证不符。例如 L/C 要求证明 L/C 在提单出具 24

小时内受益人已将装船细节传真给开证申请人。上一批货物是 4 月 23 日装船,证明信出具的日期是 4 月 24 日,而这次是 5 月 3 日的船,如果忘记更改证明信的时间就会造成拒付。此外,证明信往往会涉及到装船日、货物描述、数量、发票号等等很多其他单据信息,这时就要特别注意信息之间的一致性和连贯性,单单之间不符也是造成证明信拒付的重要原因之一。

3. 证明信要件不齐全,语气和时态不正确。证明信是一种具有法律效力的文件,在其开头就应标注"CERTIFICATE"字样来表明单据的性质,同时还要列出出证的时间及有权出证人的签名盖章,这样才算要件齐全。虽然《UCP500》中并未对此作出明确规定,但在银行实务中对此已约定俗成,并加以执行,制单人员在制单完毕后应检查要件是否齐全。

证明信的语气要明确肯定,时态要正确无误,在开头应加上"WE HEREBY CERTIFICATE"或类似的句式,否则可能会被认为是一个"STATEMENT",而被认为未提交 CERTIFICATE。

4. 随意添加证明信内容。证明信在内容上要简单明了,所反映的事项与 L/C 要求一致即可,不要多添内容,以免"画蛇添足"。在缮制时要尽量小心,不要打错字,最好在证明信上不要有任何修改和涂抹,一旦出错尽可能重制一张,如无法重制则一定要有出证人的校正章或小签在上面,必要时(例如沙特等国的 L/C)应同时在修正的地方加盖校正章和小签。

5. 忽视证明信的格式。证明信并无一定的格式,按《UCP500》的规定,此类单据无论其格式如何,只要其内容与 L/C 和其他单据一致,银行就应该接受,除非 L/C 对其格式有明确的规定。尽管自由格式对 L/C 实务操作没有任何的问题,但是一些国家的海关和银行对单据要求苛刻,在交单议付前最好将制好的证明信请客户确认同意后再交单,这样可以避免等对方到单后发现格式不符合进口国法律规定而要求替换单据的情况发生。作为收款一方,主动权往往被付款一方所掌握,出口收汇也面临这个问题,更何况一旦发货再想退运就麻烦了。因此即使《UCP500》对此作了宽松的规定,出口方也应小心从事,避免发生商业风险,由于格式问题而被无理拒付的案例并不少。如果格式未满足进口商的要求会加大对方银行不顾自身信誉而无理拒付的可能性(特别是一些大金额单据)。如因此而延误收汇时间,到头来吃亏的还是出口方。再说出口方也有义务缮制适合对方通关提货的单据,方便买方对双方建立良好的贸易关系十分重要。除此之外,在缮制证明信时还要特别注意出单方是否是 L/C 规定的有权出证人。否则,也会造成单据不符。

■ 出口单证 M/Tons 与 KG 不同致损案

☞ 案情简介

我国某农产品出口公司 A 向德国某进出口公司 B 出口一批水果,B 公司开来的 L/C 条款中规定:"The net weight of ××4.990M/Tons, 5% more or less are allowed, the date of airway is not latter than 6 July ×× and the name of consignee must be B export and import limited company."(××水果 4.990 公吨,5%增减,空运不得晚于某年 7 月 6 日,航空运单收货人作为 B 进出口有限公司。)A 公司按 L/C 要求发运后,便立即备妥 L/C 项下所要求的全套单据向议付行交单议付。

不料,一周后 A 公司便收到了由议付行转来的开证行的拒付电:"你第×××号 L/C 项下单据经审核发现如下不符点:L/C 中规定货物的净重为 4.990 公吨,而你方所提交的包装单却表示为 4990 公斤。即我 L/C 的重量单位为'M/Tons'(公吨),而你包装单的重量单位却为'KG'(公斤)。因此,我行无法对你方付款,请速告单据处理意见。"A 公司接到开证行上述拒付电后,认为对方完全是鸡蛋里挑骨头,吹毛求疵。于是便立即进行反驳:"关于你方所提的单据中的不符点,我们认为该不符点不成立。L/C 上规定 4.990 公吨,我包装单上虽表示为 4990 公斤,但两者没有丝毫的差别。按照国际计量标准的换算来看,两者完全相等。所以其不符点是不成立的,请贵行按时付款。"

不久,开证行又来复电:"关于第×××号 L/C 项下的不符点,我行仍然认为单证不符。根据《UCP500》第 14 条 B 款的规定:'开证行及/或保兑行(如有的话)或代表他们的被指定银行收到单据时,必须以单据为惟一依据,确定单据是否表面上与信用证条款相符。如单据表面上与信用证不符,该行可拒收单据'。且'公斤'与'公吨'就是表面上不相符,因此我行无法接受你方所寄单据。"最后,A 公司在与 B 公司反复协商毫无结果的情况下,不得不降价 20%而结案。

☞ **案情分析**

本案例可以从以下几个方面进行分析:

1. A 公司及其议付行负有审单不严的失误

众所周知,L/C 支付方式本身就是一种单据买卖,开证行付款依据的始终是单据,而不管实际货物情况。案中的 A 公司包装单上显示的净重为'公斤',而不是'公吨',这就与 L/C 中要求的以'公吨'为计量单位不符。L/C 支付方式遵循"单据绝对相符"原则,不管 B 方与开证行是否串通一气,开证行寻找不符点和拒付货款是费尽心机的。同时,A 公司制单不严谨也是不可否定的事实。因此,出口方万万不可忽视 L/C 结算工作中单据填写的细节,特别是类似本案中授人以柄这样的问题。

2. A 公司对航空运输风险缺乏防范措施

航空运输方式下的航空运单与海运方式下的海运提单有所不同。海运提单除了是承运人和托运人之间的运输合同的证明和货物收据之外,更是一种能够代表货物所有权的凭证。只有提单的持有人才有权从承运人手中提取货物。而航空运单是承运人和托运人之间签订的运输契约,也是承运人或其代理人签发的货物收据,它可以作为承运人核收运费和海关查验的依据,但是它不是代表货物所有权的凭证,也不能通过背书转让。由于空运货物到达在先,卖方通过银行寄发的单据到达在后,为加速货物周转,在此情况下,航空运单上的收货人可以凭其有效证件提取货物。而航空公司不会因此而存在任何无单放货的法律责任。因此,在 L/C 支付方式下,为防范空运货物的风险,航空运单收货人栏内一般不填写买方,而填写开证行或者填写出口商在当地的代理人。如果确须填写买方为收货人,制作单据时就要特别注意,避免收货人提货后而在单据上出现单据不符的现象。

3. 要掌握进口商以及开证行的资信情况

由于本案中 A 公司出口的货物是水果,对其保养和贮藏的要求很高,必然会选择空运方式。如果对买方信誉不了解,收汇的隐患是很大的。所以,对成交对象的资信情况要做到心中有数,特别是经营作风、经营能力、支付能力要有调查研究,才能防患于未然。

■ 填单失误致损案

☞ **案情简介**

美国 A 商按 CFR 纽约贸易条件和 L/C 付款方式向意大利 B 商购买一批智利产的金鱼粉。B 商通过美国银行开出一张不可撤销的 L/C,其中规定:在议付单据中,提单中所载通知人名字为 Mohammed Sofan,并注明运费已付,品质证书须证明含蛋白质不低于70%。

但在填制单据时,受益人却将通知人名字填写成了"Mohammed Soran",且无"运费已付"字样,品质证书仅注明蛋白质为67%,发票的商品名称是鱼粉,而不是金鱼粉。由于单证不符,遭到开证行拒付。后受益人又补交了符合 L/C 要求的单据,并要求银行凭单付款,但由于单据寄到开证行时,L/C 的有效期已过,故开证行再次拒受单据和支付货款。

☞ **案情分析**

本案合同项下的交易是采用 L/C 付款方式。根据《UCP500》的规定,开证银行只根据表面上符合 L/C 条款的单据付款。本案合同项下的卖方所提交的提单中,竟将通知人的名字拼错,尽管只有一个字母之差,但却属严重错误,并构成单证不符,因此,开证行拒付是有理有据的。对此,我们应引以为戒。

在本案中,发票的商品名称应与 L/C、合同保持一致,最好留其复印件以便核对,切不可图简单方便而出现丝毫不一致。对于品质证书,我们完全应对商品事先做好检测,决不能以次充好,更不应抱有侥幸心理,以不符合品质要求的证书蒙混过关。后来,受益人虽又补交了符合 L/C 要求的单据,并要求开证行凭单付款,但由于单据寄到开证行时,L/C 有效期已过,故开证行再次拒收单据和拒付货款。

从上述案例中,我们可以看到最终的损失完全是受益人自身的失误所致,虽然在工作中我们难免会碰到这样的失误,但是我们应当尽力避免,更为重要的是,我们要有防范风险的准备,事先预想可能发生的问题,以早早采取相应的应对措施,这样才能确保化险为夷。本案中,为防范 L/C 过期,A 公司就应预先订立 L/C 到期自动延展有效期的条款。

■ 单据表示"Kgs"和"Kilos"不一致损案

☞ 案情简介

我某土产出口公司 A 对国外进口公司 B 出口一批香菇。在开来的 L/C 中有关条款规定:"500 cases of Dried Mushrooms, Packing: In wooden cases each containing 10 polythene bags of 3 kgs. net each. Shipping Mark to be 'B / KUCHING'."(500 箱香菇,包装:木箱装,每箱装 10 聚乙烯袋,每袋净重 3 千克。运输标志为"B/KUCHING"。)

A 公司根据该 L/C 规定于 7 月 10 日装运完毕。12 日对外寄单。7 月 19 日却接到开证行拒付电:

"你第××××号单据经我行核对,发现如下不符点:

1. 发票对货物包装规格表示'……In wooden cases each containing

10 polythene bags of 3 kgs. net each.';包装单上对包装规格却表示为'……In wooden cases each containing 10 polythene bags of 3 kilos net each.'

2. 提单、发票、保险单和检验证书上对运输标志都表示'B/KUCHING',惟独包装单上的运输标志却为'AS PER INVOICE'。因此单单不一致。

以上不符点经联系申请人亦不同意接受。单据暂代保管,如何处理听候你方复电。"

A 公司认为开证行的意见完全是挑剔,经研究于 22 日作如下反驳:

"你 19 日电悉。你行所谓的单单不一致,我们认为不成立:

1. 我发票上的包装规格表示'……In wooden cases each containing 10 polythene bags of 3 kgs. net each.';包装单上对包装规格表示为'……In wooden cases each containing 10 polythene bags of 3 kilos net each.'。两者根本一样,其中有差别的就是发票上表示'kgs.';包装单上表示'kilos'。两者都是'kilograms'的缩写,性质上没有丝毫的差别。

2. 我包装单上运输标志栏表示'As per invoice',也就是说我包装单上的运输标志和发票上所表示的运输标志是一样的,即发票表示为'B/KUCHING',包装单也是'B/KUCHING'。

根据以上所述,我们认为单单是一致的。"

开证行于 7 月 25 日又来电:

"你 22 日电悉。

1. 据你解释'kgs.'与'kilos'的概念是一样的,但我银行只管两者单据之间表面上是否完全相符,表面上不相符者就是单与单之不符。

2. 我 L/C 明确规定有具体的运输标志,你所有单据都依照 L/C 规定作了表示,而惟独包装单所表示的与其不一致。即使按你方所解释'As per invoice'(按照发票)就是发票所表示的运输标志一样,那么又与哪一个发票一样?包装单上并未说明'按照第×××号发票一样'。所以无法说明问题。

因此单单明显存在不符。速告对单据处理的意见。"

A 公司又几次与开证行交涉、解释均无效。又与买方进行洽商,买方也借口开证行不接受而拒绝。最终以 A 公司降价而结案。

☞ 案情分析

本案例又是一起因制单有误导致出口人受损案。总结经验教训,A 公司的失误有以下两点:

1. 对"kgs"和"kilos"的理解不正确。本案例的发票在包装规格中既然按 L/C 规定表示"kgs",为什么在包装单上不同样表示"kgs",而表示为"kilos"呢?"kgs."与"kilos"虽然含义都是"千克"的意思,但两者并非没有区别。严格说,"kgs"是"kegs"和"kilograms"两个词的共同缩略语,作为"kilograms"的缩略语时,它的含义才是"千克"。如果作为"kegs"的缩略语,则另是其他意思了。而"kilos"是一个词,有两个含意:(1)千克;(2)千米。所以 L/C 规定为"kgs",理所当然所有单据都应该一律表示"kgs"。A 公司在包装单上不依照 L/C 规定却以"kilos"表示是不应该的。

2. 在单据中不表示具体的运输标志。运输标志是单证实务中的重要内容,尤其是 L/C 规定有具体的运输标志时,更应严格按所规定的图形、文字内容照样表示。目前许多企业的单证人员为了省事,除了运输单据和发票外,其他单据经常不表示具体的运输标志,仅表示"As per invoice No. ××××"(按照第××××号发票)而了事。这样做当然是为了省事,其实不然。以本案例来说,L/C 规定的运输标志"B/KU-CHING",连符号共 9 个字母;如果表示"As per invoice No. ××××"则需要 19 个字,所以说并不省事。即使像 A 公司的单证人员不表示发票号码,仅表示"As per invoice"的做法,也需要打 12 个字母,一个字母也少不了,又何必不照 L/C 规定表示具体的运输标志,而表示"As per invoice"呢?

单证工作的最起码要求就是单证相符,单单相符。在单证实务中,一切单据都必须详细、正确地列出，不管在什么情况下，只有做到不遗留任何把柄给对方，才能安全收汇。

■ 分套制单议付引起的纠纷案

☞ 案情简介

某土产出口 A 公司对英国某贸易公司 B 出口 1200 吨黄豆粕。L/C 规定："1200 M/Tons of Soyabean Meal……Partial shipments Prohibited. Three sets of shipping documents to be required as follows：One set for 300 M/Tons，one set for 400 M/Tons，one set for 500 M/Tons. Stale bill of lading……not acceptable."（1200 吨黄豆粕……不许分批装运。装运单据需分如下 3 套：300 吨一套；400 吨一套；500 吨一套。不接受迟期提单。）A 公司装运前因船方船舱不够，需分批 4 条船才能全部装出，所以 A 公司于 6 月 5 日向英国 B 公司提出修改 L/C，允许分批装运。6 月 9 日即接到 L/C 修改书称："Partial shipments are permitted."（允许分批装运。）

A 公司于 6 月 15 日后将货相继装出，即于 6 月 15 日装"DSR BEUING"轮 300 吨；6 月 20 日装"R1CKMERS QING DAO"轮 400 吨；6 月 28 日装"LIAO YANG"轮 300 吨；7 月 3 日装"PRACA"轮 200 吨。7 月 5 日 A 公司将全部单据备妥即通过议付行向开证行寄单。但单据到开证行被提出因单证不符拒受。其理由：

"1. 我 L/C 规定，装运单据分三套，即 300 吨一套；400 吨一套；500 吨一套。我行所收到的单据却为 4 套，即 300 吨一套；400 吨一套；300 吨一套；200 吨一套，所以与证不符。

2. 装'DSR BEIJING'轮 300 吨第 28 号提单上签发日期为：6 月 13 日，而你交单议付日期为：7 月 5 日，已超过 21 天。虽然我 L/C 未规定交单的特定期限，但你方超过 21 天交单，已构成迟期提单(stale bill of lad-

ing),与《UCP500》第 43 条 A 款相抵触,也不符合 L/C 要求。

以上单证不符,并经联系开证申请人亦不同意接受。我行暂代保管单据,请告单据处理意见。"

A 公司认为上述开证行的意见是故意挑剔,故作出如下反驳意见:

"你行对我第×××号单据因单证不符提出拒付货款事,我们认为单证完全相符。其理由:

1. L/C 虽然规定不许分批装运,但你 6 月 8 日将 L/C 修改为允许分批装运,故我按分批装运规定分批装出,为何还存在单证不符的情况?

2. 我装'DSR BEIJING'轮的 28 号提单属于'收讫备运提单',故提单上签有两种日期,即承运人签字(Signed for the carrier)栏中的日期:'6月 13 日'和装船备忘录(On board notation)栏中的日期:'6 月 15 日'。前者系该提单的签单日期;后者系货物装运日期。根据《UCP500》第 23条 A 款 II 项规定,在上述情况下应以装船的批注日期视为装运日期。再根据《UCP500》第 43 条 A 款规定:除规定交单到期日以外,每个要求提交运输单据的信用证应规定一个在装运日后根据信用证条款必须交单的特定期限。如未规定该期限,银行将不接受迟于装运日后 21 天提交的单据。……所以按上述条文规定,应以装运日后起算 21 天,不应以签单日后的起算。我提单上装运日期为 6 月 15 日,距交单日 7 月 5 日未超过 21天,不能构成迟期提单。

根据上述情况,我们所提交的单据完全符合 L/C 规定和《UCP500》条文的要求。你行应接受单据并请立即付款。"

7 月 28 日开证行又提出如下异议:

"你第×××号单据我行仍认为单证不符:

我第×××号 L/C 原规定:不许分批装运,装运单据需分如下 3套:300 吨一套;400 吨一套;500 吨一套。虽然 6 月 8 日该证修改为'允许分批装运',但其他条款并未改变,所以装运单据需分 3 套的要求仍然存在。你方所提交的单据却为 4 套(即 300 吨、400 吨、300 吨和200 吨),故不符合 L/C 要求。单据仍暂代保管,速告对单据的处理意见。"

A公司认为开证行申述的意见与L/C规定的条款相互矛盾,于7月30日又向开证行提出如下反驳意见:

"L/C原条款规定分3套装运单据情况下又规定不许分批装运,其意思应理解为可分3批装出,即300吨、400吨和500吨3批,每批中再不许分批。但L/C后又修改为允许分批装运,其意思应理解为在规定的3批装运中,允许每批中还可以再分批。换句话说,即分4批、5批……都可以。我装'DSR BEIJING'轮和'RICKMERS QING DOA'轮均依照L/C要求,分别以300吨和400吨的数量装出,只是L/C规定的第三批500吨,我分别由'LIAO YANG'轮300吨和'PRACA'轮200吨装出。我们认为符合L/C规定,不存在任何不符点。"

8月1日A公司又接到开证行回电,电文如下:

"你们完全误解我L/C条款。原L/C条款规定不许分批装运,又规定装运单据分3套,其意思应理解为1200吨只能在一条船装出,但单据要分3套缮制。以后L/C又修改为允许分批装运。在这样的情况下,即允许在3套单据之间分批装运。换言之,即可以300吨装一条船;400吨装一条船;500吨装一条船。三批之中,每批再不能分批,因为我L/C只将'不许分批装运'改为'允许分批装运',其他并未改变,原规定的三套单据的数量限制仍然存在,所以只能在3套数量之间分批,每套单据限定数量中再不能分批。L/C规定第三套单据500吨,你却分别为300吨和200吨装两条船,所以不符合L/C规定。"

A公司与议付行研究,最终认为开证行上述理由有一定的道理,又与英国B公司直接商洽。由于打乱了买方销售的原计划,给买方增加了一些额外费用和损失,A公司最终答应降价15%而结案。

☞ **案情分析**

本案的争议集中在两个方面,一是迟期提单问题;二是分批装运问题。特分析如下:

1. 按什么标准划分迟期提单。迟期提单有两种情况：当卖方在装运后将提单寄交收货人时，载货船舶已经先到达目的港，使收货人在船到港时无提单提货。这种晚到提单就是迟期提单。另一种情况就是卖方在货物装运后没有及时将提单向银行交单，如果从装运日期算起超过21天以后才向银行交单，这种晚交提单也是迟期提单。

国际商会原《UCP400》对L/C项下要求的提单的交单时限规定以提单签单日起算；而《UCP500》新规定不以签单日起算，改以装运日起算。A公司所提交的第28号提单中标明了两种日期。一个是签单日期：6月13日；另一个是装运日期：6月15日。按《UCP500》规定以装运日起算，即从6月15日至7月5日向银行交单时未超过21天，所以符合《UCP500》的新规定。

开证行误以6月13日为装运日。根据《UCP500》第23条A款Ⅱ项规定：在提单上以预先印就的文字表明货物已被装上指名船只或已装运于指名船只，则提单的签发日期即视为装运日。A公司所提交的28号提单上并没有预先印就的文字表明货物已被装上指名船只，而是表明货物收讫待运，所以承运人在提单的备忘录栏中另加批注已装船日期。根据《UCP500》第23条A款Ⅱ项规定，这样的提单，装上指名船只必须在提单上注明货物装船日期的批注来证实。在这种情况下，装船的批注日期将视为装运日期。所以开证行不能以6月13日为装运日，应以该另加批注的装船日6月15日为装运日。

经过A公司引证《UCP500》条文反驳后，开证行自知理屈，以后再没有提迟期提单的异议。

2. 如何理解分套制单的条款。本案中A公司最终之所以还是造成了严重的损失，主要由于没有正确理解L/C规定的分套制单的条款。原L/C条款规定不许分批装运，后改为允许分批装运，但原规定限制3种数量分3套单据的要求并未改变。该L/C经修改后实际变成这样的条款："允许分批装运，但单据必须分为3套，即300吨为1套；400吨为1套；500吨为1套。"单据分3套是肯定的。如果1200吨只装一条船，也可以，但单据仍要按上述限定的数量分开 3 套缮制。如果 1200 吨分两条船装也可以,例如第一条船装 700 吨,单据则分 2 套,300 吨 1 套;400 吨 1 套。另一条船装 500 吨为 1 套单据。如果 1200 吨分 3 条船装也可以,则按规定数量 300 吨、400 吨和 500 吨分装 3 条船,单据则按每条船一套分别缮制。上述几种分批方法均符合 L/C 要求。除此之外,分 4 条船、5 条船……等都不符合 L/C 要求。总而言之,分 3 套单据是不可改变的。不分批装运也可以,单据仍分 3 套。如分 2 批或 3 批装运也可以,单据仍要分 3 套。A 公司的做法恰恰相反,装运分了 4 条船,单据制作了 4 套,当然不符合 L/C 要求。

■ 单据 Wooden Case 与 Wooden crate 不符致损案

☞ 案情简介

某年 4 月 5 日,国外曼哈顿贸易发展公司 B 通过某银行开出一张 L/C,以某农产品出口公司 A 为受益人。L/C 有关商品条款规定:"50 M/Tons of Bee Honey. Moisture:18%—22%. Variety:Acacia. Packing:In tins of 25 kgs. net each;2 tins to a wooden case."(50 吨蜂蜜。水分 18%—22%。品类:槐花。包装:听装,每听净重 25 千克;2 听装一木箱。)A 公司根据 L/C 要求准备装运工作,但单证人员在缮制提单时与出口海运托运单对照发现,L/C 规定的货物包装与合同规定的包装不一致。L/C 规定"Wooden case"(木箱)装;合同规定"Wooden crate"(木条箱)装,实际货物也是木条箱包装。A 公司考虑,该商品包装是有两种:木箱装和木条箱装。L/C 既然改为木箱装,因第三天即将开始装船,修改 L/C 已来不及了。如果先装船等修改后议付,则风险太大。如果联系船方代理退载,则需赔偿空舱损失费。所以,A 公司最后决定:因库存还有木箱装的货物,即改为木箱包装货物装船,这样既可满足 L/C 要求,安全收汇,又不影响按时装运。

4 月 24 日,A 公司按木箱包装货物办理了装运工作。25 日却接到买方来电称:

"首先向贵公司表示万分歉意。由于我方疏忽,第×××号 L/C 关于 50 吨蜂蜜的包装条款发生笔误,其中'Wooden Case'(木箱)一词应改为'Wooden Crate'(木条箱)。同日已通过开证行修改 L/C。谢谢配合。"

A 公司接到买方上述电文后,同日也接到银行关于木箱装改为木条箱装的 L/C 修改书。A 公司经与通知行研究决定拒受修改,将修改书退回。同时仍按木箱装的单据办理寄单议付。

4 月 29 日又接到买方来电:

"我 25 日电谅你已收到,我 L/C 已修改包装为木条箱包装,但今接你装运通知电,你方仍按木箱包装货物装运,这是为何? 根据我们第××× 号合同规定,50 吨蜂蜜全要木条箱包装。该货系我转售给实际用户 M 公司,我与 M 的合同亦确定为木条箱包装。你方如此违反合同规定,我无法接受。"

5 月 6 日开证行来电:

"第×××号 L/C 项下单据经审核存在不符点:我 L/C 对货物价格条件为'C&F',而你方发票上表示价格条件却为'CFR',因此单证不符。单据暂在我处保存,速告如何处理。"

A 公司即于 8 日反驳如下:

"你 6 日电悉。关于'C&F'与'CFR'的不符点事,根据国际商会《2000 通则》'C&F'贸易术语已改为'CFR'。所以不符点不成立。"

5 月 10 日开证行又答复如下:

"你 8 日电悉。尽管《2000 通则》中'C&F'已改为'CFR'。但我 L/C 明确规定:'本证根据国际商会《UCP500》办理',我行根据该《UCP500》第 13 条和第 14 条规定,我银行只管单据表面与 L/C 条款是否相符。如果单据表面与 L/C 条款不符,银行即可拒收单据。你'CFR'就是与'C&F'表面不符。因此单证不符成立。速告单据处理的意见。"

A 公司只好又向买方交涉,均无效果,因 A 公司违背双方合同规定交货。最后只好派人到进口国与买方当面谈判,A 公司终以自负费用在目的港加工更换包装而结案。

☞ **案情分析**

本案例中 A 公司的教训是"将错就错还是错",其根本原因是没有严格审查 L/C。买方错开 L/C 包装条款,A 公司没有审查出来,直至临装船前有关单证人员在缮制提单时才发现问题。A 公司本有权向买方提出改证,买方也有义务依约改证,但 A 公司却没有这样做,其教训是十分深刻的:

1. 信守合同是履约之本。以 L/C 为支付方式时,如果发现 L/C 条款有误,不符合双方合同规定,不要轻易将错就错,最妥善的办法是向买方提出修改 L/C。如买方拒不改证,即构成违约。本案例的 A 公司由于当时没有及时发现包装条款与合同不符,才形成进退两难的被动局面:装船则无法办理议付收汇;不装船则赔偿船方空舱损失;先装船后再等待修改 L/C,无把握,其风险大。所以 A 公司最后才采取按 L/C 要求换货装船,误认为这是最安全的途径。但未料到买方并非欲更改包装条款,而是开证时的笔误(因"case"与"crate"仅错两个字母),故以后又来修改 L/C。遗憾的是 A 公司当时木箱包装的货已经上船,"生米做成熟饭",不得不硬着皮头将 L/C 修改退回拒绝接受。A 公司并没有考虑不按照合同规定交货的后果,使本应属对方的失误行为变成了自己的违约行为。

2. 正确理解和运用国际贸易惯例。A 公司制单不细致,其单据上只因"CFR"与"C&F"一个字母之差,授人以柄。国际商会《1990 通则》和《2000 通则》中早已将"C&F"术语取消了,改为"CFR"术语,这是事实。但 L/C 下所依据的国际惯例是《UCP500》,该惯例强调单证严格相符,即银行只管单据与 L/C 条款表面相符。L/C 条款错了,受益人可以要求修改,受益人接受了该 L/C,等于承认了它,就必须提交与其表面上绝对相符的单据,否则开证行可以拒付货款。A 公司在单据上留下漏洞,对方当然可以以此为借口,达到拒付货款的目的。

3. 在应变和处理实际问题中掌握主动权。国际贸易业务常常变数很大,如遇意外情况应灵活应变,始终掌握主动权,在不违背法律与惯例的情况下,做出理性的选择。本案中 A 公司却未能这样做,原备货物是木条箱包装,因改换为木箱包装,增大了成本,最后又被迫在目的港将木箱包装重新恢复为木条箱包装,支付了高额的费用,可谓弄巧成拙,不仅蒙受了严重的经济损失,对外还造成了不良影响。

■ 产地证书签发日期晚于提单日期争议案

☞ 案情简介

我某出口公司 A 向国外贸易公司 B 出口一批货物。L/C 运输和单据部分条款规定如下:

"Shipment from Chinese port to Hamburg not later than 20th June. ××……Full set of clean on board marine Bills of Lading made out to order of shipper and endorsed in blank marked 'Freight Prepaid' notifying buyers. Certificate of Origin……"(最迟于某年 6 月 20 日从中国港口装运至汉堡。……全套清洁已装船的海洋运输提单,作成发货人指示抬头空白背书,注明"运费预付",通知买方,产地证书……)

A 公司按规定装运后,向议付行交单议付。议付行审单后认为单证相符,即向开证行寄单。但单寄到国外,开证行却提出异议:

"你第××××号单据经审核发现:

1. 产地证书(Certificate of Origin)的签发日期晚于提单签发日期。产地证书签发日期为某年 6 月 17 日,而你提单签发日期为某年 6 月 15 日。

2. 你所提供的提单上表明:'The carrier has signed three original Bills d Lading.'说明正本提单签发'三份',但实际你所提供的提单只有一份正本,第一份表示了'Original'字样,其余两份均为副本,都分别表示

'Duplicate'和'Triplicate'。所以不符合我 L/C 所规定的提供三份正本提单的要求。

根据以上单证不符的情况,经研究无法接受,单据暂代保管,速复如何处理。"

A 公司接到上述开证行拒付通知后,认为开证行是无理挑剔。经与议付行研究作如下反驳:

"你×日电悉。关于我××××号单据所谓不符点事,我们认为:

1. 产地证书的签发日期晚于提单签发日期并不构成单证不符。如果你 L/C 对产地证书的签发日期有特别规定不得晚于提单签发日期时,我产地证书的签发日期晚于提单签发日期,才能构成单证不符,否则无法说明我单证不符。

2. 关于提单问题,你 L/C 规定正本三份,我提供的正本提单也是三份,第一份标明'Original'说明是第一份正本;第二份标明'Duplicate'说明是第二份正本;第三份标明'Triplicate'说明是第三份正本。所以'Duplicate'与'Triplicate'并不是副本。

综上所述,我单据完全与 L/C 相符,你行必须按时付款。"

A 公司发出上述反驳意见后,未料到开证行又提出:

"你某日电关于第××××号单据问题,我行认为:

1. 关于产地证书的签发日期,虽然我 L/C 没有作有关的限制和规定,但类似这样公证机构出具的证明文件均应在货物装运前出具,说明货物是在装运前已由有关部门对实际的货物进行检验、核对才能作出证明。如果货物已经装运完毕,公证机构怎能对实际的货物进行检验或核对?

2. 对提单正本问题,我行认为只有标明'Original'字样才能说明是正本提单。类似'Duplicate'这样的词义,它本身就有'副本'的含义。

所以我行仍然不能接受单据,速告如何处理。"

A 公司又经过与议付行反复探讨,最后又发出如下电文:

"你×日关于我第××××号单据异议的电文收悉。我们认为:

1. 对于产地证书的签发日期晚于提单签发日期问题,该证书签发日期与提单签发日期是两者互不相干的日期,况且我产地证书的签发的日期也没有晚于你 L/C 规定的交单有效期。

根据《UCP500》第 21 条规定:'当要求提供运输单据、保险单据和商业发票以外的单据时,信用证中应规定该单据的出单人及它们的措辞或数据内容,如果信用证中没有这样的规定,只要提交的单据的数据内容能与提交的其他所规定的单据不矛盾,银行将接受这样的单据。'按上述条文规定,也就是说,如果你方对产地证书签发日期有特别要求时,必须在信用证中作出相应的规定,否则只要我所提交的产地证书的各项内容不与其他单据同项的内容互相矛盾,你银行就应该接受我所提交单据中的各项数据内容。

你行前电所申述的观点认为,产地证书的签发日期如晚于提单签发日期,就说明公证机构无法核对货物,似乎该证书不真实,这仅是你方的一种猜测。实际上我该批货物于 6 月 13 日即已申请,6 月 14 日经商品检验机构实地查核落实其原产地,6 月 15 日装运,因 6 月 15 日和 16 日系我地双休日,故 6 月 17 日签发产地证书。

从产地证书的签发日期的该项目作用来看,它并不影响本证书对该批货物的原产地的情况证明,也构成不了与你 L/C 不符的条件。

2. 按你前电对提单正本的意见,认为第二份或第三份正本提单如不表示'Original',而表示'Duplicate','Triplicate'者,就认为是'副本'提单。但目前国际上运输行业有许多提单的格式在第一份、第二份和第三份正本中都事先分别印制表示'Original'、'Duplicate'和'triplicate'来代表第一份正本、第二份正本和第三份正本,这种国际上运输行业的习惯做法历年来也被银行业所接受。

请你查阅我所提供提单正面条款上有这样的规定:'In witness whereof, the Carrier has signed three original Bills of Lading, all of this tenor and date. one of which beinz accomplished, the others to stand void.'(为证明所述各项,承运人已签署本正本提单一式三份,其中一份经完成提货手续后,其余各份均告失效。)上述条款也可以证明我所提供

的有承运人已签署的三份提单(即标有'Original'、'Duplicate'和'Triplicate'三份),承运人声称三份正本的任何一份均有效,其中一份如已提货,其余正本则失效。也就是说,其三份正本中的任何一份均具有同等代表货权的凭证,所以你行所谓除第一份是正本外,第二份和第三份系副本的说法是不成立的。

综上所述,你所提出的所谓不符点是不存在的。请按时付款。"

A公司和议付行提出上述反驳意见后,再未见开证行的答复,却通过议付行通知该货款已转入A公司账户,终告结案。

☞ **案情分析**

从案情来看,A公司两次对开证行的反驳,最后按时收回了货款,应该说是成功之例。但A公司的单据并非完美无疵。以产地证书来说,证书签发日期的掌握一般要求不得早于发票日期和证书的申请日期,但也不能晚于提单签发日期,这是填制产地证书的一般要求。A公司单据上存在这样明显的缺陷,但能紧紧抓住对方L/C没有对产地证书日期特别要求为由,并利用《UCP500》惯例第21条进行抗辩,使开证行无理反驳,才最后付款结案。

对于提单正本问题,正如A公司在向开证行申述的电文中所说的,目前国际上有些远洋航运公司的正本提单格式,事先已印就'Original'、'Duplicate'和'Triplicate'作为第一份正本、第二份正本和第三份正本使用。虽然《UCP500》没有对这个问题有所规定,但这种做法也曾被国际各银行接受和承认。但为了避免不必要的纠纷,如果能在正本提单上一律都标明'Original',就比较妥当些。最近我国保险公司对新保险单格式正本标明'The first original'(第一正本)、'The second original'(第二正本)、'The third origianl'(第三正本)。有些航运公司如一定要在正本提单上标明:'Original'、'Duplicate'和'Triplicate',可按上述保险单的做法,也改为:'The first original'、'The second original'和'The third original',或全部都标明'original',就可避免不必要的争端。

装 运 条 款 类

(Problem of Shipping Clauses)

■ 等量分批装运圈套案

☞ 案情简介

我国某蛋制品出口公司 A 与英国某食品进口公司 B 签订了一笔蛋品贸易合同。B 公司开来的 L/C 中有关装运条款规定:"600M/Tons of eggs, including 300M/Tons of chicken eggs and 300M/Tons of duck eggs, packed in paper cases. Shipment must be effected in two equal lots by separate vessels. The first lot to be effected not latter than March 28××, the second lot to be effected not later than April 5××."(600 公吨蛋,包括 300 公吨鸡蛋和 300 公吨鸭蛋,用纸箱包装。装运必须分等量两批分船装,第一批不得晚于某年 3 月 28 日装运,第二批不得晚于某年 4 月 5 日装运。)

A 公司根据上述 L/C 中的要求作出了如下等量分批装运:

第一批 300 公吨鸡蛋于 3 月 26 日装运,第二批 300 公吨鸭蛋于 4 月 3 日装运。

当 A 公司装完第一批货物后,备齐 L/C 项下的所有单据交议付行办理了交单手续。不料,4 月 6 日,议付行收到了开证行的拒付通知:"你第

×××号L/C项下单据经我行审核发现单证不符,我L/C规定必须分等量两批分船装运,即按'鸡蛋150公吨加鸭蛋150公吨'的要求分两批等量装运,而你方却是按照'300公吨鸡蛋先发,300公吨鸭蛋后发'的方法分等量两批装运,这显然违背了原L/C规定的要求。因此,我行无法接受,请速告单据处理意见。"

A公司得知开证行的拒付意见后,立即对买方及开证行作出反驳:"关于第×××号L/C项下所谓的单证不符点,我们认为并不能成立。你方L/C上虽明确规定货物分等量两批装运,但并没有明确规定要求第一批先发150公吨鸡蛋和150公吨鸭蛋,第二批再发同样数量的搭配。因此,我方先发300公吨鸡蛋,后发300公吨鸭蛋的做法符合该L/C中所要求的分等量两批装运。你行不能以此理由拒付,请速付给我方货款。"此后,开证行仍然坚持其不符点。最终,A公司不得不与B公司商量在其放弃不符点的前提下,对所发货物作降价处理。

☞ 案情分析

本案A公司受损的原因主要有以下几个方面:

1. 组织货源不合理是引起A公司受损的重要原因

案例中的A公司之所以先发300公吨鸡蛋,是因为鸡蛋有充足的货源和库存,而鸭蛋货源相对不足。在时间比较紧张,加之L/C装运条款中又没有明确规定分等量两批如何搭配装运的情况下,A公司自以为可以先给B公司提供鸡蛋,而鸭蛋还可以在规定的期限内尽快筹齐分量。这是A公司之所以致损的重要原因之一。

2. 对审单工作的失误,陷入B公司设下的"分等量两批装运"圈套

A公司人员在审证时,没有对B公司L/C中所要求的"分等量两批装运"条款进行仔细的研讨和揣摩,等于放弃了要求B公司对此含义隐晦、意思不清楚的装运条件进行解释和修改的机会和权利。这种态度恰恰中了B公司设下的"分等量两批装运"圈套,最终遭受了不应有的损失。由此可见,外贸企业在审证时应对L/C条款逐字逐句地严格审核,遇到

不了解或不清楚的条款绝不可自以为是,盲目行动,应及时与有关人员共同探讨、协商。如果办不到,一定得要求对方修改 L/C,在拿到该 L/C 修改书后才能进行装运。

3. 对 L/C 下单证不符的严重性没有足够的认识。L/C 是我国进出口贸易使用最广泛的一种支付方式,它是以银行信用作担保的。只要受益人按 L/C 内的规定去做,并提供证内所需要的单据,银行将保证支付货款。即使出口商在对进口商资信不了解的情况下,也可以采用这种方式。因此,它对扩大国际贸易有利。但是它也同样面临着一些风险。例如:出口人单证不符、开证行倒闭或无力支付、开证行与进口方合谋无理拒付,或者是进口人开立无法生效的 L/C 或带有软条款的 L/C 等等情况,都可能导致出口商无法收回货款。上述案例中的 A 公司就是陷入了 B 公司预先在 L/C 中设置的软条款,导致 A 公司最终不得不受制于人,降价处理货物。

■ 错误理解装运条款致损案

☞ 案情简介

我国某出口公司 A 与印度某食品进口公司 B 达成一笔大豆交易,双方约定以 L/C 方式支付。B 公司如期开来 L/C,该证中有关运输的条款规定:"280M/Tons of soybean shipment from Shanghai to Bombay not latter than November 15 ××. Partial shipment prohibited."(280 公吨大豆,从上海至孟买,装运不得晚于某年 11 月 15 日,不允许分批装运。)一个星期后,在 A 公司正准备装运时,开证行发来的 L/C 修改通知如下:"The shipment changed to 140M/Tons of soybean from Shanghai to Bombay and 140M/Tons of soybean from Shanghai to New Delhi instead of Bombay."(装运改为 140 公吨大豆从上海至孟买,另外 140 公吨大豆从上海到新德里)。

A 公司根据修改 L/C 的要求,即安排 280 公吨大豆分为两批分别从上海运至孟买和新德里。装运完毕后,立即将缮制好的全套单据交议付行办理议付,不料,几天后收到开证行如下拒付电:"你方第×××号 L/C 单据经审核发现实际装运分两批进行,与证中所规定的不允许分批装运构成单证不符。我行无法付款,请速告单据处理意见。"A 公司立即予以反驳:"请贵行注意,你方寄来的 L/C 修改书中已明确规定将不准分批装运条款改为分两批装运,即一批运至孟买,另一批运至新德里。我方的分批装运完全是按 L/C 的规定办事,并不构成任何的单证不符,请速付货款。"

不久,开证行又复电 A 公司称:"L/C 修改书中规定 140 公吨运至孟买,140 公吨运至新德里,即只修改了目的港,并未修改禁止分批装运的条款。你方应将 280 公吨货物装运在同一条船上,分两批运至不同的目的港即可。由此可见,贵方是完全误解了我行 L/C 的修改内容。因此,你方的单据与 L/C 的装运条款不符,我行无法付款。"

最终,A 公司不得不求助于 B 公司,并以降价为条件了结了此案。

☞ 案情分析

本案的关键就是如何理解 L/C 中的装运条款,原 L/C 规定不允许分批装运,后来 L/C 修改书仅仅说明总货物分别卸于不同的目的港,并没有改变不允许分批装运的条件。孟买和新德里又恰在同一条航线上,如果 B 公司的意图是禁止分批装运,B 公司应明确地在 L/C 修改书中重申不允许分批装运,但 B 公司没有这样做,而是有意忽视这一关键问题。A 公司恰恰是忽略了对这一关键问题的警惕,误解了 B 公司 L/C 的修改内容,陷入了对方预设的圈套。

从上述案例,我们可以得出如下启示:

1. 对 L/C 修改书必须严格审查。对修改后的 L/C 的审查一点不能马虎。一定要逐条逐款核对,综合原 L/C 及修改 L/C 反复核对。如果关键条款有改变,极有可能改变卖方前期的备货装运工作,这将会给卖方带来不便和麻烦。如果其修改内容的含义模糊不清，必须再让其做出明确的修改指示，否则，就应拒绝接受其修改要求。当然我们可以根据具体情况合理地接受对方的修改要求。

2. 对不理解不肯定的修改条款不可自以为是。正确理解 L/C 条款和审核 L/C 是一项非常重要的工作。业务人员在碰到含义模糊的条款时不能贸然行动。不能肯定的东西一定要求教于专家或者询问客户，并要求客户确认。本案中的 A 公司就是忽略了原证和修改 L/C 中关于分批装运条款的审核，误以为分两批卸货就是分两批装运，最后不得不承担降价亏损的后果。

■ 未接到 L/C 修改书贸然发货致损案

☞ 案情简介

我某农产品贸易公司 A 与韩国某进口公司 B 签订了一份买卖合同。双方约定："20 公吨花生用麻袋包装，分两批装，第一批 10 公吨不得晚于××年 11 月 1 日，第二批 10 公吨不得晚于××年 11 月 21 日……。"但是，对于买方开立 L/C 的具体时间却没有在合同中作出明确规定。合同签订后，A 公司一直催促 B 公司开出 L/C，但是 B 公司迟迟未行动。直到当年 10 月 21 日 A 公司才收到 B 公司开来的不可撤销 L/C。A 公司在审证时发现证中货物包装条款与合同规定不符，合同规定用麻袋包装，而 L/C 中则规定用纸箱包装。A 公司当即电告 B 公司，要求修改 L/C 中的包装条款。11 月 3 日，买方 B 公司回电表示同意改为麻袋装。但 A 公司在未收到 B 公司 L/C 修改书的情况下，便备妥货物，安排装运，并将缮制好的全套单据交议付行议付。

不料，11 月 15 日开证行发出拒付回电："你第×××号 L/C 经审核，单据中记载的实际包装状况与 L/C 中规定的纸箱包装不符，我行不能接受你方付款赎单的指示。"此时，A 公司已接到开证行 11 月 10 日开出的

L/C修改书,于是立即进行反驳:"你行不久前寄来的L/C修改书已明确修改为麻袋装,故我方递交的单据符合原L/C的要求,你行理应按时付款。"开证行再次回复称:"原L/C规定用纸箱装,但L/C却规定货物分两批装运,第一批不得迟于11月1日,第二批不得晚于11月21日。显然,第一批货物的装运期早于L/C修改书的日期。故该L/C不适用于你方第一批货物的议付,而只能适用于第二批货物的议付。"A公司无言以对,最终仅收回了第二批货物的款项,第一批货物无奈只得运回,既损失了来回运费,又贻误了销售时机。

☞ **案情分析**

上述案例的焦点在于L/C的生效时间能否晚于单据提交的日期?案中的开证行认为,L/C的修改只能适用于该修改日以后的装运,不适用于该修改日以前的装运。这种说法看似合理,实际并不能成立。根据《UCP500》第22条的规定:"除非L/C另有规定,银行将接受出具日期早于L/C开立日期的单据,但该单据须在L/C和本惯例规定的时限之内提交。"据此我们可以认为只要在L/C规定的有效期内交单,银行就应该接受出单日期早于L/C修改书日期的单据。因此,A公司在事发后应当据此对开证行进行反驳。但从A公司的失误分析,其在没有收到L/C修改书之前先行装运是极其错误的决策。为了防范风险,出口公司只有在收到L/C修改书后再安排发运才是最安全的。

通过上述案例,我们可以得出以下启示:

1. 合同规定采取L/C支付方式时应明确规定开证的期限。本案中的A公司没有在合同中订明B方开来L/C的具体时间,这就为以后来不及改证而匆忙装运埋下了隐患。因此,在L/C支付方式下,贸易双方,尤其是卖方一定要就L/C具体的开证日期作出明确的规定,以约束买方拖延开证的行为。

2. 未接到L/C修改书前不能贸然发货。L/C是独立于合同之外的文件,L/C的修改一定要在发货前落实,否则就失去了修改的意义。要警惕在 L/C 修改前的时间差内出运和出单的风险,防患于未然。

3. 在实际出单日期与 L/C 修改日期发生争议时,要根据国际惯例据理力争。只要自己的行为符合国际惯例的有关规定,就不要轻易放弃自己的正当权利。

■ 等量分批条款下单证不符致损案

☞ **案情简介**

某出口公司 A 出口一批罐头食品,买方开来的 L/C 中有关部分条款规定:

"2200 cases of Varied Canned goods:

1. 1000 cases of Canned fruit jam;

2. 800 cases of Canned beef;

3. 400 cases of Canned boneless chicken.

Shipment must be effeeted in two equal lots by separate vessls. The first lot to be effected not later than July 15, ××.

The second lot to be effected not later than August 5, ××××…
Full set of combined transport bill of lading marked 'Freight Prepaid' and made out to order notifying buyers. Container transport with CFS or CY to CY." (2200 箱各种罐头:1000 箱果酱罐头;800 箱牛肉罐头;400 箱去骨鸡罐头。装运必须分等量二批分船装。第一批必须于×年 7 月 15 日前装,第二批必须于×年 8 月 5 日前装运。……全套联合运输提单注明"运费预付",作成空白抬头,通知买方。以集装箱货运站或集装箱堆场至集装箱堆场装运。)

A 公司根据上述 L/C 条款的规定和库存情况,即备货进行装运。第一批于 7 月 10 日装 1,100 箱,其具体商品有:

1. 300 箱果酱罐头;

2. 500 箱牛肉罐头;

3. 300 箱去骨鸡罐头。

A 公司装运后即备单向议付行办理议付,但未料到于 7 月 19 日接到开证行拒付的通知:

"第××××号 L/C 项下单据已收到,经审查有下列与证不符:

1. 我 L/C 条款规定,必须分等量两批分船装运,你方本批装 1100 箱虽然已按等量两批分装,但每种罐头未按各自分等量两批分船装,即应装:500 箱果酱罐头;400 箱牛肉罐头;200 箱去骨鸡罐头,共 1100 箱。因此,你方对果酱罐头少装了 200 箱,牛肉罐头多装了 100 箱,去骨鸡罐头多装了 100 箱。经联系申请人不同意接受。

2. 你提单记载:

'40′COSU21458 479375 1000 cases…CY to CY.

40′COSU21596 479367 100 cases…CFS to CFS.'

我 L/C 条款规定为:'CFS or CY to CY'方式,即允许两个方式:'CFS to CY' 或 'CY to CY',你提单记载为 'CY to CY' 和 'CFS to CFS'。后者 'CFS to CFS' 不符合 L/C 条款要求。

单据暂代保管,听候处理意见。"

A 公司认为开证行的拒付意见是故意挑剔。经有关人员研究决定向买方提出外,同时于 7 月 24 日向开证行答复如下:

"你 7 月 19 日关于第××××号 L/C 项下单证不符电已收悉。所谓单证不符,我们认为:

1. 货量共 2200 箱,你 L/C 仅规定'装运必须分量两批分船装',我第一批于 7 月 10 日装 1100 箱,计划在下月再装 1100 箱,正好是等量二批,完全符合你 L/C 规定。至于哪一种罐头先装多少数量,哪一种罐头后装多少数量,L/C 对此并无任何限制和规定,因此我第一批装 1100 箱应该是完全符合要求。

2. 'CFS to CFS' 是属于拼箱(非整箱货)方式。L/C 已允许 'CFS or CY to CY',即允许接受拼箱货。而且 L/C 要求 2200 箱分等量两批装集装箱运输,则每批装 1100 箱。装载一个 40 英尺的集装箱只能装 1000 箱的本商品的数量,所以剩余 100 箱无法再装一个整集装箱,只能装拼箱。拼箱货就是 CFS to CFS 方式,在我地集装箱货运站与其他货合拼装箱,到目的地在集装箱货运站拆箱交货。所以,我们认为符合你 L/C 要求。"

7 月 28 日 A 公司又接到开证行电:

"关于第××××号 L/C 项下单据不符问题,经与申请人联系,仍不同意接受。

1. L/C 规定货物分等量两批装运,而且货物名称既有三项,理所当然包括三项中每一项都必须分等量两批装运。

2. 所谓单证相符,是指单据表面上与 L/C 相符,并不管 L/C 项下的货物能否装载整箱与拼箱情况。我前电已阐明过,L/C 规定:CFS or CY to CY,实际就是允许两个方式:CY to CY 和 CFS to CY,你使用 CFS to CFS 方式就是单与证不符。

请速告单据处理的意见。"

同日 A 公司也接到买方来电称:

"关于你方介绍第××××号合同项下 2200 箱罐头装运单据的情况,我们再三研究实难接受。我们合同虽未明确规定,但 L/C 规定该三种罐头按等量两批分别于 7 月和 8 月装运,而且你方又接受了 L/C 该规定。由于你方在本批所交货物中果酱罐头少交 200 箱,使我无法向用户交货,用户向我索赔××××美元。

如果你方按规定每种商品均以 50% 分两批装运,则本批货物也不会发生拼箱的情况。因为果酱罐头是小规格商品,你却少装了;而牛肉罐头和去骨鸡罐头都是大规格商品,却多装了,增大了该批货的容积,所以造成一整集装箱装不下,才产生拼箱装载。

我们要求集装箱货物在集装箱堆场(CY)交货,以便我将整集装箱转给用户提货。你却将 1100 箱整批的货物分成两部分,一部分在集装箱堆场(CY)交货,一部分在集装箱货运站(CFS)交货,给我用户增加不必要的费用负担。

根据上述情况,你方应负担由此而引起的我方损失,否则我们无法接受你方单据。"

A公司考虑货已到达目的港,对方又不接受单据,如继续拖延势必造成更大的损失,最后只好答应赔偿对方部分损失才结案。

☞ 案情分析

本案的教训主要有以下两点:

1. 错误理解 L/C 等量分批装运条款。本案例的 L/C 规定 2200 箱货物包括三项商品,然后又规定分等量两批装运,当然指三项商品的每一项都要按等量两批分装。即使只有一项商品,但有不同规格和数量时,也要每种规格等量分装。否则就不符合该 L/C 规定。由于 A 公司业务人员误认为总数量 2200 箱按等量两批分船装,不管具体品种,同时又恰遇当时工厂未及时交货,果酱罐头库存数量不足,A 公司以为只要每批凑足总量 1100 箱就已符合 L/C 条款要求了,这是不能原谅的错误。如果 A 公司事先深入研究 L/C 条款等量分批装运的要求,即使货源数量有问题,也可通过改证加以解决,就不至于发生如此事故。

2. 错误理解 L/C 集装箱装运条款。集装箱规格按国际标准组织公布的约有 13 种,但目前国际运输上最常用的有两种,如 20′(20 英尺)和 40′(40 英尺)。20′所装载的货物重量限制在 18 公吨左右,其装载容积约 24 至 25 立方米。40′所装货物重量限制在 30 公吨内,装载容积约 50 至 54 立方米。如果货物容积或重量正好足够上述标准,所装同一发货人和收货人的一个集装箱的货物叫整箱货(Full Container Load,简称 FCL)。如果不够上述重量和容积的零星货物,只好由联合运输经营人(Combined Transport Operator,CTO)将不同发货人和收货人的货物拼合一起装一个整集装箱,这就为拼箱货(Less than Container Load cargo,简称 LCL),也叫非整箱货。本案例的货物就是装了一个 40′的整集装箱后,所剩余的货物就不够再装一整集装箱,所以才装拼箱。拼箱货的交接货方式一般多数为"CFS to CFS";整箱货的交接货方式一般为"CY to CY"。

CFS 是 Container Freight Station 的简写,即集装箱货运站,CY 是 Container Yard 的简写,即集装箱堆场。拼箱货由发货人在集装箱货运站交给船方与其他货一起合拼装箱,待运到目的地转至集装箱货运站拆箱,再分别交给收货人,所以是"CFS to CFS,又叫为"分装/分拆"。整箱货由发货人自己在库、厂门前装箱后,将整集装箱交到集装箱堆场,待装运到目的地集装箱堆场再整箱交给收货人,所以是 CY to CY,又叫做"整装/整拆"。

如果 A 公司按 L/C 规定三种商品都以等量两批装,可能就不会发生拼箱情况,或一整集装箱就可以装妥。即使仍然会出现拼箱情况或一集装箱装不了,在审证时也可以发现这个问题。关于"CFS or CY to CY"的条款,据了解 A 公司曾进行过讨论,部分人员不知该条款是何内容,有的误解为允许"CFS to CY",或"CFS to CFS",或"CY to CY"。问到制单人员,制单人员却答复:L/C 既规定"CFS or CY to CY",缮制提单时将该条款照列上即可。但待签发提单时,船公司不同意按 L/C 规定条款照填,应以实际装箱情况标明"CY to CY"和"CFS to CFS",造成单证不符。

按理说,单证如此与 L/C 不符,议付行在审查单据时理应发现而未发现,实是巧中遇巧。

综上所述,本案的教训是审查 L/C 不严。出口企业接到国外开来 L/C 时,必须以高度的负责精神和专业标准进行审证工作。对 L/C 条款,要逐字逐句严格审查。遇到不了解、不清楚的条款绝不可含糊,应及时与有关单位研究,加以解决。如果办不到的可及时提出修改 L/C,直至可行为止。

■ 装运通知项目不全争议案

☞ 案情简介

某出口公司 A 以 CFR 条件向 B 贸易公司出口一批茶叶。L/C 规定："Insurance covered by buyers and shipment advice to be sent by registered airmail immediately after shipment to Commerce Insurance Co.，Address：…under open policy No. B/OPEN/3787 and a copy of this advice to accompany the documents for negotiation."（保险由买方投保。在装运后立即以航空挂号邮寄给商业保险公司第 B/OPEN/3787 号预约保单项下的"装运通知"。该"装运通知"副本须跟随单据办理议付。）

A 公司在装运后根据 L/C 要求向对方保险公司以航空挂号寄出"装运通知"。其主要项目和内容如下：

To：Commerce Insurance Co.

Address：……

L/C No. 2004/3815

Open Policy No. B/OPEN/3787

Under the captioned credit and open oplicy，Please insure the368 goods as particulars being given below；

Commodity：Tea；Quantity：200 cases；Carrying Vessel："HONGQI"：Shipping date：5 Mar，××；Port of Loading：Shanghai；Port of discharge：Dubai.

同时 A 公司以上述"装运通知"的副本随同其他单据向议付行办理议付。但单到国外，开证申请人通过开证行提出异议，理由是"装运通知"项目不全，漏发票金额，即货物价值。它是保险业务中最主要的项目之一，保险公司系根据该批装运货值办理投保。不提供货物价值，保险无法生效，故开证申请人不同意接受单据。

A 公司直接向 B 贸易公司提出意见：关于我们××号合同项下 200 箱茶叶的单据，据银行通知因我"装运通知"中缺少货物价值，无法办理保险，故你方拒受单据。但该项交易属于 CFR 贸易条件，根据国际商会《INCOTERMS 2000》对 CFR 条件规定，保险应由买方自理，卖方对有关保险事宜无义务。你方不能以有关保险方面的任何问题作为不付款的理由。为今后双方贸易关系，请你方按时承兑款项。

买方答复称：按《INCOTERMS 2000》对 CFR 条件第 A7 条规定：卖方必须"给予买方货物已装船的充分通知，以及为使买方采取通常必要的措施能够提取货物所要求的其他任何通知"。第 A10 条"其他义务"中又规定：卖方"应买方要求，提供办理保险的所必要的信息"。上述条文已明确规定卖方在装运货物时必须向买方发出充分通知。其所谓"充分"即指货物各有关的项目、内容要详尽和全面，尤其货物的金额是保险业务最主要的项目之一。所以，你方的意见不符合《INCOTERMS 2000》的规定。由于你方向我保险公司发出项目不全的"装运通知"，致使我保险未能生效。所以只能等待实际货物到达目的港后，视是否安全不受损而决定付款。

最后因货物在途中受其他物质影响，部分串味变质，A 公司被迫降价处理，造成经济损失。

☞ **案情分析**

本案例由于单据争议使 A 公司最后遭受损失，该损失系 A 公司在下述问题上采取了错误的处理方法才导致的，特分析如下：

1. 在单据争议中反驳的对象不对。A 公司在开证行提出"装运通知"异议并拒受单据时，没有利用 L/C 的效力，尽快向开证行提出反驳意见，而是直接向买方提出反驳意见，使问题不能立即得到解决。因为 L/C 支付方式是受《UCP500》条款的约束，而《UCP500》第 21 条明确规定："当要求提供运输单据、保险单据和商业发票以外的单据时，信用证中应规定该单据的出单人及其措辞或内容。如信用证对此未做规定，只要所提交单据的内容与提交的其他规定单据不矛盾，银行将接受此类单据。"

运输单据、保险单据和商业发票这三种单据在国际贸易中已经形成了固定的某些内容。如运输单据内容，除品名、数量、唛头等之外，还必须有运输工具名称（或号码）、收货人、目的地、起运地、装运日期等；保险单据必须有保险的金额、险别条款、运输工具、起讫地和日期、被保险人名称等；商业发票必须有货物详细规格、单价、总值、发票抬头等。除此三种单据之外,如果开证申请人需要受益人在单据中必具某种项目和内容或措辞,则必须在 L/C 中作出规定,否则开证行或开证申请人都无权提出缺少某些项目。只要单据所提供的项目和内容不与其他单据内容发生矛盾,开证行均应接受。A 公司的"装运通知"属于上述三种单据以外的单据,L/C 又没有对该"装运通知"规定必须提供发票金额,该"装运通知"所记载的内容又没有与其他单据内容发生矛盾,即已完全符合 L/C 要求,单证一致,开证行无权提出"装运通知"缺少发票金额的意见。如果 A 公司能按上述意见向开证行提出,则无懈可击,开证行没有理由不付款。

2. 在单据争议中反驳的依据不对。A 公司不熟悉《UCP500》的条文,没有利用《UCP500》的规定反驳对方,却引用《INCOTERMS 2000》条件反驳,反被买方抓住卖方不足之处,陷于被动,迫使卖方降价处理。

买方所谓"装运通知"缺发票金额致使保险未能生效,这纯粹是不付款的借口。买方办理的是预约保险。它的特点是货物一经起运,保险公司接到通知,保险按预约条件立即自动生效。如货物起运通知发生延误或遗漏,被保险人可以采取后补办法;即使在补办时货物已受损,该保险公司仍然要负责。所以买方所谓因项目不全致保险未生效而造成损失的说法,完全是个骗局。A 公司轻易相信对方而受骗,应引以为戒。

■ 分装条款引起的单证不符案(二则)

(一)

☞ 案情简介

某年,国内贸易公司 A 按 CIF 条件与国外公司 B 签署了一笔 USD26 000 的玻璃器皿出口合同。B 公司按期开来 L/C,其中规定:"LATEST OF SHIPMENT:15 MAR,××,DATE OF EXPIRY:1 APRIL,××,PERIOD OF PRESENTING:15 DAYS AFTER SHIPMENT DATE,PARTIAL SHIPMENT:NOT ALLOW,TRANSHIPMENT:NOT ALLOW."(装期:3 月 15 日,效期:4 月 1 日,交单期:15 天,分装:不允

许,转船:不允许。)A 公司于 2 月 6 日收到证,经审核没有问题后于 3 月 12 日装运 1×20'FCL,16 日交单议付,4 月 10 日收到货款,此笔业务完成。6 月 13 日,A 公司与 B 公司又签署了完全同样的第二笔合同。B 公司为了节省开证费用,只对原证做了修改,没有开出新证。7 月 3 日 A 公司收到 B 公司通过银行开来的原 L/C 修改书,修改内容:"ADD A-MOUNT USD26 000 UP TO NEW TOTAL CIF USD52 000,NEW LATEST SHIPMENT:15 AUG,××,NEW DATE OF EXPIRY:1 SEPT,××,(增加金额 26 000 美元,新的总金额 CIF52 000 美元,新的装运期 8 月 15 日,新的有效期 9 月 1 日)。A 公司审核了修改证后没有发现问题。于是,A 公司 8 月 15 日装运 1×20'FCL,8 月 17 日向银行交单议付。

8 月 18 日银行向 A 公司提出单证不符如下:L/C 规定不允许分批装运,提交的单据只是第二批发运的货物,显然与 L/C 不符。A 公司则强调提交的单据包括了第二笔合同的全部货物,并没有分批装运。银行提出 L/C 修改以后,L/C 已包括了两笔合同,这两笔合同应作为一个整体而不能分开。显然,在此情况下,A 公司再让 B 公司改证已来不及了。A 公司只好提供保函交单。单到开证行后,开证行也提出了同样的不符点不予付款。A 公司只好联系 B 公司催其付款。此时,B 公司收到了全套单据的副本,而且发现保险单中有 5% 的免赔率。由于此笔货物玻璃器皿属易碎品,为避免自己受损失,B 公司借此向 A 公司提出少付 5% 的货款的要求,经过一番讨价,A 公司同意少收 900 美元结案。

☞ **案情分析**

本案例中 A 公司受损的原因可作以下分析:

1. 对合同与 L/C 的关系了解不够。在 L/C 业务中,L/C 依据合同开立,但 L/C 一经开立便与合同无关而成为独立的文件,不再受合同的约束。虽然,A 公司发运的第二个 1×20'FCL 包括了第二笔合同的全部货物,就第二笔合同而言并没有分装。但是,第二笔合同引用的 L/C 却是包含了第一笔和第二笔两个合同,就 L/C 而言显然是分装了。

2. 审证不仔细、麻痹大意。A 公司收到第一个 L/C 后,经审核无误且安全收汇,就感觉此证没有任何问题了。收到了 L/C 修改后,A 公司只审核了修改的内容并认为该修改的内容金额、船期、效期都已修改,而没有将 L/C 修改连同原证一起再审核一遍。所以,关于分装不符的问题就很难发现。这是一种不严肃认真的工作态度。

3. 缺乏审证的经验与方法。修改 L/C 的事在外贸业务中经常发生,有的甚至修改多次。不少外贸公司在长期的业务实践中形成了对 L/C 修改审核的习惯做法,即将修改的内容平移到原证中,把新旧 L/C 看成一个系统的、完整的整体来审核,这样有很多问题就不难发现了。

(二)

☞ 案情简介

某年 5 月 3 日,国内 A 公司与加蓬 B 公司签署了一份 FOB USD66 000.00 的塑料雨衣出口合同。6 月 10 日 A 公司收到了 B 公司通过银行开来的 L/C,此 L/C 规定"SHIPMENT FROM SHANGHAI PORT TO LIBREVILLE PORT NO LATER THAN 30 SEPT,××,EXPIRY DATE AND PLACE:15 OCT,×× AND IN CHINA,DOCUMENT TO BE PRESENT WITHIN 15 DAYS AFTER THE DATE OF ISSUING B/L. PARTIAL SHIPMENT:ALLOW ONLY BY FULL CONTAINED,TRANSHIPMENT:ALLOW,SHIPMENT THROUGH C LINE."(装运从上海港到利伯维尔港,不迟于某年 9 月 30 日,有效期和地点:某年 10 月 15 日在中国,交单期:提单签发后 15 天,分装:只允许整箱分装,转船:允许,通过 C 公司运输。)A 公司经审核并认可了 L/C。该合同项下的货物共需装运 6×50'FCL,A 公司准备分三批发运,7、8、9 三个月分别装运 1×40'FCL,且该计划已得到 B 公司的确认。7 月 18 日 A 公司将第一批 1×40'FCL 按时发运并于 8 月 13 日安全收汇。8 月 4 日 B 公司又向 A 公司订购了 0.6 万打 FOB USD4 000.00 的雨衣,付款方

式:D/P.B公司为节省运费,要求A公司将这0.6万打雨衣装入第二批1×40′货柜中一同发运。A公司考虑到L/C规定只允许整箱分批装运,就向C公司询问如将这0.6万打雨衣装入1×40′FCL可否按整箱运输。C公司答复:如果是同一收货人则可以按整箱运输。于是,A公司于8月23日发运了这一批混装的1×40′FCL,24日拿到两套提单,27日整理好两套单据交银行一套L/C议付,一套D/P托收。28日,银行通知A公司L/C项下的单据有不符点,提单中有"LCL(拼箱)"字样,而L/C规定只允许整箱分装,显然与L/C不符。A公司拿来提单仔细审查发现提单中有一集装箱号码后标注了"LCL"字样。于是A公司要求C公司将提单中的"LCL"删除并强调事先C公司曾承诺可以按整箱运输。然而,C公司并没有同意,原因是:1. 集装箱号码后标注"LCL"表明此集装箱内货物为混装,共签出了两套提单,实际也是如此。2. 提货时每份提单只能提取此集装箱内的部分货物。3. 此1×40′FCL实际发运的手续及向A和B公司收取的费用都是按向A公司承诺的那样按整箱办理和收取的。4. 如果A公司坚持要求删除"LCL",C公司以在收回已签发的两套提单的前提下签发一套整箱提单。A公司觉得C公司的答复句句在理,只好提供保函交单议付。B公司信誉良好,并没有因此拒收单据及时付了款,但此证是通过美国一家银行转让的,该银行却因此多收了400美元的费用。

☞ **案情分析**

本案例所幸的是B公司讲究信誉,才没有给A公司造成大的损失。但从A公司的错误来分析,以下两点是十分明显的:

1. A公司对集装箱整箱运输中整箱提单与拼箱提单混淆不清。一般船运公司集装箱和拼箱运输是由两个不同的部门来操作,其费用也不一样。由于拼箱要增加拼装和拆箱劳务费,其费用一般要高于整箱,尤其是国外的拆箱劳务费一般都很高。提单是货权的凭证,收货人凭此提取货物。整箱提单收货人可以凭提单提取整箱货物,甚至可以将集装箱拖到自己的仓库卸完货后再送回集装箱。整箱提单一般都注有发货人装箱点数字样,只要交货时集装箱铅封完好,即使箱内件数与提单的件数不一致,船运公司对此也不承担责任。拼箱提单则不同,运输公司收货时必须清点货物的件数并清楚地注明在拼箱提单上。交货时运输公司必须按拼箱提单注明的件数交付货物,如有减少,收货人可以向运输公司提出索赔。整箱运输既可以签发整箱提单也可以签发拼箱提单,如有的中间商订购了一个整柜的货物却卖给了两个分销商,中间商常常要求签发两套拼箱提单由分销商各自提取自己的货物。

2. A公司没有及时要求买方修改L/C条款。C公司承诺可以按整箱运输,但并没有承诺出具整箱提单。试想一下,如果C公司出具了整箱提单和一拼箱提单,B公司完全可以凭整箱提单提取1×40'FCL的货物,再凭拼箱提单向运输公司提货甚至索赔,而此时运输公司已无货可交,这岂不成了运输公司自找麻烦吗? 在本案中,A公司完全可以要求B公司改证,增加金额和数量,这样,C公司就可以签发一套整箱提单交A公司交银行议付,可以避免以后的麻烦了。

■ 对"or"的含义理解错误受损案

☞ 案情简介

某食品出口公司A向国外贸易公司B出口一批水产品。国外开来L/C有关商品条款规定:"25 M/Tons of Frozen Blue Crab, Uncooked, female blue crab, fresh quality, body of crab clean, frozen individually, double pincers 200－300 g. per crab or single pincer 150－200 g. per crab."(25吨冻梭子蟹,生制品,雌蟹,品质新鲜,蟹身清洁,单只冷冻。双蟹足每只200－300克,或单蟹足每只150－200克。)A公司根据上述L/C要求,备妥货物于8月10日装运完毕。12日即向开证行寄单。未料到8月20日开证行来电提出单证不符,拒绝接受单据:

"第××××号 L/C 项下的单据经审核发现存在不符点：我 L/C 规定 25 吨冻梭子蟹，其规格分单蟹足或双蟹足两种，但只能选择其中的一种。你发票却表示两者同时装运，即：25 吨冻梭子蟹，其中双蟹足每只 200－300 克，15 吨；单蟹足每只 150－200 克，10 吨。我行并申请人，均无法接受此不符点。单据暂代保管，听候你处理意见。"

A 公司接到开证行拒付电后，于 22 日作如下反驳：

"你行 20 日电悉。你 L/C 规定单蟹足或双蟹，所谓'或'的意思是两者都可以，也就是说随便哪一种都可以接受。我方交双蟹足 15 吨，交单蟹足 10 吨，共 25 吨，符合 L/C 规定。所以，其不符点不成立。你行应该按时付款。"

开证行于 25 日又复电如下：

"你 22 日电悉。第××××号 L/C 项下的单据关于货物规格的单蟹足或双蟹足问题，我们认为'或'词虽然可理解随便哪一种都可以接受，但必须两者选其一。也就是说，不是装 25 吨单蟹足，就是装 25 吨的双蟹足。不是后者就是前者，不能两者兼装，如果两者兼装不是'或'（or），而是'和'（and）。所以我仍无法接受单据。速告单据处理的意见。"

A 公司又多次与买方商洽未果，由于市场滞销，买方不肯接受，最终不得不降价 30％才结案。

☞ **案情分析**

本案例是典型的 L/C 条款理解错误的案例，但从 A 公司的错误分析，以下两点值得引以为戒：

1. 在错误面前不要固执己见。A 公司对"or"（或）一词的确切含义没有完全理解，认为既然是"或者"，就可以随便交货，即既可以两种规格都交，也可以选其中一种规格交，所以造成了单证不符，遭到开证行拒付。更不应该的是，当开证行已经对"or"（或）一词阐明了其确切含义时，A 公司仍然在 8 月 22 日电文中坚持自己的错误，反而指责开证行理解有误。可见，对 L/C 条款"或"的理解错误是 A 公司造成这次事故的主要根源，一字不理解,付出了惨重的代价。

2. 签订合同条款时不能心中无数。实际上在签订销售合同时,关于单蟹足、双蟹足两种规格是准备两种规格同时都交,还是选其一交货,A公司并没有明确的打算。如果原计划是前者,当时合同就应签订为"和"(and);如果是后者,就应签订为"或"(or)。只要合同规定得明确,A公司就有权要求买方按合同规定开立 L/C,就可以使货物合同一致、单证一致、单货一致。如果在签订合同时对上述两种规格还没有明确的计划,也可以采取灵活的办法来处理。如在合同中采用"和/或"(and/or)的字句,这样既可以两种规格同时交货,又可以选其一种规格交货,灵活自由,而不被动。

■ 空运单无签字被拒付案

☞ 案情简介

某年 5 月,我某银行议付了国外一份 L/C 项下的全套单据,同时向开证行索偿。6 月 10 日,开证行来电拒付,理由是空运单只有承运人的名章而无签字,同时,要求议付行退款并支付利息。6 月 12 日,议付行回电进行反驳,指出空运单上承运人的名章只是承运人证实其身份的一种方式,完全符合《UCP500》第 27 条 A 款对空运单的规定,开证行拒付理由不能成立,拒绝退款。在双方争辩期间,开证行竟然不顾议付行的态度,单方面退回了全部单据。6 月 20 日,开证行再次来电,又提出了一项新的不符点——迟期交单,其理由是空运单签发日为 5 月 10 日,而议付日期为 5 月 29 日,超过了 L/C 规定的 11 天的交单期。6 月 22 日,议付行根据国际惯例回电说明:1. 开证行"迟交单"的说法并无事实依据;2. 开证行无理由第二次提出不符点。此后,开证行不再提出异议,该笔业务结束。

☞ **案情分析**

本案例是一起空运单无签字是否有效的争议案,从银行的角度分析,值得重视的是以下几个方面的问题:

1. 开证行所提不符点是否成立

《UCP500》第 27 条 A 款规定:"如果信用证要求空运单据,除非信用证另有规定,银行将接受下列单据,而不论其称谓如何:Ⅰ.表面注明承运人名称并由下列人员签字或以其他方式证实者:——承运人;或——作为承运人的具名代理或代表。……"本案中议付行提交的空运单虽无签字,但却有名章,应属"以其他方式证实的承运人"的空运单据,在 L/C 没有特别规定的情况下,开证行应该接受此空运单。因此,完全可以说开证行提出的不符点是不成立的。

另外,在国际贸易中,不同的国家对签发空运单有不同的习惯,而开证行以自己国家的习惯标准来审单是不合理的,应以国际惯例《UCP500》作为审单和调解银行关系的准绳。

2. 开证行退单及其第二次提出不符点理由是否成立

开证行在未征得议付行的同意,且所提不符点不成立的情况下单方面退单是不符合国际贸易惯例的行为。开证行拒付退单必须以单证不符为前提。议付行对其拒付理由予以反驳后,开证行找不到进一步的理由来支持其观点,在这种情况下,开证行退单是无道理的。

开证行在第一次提出不符点被议付行驳回后,又第二次提出不符点,这种做法也显然违反了《UCP500》第 14 条 D 款 Ⅱ 的规定:"该通知必须陈述该行凭以拒受单据的所有不符点,并须说明是将单据代为保存听候交单者处理,还是将其径退交单者。"在本案例中,议付行否认受益人迟交单,如果受益人迟交单不成立,那就意味着受益人的最迟交单日为 5 月 21 日(空运单为 5 月 10 日,交单期为 11 天)。那么,5 月 29 日和 5 月 21 日之间的 8 天就只能认定为议付行的单据处理时间,这样就产生了一个问题,即议付行确已超过了合理的 7 个审单工作日,议付行工作效率低导致的失误很可能被开证行抓住不放。因此,议付行在反驳开证行第二次提出的不符点时,应旗帜鲜明地表明,根据国际惯例,开证行无权第二次提出不符点,而不必再去抗辩开证行第二次不符点是否成立。否则,开证行如深究下去,也许会使议付行陷于被动。

3. 本案的启示和经验教训

国际贸易的复杂性和多样性,使《UCP500》无法对所有方方面面的问题加以详细规定,因此对单据及相关的行为不得不给一些含糊或不确定的限定,这就给我们提出了一个新的课题,即怎样在把握《UCP500》内容的基础上,合理地利用其在规定上的不确定性处理争议。本案例中,议付行的成功抗辩给了我们有益的启示。

我们在单证实务操作上,应注意把握以下几点:

(1) 认真研究《UCP500》等国际贸易结算的惯例,熟练掌握其中的每一项条款。

(2)《UCP500》毕竟只是惯例而不是法律,因此,在处理单据业务过程中,相关国家的法律及各家银行的一些习惯做法也是要考虑的因素。在审单时,要严格按 L/C 的要求去做,尽可能防止争议发生。如本案例中的空运单就完全可以让承运人加签一下,以解决纠纷。此外,寄单索汇与空运单出单日期确实存在间隔太长的问题,这就难免授人以柄。

(3) 纠纷一旦发生,只要有理有据,就应据理力争,这样,不仅有利于维护客户的正当权益,又有利于提高银行的声誉。

单 据 处 理 类

(Problem of Dealing with Documentary Matters)

受益人证明信与其他单据不符致损案

☞ 案情简介

某年初,我出口公司 A 与马来西亚进口商 B 达成高级工艺品出口合同,贸易条件为 CIF XPRORT,即期 L/C 结算货款。由于国际市场上泰币的稳定性出现问题,因此为了保险起见,A 公司要求 B 公司立即开出不可撤销 L/C。不久 B 公司通过 D 银行开立了一份不可撤销 L/C。考虑到旅游旺季的问题,L/C 中交货期规定在 4 月,有效期规定在 5 月中旬。接到 L/C 后 A 公司与议付行 C 一起审验 L/C 条款,两家一致认为该 L/C 条款清晰,单据要求明了,无任何软条款,可以接受。于是 A 公司按证备货制单。但在 4 月初,议付行 C 行接到 D 行开来的 L/C 修改书一份。该修改书中其他条款不变,惟独将运输方式从海运改为空运。C 行立即将该修改书传递给受益人 A 公司。A 公司理解 B 公司这样做是为了避免货物压仓,早日将货物出手,但却对是否接受该修改未作出明确的表示。

4 月 20 日,A 公司交货后制齐单据向议付行 C 行交单,C 行经过审单发现原 L/C 要求提交一份受益人证明信,证明已将提单副本寄给开证申请人(根据修改后的 L/C 的要求,这时运输方式已由海运改为空运),但受益人证明信却对该修改内容只字未提,造成了 L/C 与证明信内容冲突。若按 L/C 条款照打不误的话将造成单单不符;若按实际情况处理的话则单证不符,A 公司陷入进退两难的局面。如果要求开证行对修改内容作出澄清,又必然超过交单期。无奈之下 A 公司只好向 C 行作了担保,按 L/C 条款制单。C 行将单据提示给开证行等待付款。不久,D 行来电拒付,称:"受益人证明信内容与其他单据不符,我行根据《UCP500》条款拒收单据,我行会将不符点提示给开证申请人,一旦申请人付款,我行会在扣除我方费用后将款项偿付给你们。"

C 行接到拒付电后,一方面向开证行 D 行解释,一方面与 A 公司联系,请他们与 B 公司联系赎单事宜。不久开证行来电称进口方同意在降价 30% 的条件下付款赎单。此时事件的前因后果已相当明了:高级工艺品市场需求已萎缩,马来西亚 B 商企图将风险转嫁一部分到出口商身上。后经协商,双方同意降价 16%,进口商付款赎单了结此案。

☞ **案情分析**

众所周知,开证行对 L/C 作出的修改一旦被接受,则修改便成为原证的一部分。因此,审证重要,审查单据同样十分重要。因为 L/C 修改书同 L/C 一样也可能发生软条款。一般来讲,以下一些情况往往容易被忽视:

1. L/C 中有几种单据相互关联,一改俱改,一变俱变。就像本案例中的提单与证明信那样(千万不要小看证明信,一旦落款盖章就具有法律效应)。修改中对某一单据作出改动而对别的单据避而不提,这样,制单时往往无所适从(除非不接受该修改)。

2. L/C 的修改会对单据制作带来一定的麻烦。例如原 L/C 规定是 CIF 价,在提单上往往会要求显示"FREIGHT PREPAID",而出于某种原因后将其改为 FOB 价,而对提单中 FREIGHT PREPAID 未作出修改,这样一来,修改 L/C 等于制造"软条款"。

3. 交货期与有效期的关联。出口人如果来不及备货,经常会要求对方将交货期压后,导致交货期修改而 L/C 有效期未修改,弄不好超过交单期甚至有效期,最后因单证不符而被拒付。

4. 一些商人改证的目的在于套证。为了降低开证成本,一些进口商会对已用完或已过期的信用证通过修改其装效期等事项达到套证的目的。在这种情况下,出口商应特别注意分批装运的问题。如果原证禁止分批装运,而修改又未对此作出变动,就会违反禁止分批装运条款。因为原证项下出口的货与修改项下出口的货加起来一共是两批,与禁止分批指示相违背。

5. 贸易条件与保险条款的关联。例如从 CIF 价变为 FOB 价时,其保险义务也由卖方转为买方。如果 L/C 修改中对单据条款未作出相应变动,问题就出现了:到底是保险还是不保险好呢?保的话势必要增加成本开支,不保的话则单证不符。相比之下,还是先投保然后通过开证行对保费托收比较妥当。不然的话开证申请人以为已代保险,而事实上并未这样做。其次当改变运输方式时投保的险种应作出相应的改变,例如 L/C 要求海运而后修改为空运,则保险条款就应由海运条款改为空运条款,遗憾的是许多修改往往忽视了这点。

6. 凭进口方的修改申请书交单。一些出口商仅凭进口方传真给他的修改申请书或确认书交单。这种做法不可取,因为仅仅有修改 L/C 申请书或确认书并不能表示修改一定发生或完全按确认书发生,在这种情况下仓促出货会有极大的风险。

L/C 修改往往是应要求而开立的,正是因为这样,出口商很容易忽视对修改的审核,殊不知修改同 L/C 一样也会发生各种风险,因此在实务操作中千万不能只重审证而轻视对修改书的审查。

银企合作处理单据丢失案

☞ 案情简介

我国某银行 A 收到某出口公司交来的一套 L/C 项下出口单据,经审核,单证一致、单单相符,遂于规定效期内寄往日本某开证银行,并按 L/C 规定,向开证银行的纽约分行(偿付行)票汇索汇,面函上列明了寄送有关银行的全套单据,7 天后,纽约分行全额付款。

一个半月后,A 银行收到开证行来电查询单据,称其尚未收到证下单据。A 银行随即向外运快邮公司查询,才得知单据在邮寄过程中被丢失,并附有外运公司送来有关证明。A 银行随即通报了受益人,并通知了开证行,同时告知单据的丢失责任不在银行,拟将现有单据(包括副本提单、遗失证明)补寄开证行。开证行电复同意,A 银行也补寄有关单据。

时隔不久,开证行称不接受单据并退单拒付,同时要求 A 银行退回其纽约分行已偿付的 L/C 款项及其从偿付日起至退款日的利息。

A 银行认为此要求不符合国际惯例并开始调查,最后从受益人处得知进口商已凭开证行保函提取货物,并要求受益人与进口商联系,设法取得开证行提货担保函复印件。在补寄单据遭拒绝、开证行要求退款的情况下,A 银行即按上述分析依据和掌握的证据回电开证行,表明该行意见及立场:"银行对单据在邮寄途中的遗失不承担责任"、"贵行已为进口方提供提货担保,进口商已享受了货物使用权,开证行不能拒付退单"、"要求撤销其'退回款项及利息'的不合理要求"。

在这一过程中,受益人已获得外运公司同意重新开出一套正本提单。但为了维护受益人的利益,A 银行在未得到开证行同意不退款、不付息的肯定答复前不能将正本提单寄给开证行。A 银行除坚持原立场外,还通过开证行驻华代表处的协助,了解到开证行的真正意图在于获得利息赔偿。由此,A 银行更清楚了开证行无理拒绝的原因,要求开证行承担其担保提货后应负的责任。最后,开证行电复 A 银行,撤销其"退回款项及利息"的要求,A 银行将重新开出的提单寄往开证行,事情得以顺利解决。

☞ 案情分析

从本案处理过程中可以发现,开证行向议付行追索是否有依据是关键问题。

根据《UCP500》第 9 条 A 款 IV 项的规定:"如信用证规定议付,开证行应凭受益人依据信用证出具的汇票及/或提交的单据,向出票人及/或善意持票人付款并且无追索权。"A 银行已按 L/C 审核并议付了单据,即是善意持票人,享有议付行不被追索的权利,不应被开证行追索。

此外,一旦单据丢失之后,议付行应负什么责任也是必须明确的。根据《UCP500》第 16 条规定:"银行对由于任何文电、信函或单据传递过程中的延误及/或遗失而引起的后果,或任何电讯的传送过程中发生的延误、残缺或其他差错概不负责。"本案例中单据的丢失完全是外运快邮公司的责任,而非银行自身的过错,A 银行不应承担单据丢失的责任。

此案最后虽然得以解决,但从银行的角度看,也可以总结以下经验:

1. 依据国际惯例反驳不合理要求。做到既维护银行的信誉,又不影响与代理行的关系,同时也保护了受益人的利益。本案中,A 银行依据《UCP500》免除了银行对单据丢失的责任,维护了银行作为议付行议付后不被追索的权利,保证了银行收汇后资金的安全。

2. 以有力的证据反驳无理要求。本案中,A 银行就是靠掌握了开证行为进口商担保提货这一事实,才使开证行失去了要求出口方退赔货款及支付利息的任何理由,维护了受益人的利益。

3. 处理纠纷中争取客户的协助,互通信息,使事情朝有利的方向转化。

4. 建立一套完整的单据跟踪制度。首先,单据的发出应有完善、严格的登记制度,以避免事故发生后相互推诿;其次,应考虑选择可以网上追踪的快邮商。否则,在发生单据遗失而各方不予配合的情况下,银行将处于十分被动的局面。

■ 邮寄单据丢失致损案

☞ 案情简介

我某服装出口公司 A 与美国某服装进口公司 B 达成了一笔服装交易,合同总金额为 20 万美元,采用 CIF 贸易条件,即期 L/C 支付方式。不久,B 公司如约开来了 L/C,L/C 内容与合同内容完全相符,只是在 L/C 的备注一栏写有"All the documents are to be posted to opening bank in two lots by express."意即出口地银行应当将相关的单据分为两套通过特快专递寄到开证银行。该规定是为了避免单据在邮寄途中丢失而引起不必要的麻烦和风险。但按惯例,正常的寄送方法应是将提单和保险单等较重要的单据分开寄送。这样即使在邮寄途中丢失了其中的一份,也不会影响到最后的提货。

但意外的是,银行虽然将单据分为两份分别寄出,但是并没有将提单和保险单等重要的单据分开放在不同的文件袋里,而是将发票、证书等单据放入另一个文件袋,随即交快递公司将单据送出。恰巧,两套邮件在转运途中丢失了一份,而丢失的一份正好就是那套较为重要的单据。另一套没有丢失的单据却被顺利地送到了开证行,结果开证行自然不会予以兑付。当 A 公司人员得知单据在邮寄途中遗失时,万分焦急,立刻质问议付行为什么不按 L/C 的要求将较为重要的单据分开寄送,而该银行却辩称:"我行已经将单据分成两份寄送,至于是否将较为重要的正本单据分开寄送,L/C 上并没有明确指示,况且,根据《UCP500》第 16 条的规定:'银行对由于任何文电、信函或单据传递过程中的延误及/或遗失而引起的后果,……概不负责。'因此,我行没有任何责任,其责任应由快递公司承担。"虽然快递公司承认自己的过失,但按事先的约定,A 公司只能得到几千元的赔偿,并将承担本案最终损失。

☞ **案情分析**

从上述案例中的几方当事人来看,我们可以作以下分析:

1. 谁应该承当本案损失的主要责任? 快递公司丢失邮寄单据是造成本案损失的直接原因,对此,快递公司已承担了预先约定的赔偿,快递公司不可能为本案损失负主要责任。但如果由 A 公司独自承担所有损失,也没有任何理由,因为 A 公司在这笔交易中不存在任何过错。因此,本案争议的焦点就在于议付行是否负有传递单据的失职行为。议付银行虽然引用了《UCP500》第 16 条银行的免责规定,但是此条款对银行的免责也是有前提条件的。这种前提条件就是银行应按照受益人的指示或 L/C 上的"by two lots"的规定办事。在国际惯例中,"by two lots"的含义就是指将所有重要的、涉及最终提货的单据的正本分开寄送。而议付行办事人员却未按这一国际惯例的规定办事,理应承担因其行为过失而产生的损失。另外,该免责条款只是针对银行因其他客观原因而造成的损失给予免责。因此,A 公司完全有理由向议付行主张最终损失的索赔权利。

2. 如何采取灵活措施解决本案可能发生的损失。既然事故已经发生,各方也不能一味停留在责任的划分上,而应更积极地寻找其他途径解决问题。A 公司可根据具体情况采取不同的措施:

(1)如果提单是凭发货人指示的提单,那么可以与 B 公司商量改以 100%T/T 方式先付款,然后由 A 公司指示船方无单放货给 B 公司。如果对方不同意,我们应给予适当降价或另寻买家。

(2)如果提单是以 B 公司为收货人的记名提单,可以采取先争取货款,同时极力避免买方在"到货通知单(Notice of Arrival)上背书提货。

(3)如果时间充足,立即登报公告原提单失效,请求船运公司开立新提单以便掌握货权或交开证行审核付款。

■ 单据以"copy"代替"original"致损案

☞ 案情简介

某出口公司 A 对美国进口公司 B 出口商品一批。某年 4 月 29 日 B 公司通过当地一银行开来 L/C,该证单据条款中规定:"duplicate/photocopy of original certificate of China origin GSP Form A issued by competent authority."(由官方机构出具的 GSP 产地证格式 A 正本一式两份或正本影印件。)

A 公司根据 L/C 特殊条款中的要求,将 GSP 正本(original)径寄客户,副本(copy)随附其他单据和汇票一起交银行议付。开证行收到单据后于 5 月 15 日来电,提出单证不符,电文如下:"Copy of C/O Form A submitied I/O duplicate/photocopy original."(GSP 产地证格式 A 副本代替了正本一式两份/正本影印件。)

A 公司接到开证行拒付通知后,即对 L/C 条款和公司所提供的单据进行了研究,认为所交单据没有错误,并于 5 月 21 日向开证行提出如下反驳意见:

1. 你 L/C 规定 GSP 产地证的"duplicate"交银行议付,"original"(正本)寄交客户,这不符合实际操作的要求。因一套 GSP 产地证为一正两副(original and copy),商检局不出具"duplicate"字样的产地证。

2. L/C 规定提供"duplicate/photocopy of original certificate of China origin GSP Form A"。根据《UCP500》第 20 条 C 款 Ⅱ 项规定:"如信用证要求多份单据,诸如"一式两份"、"两张"、"两份"等,可以提交一份正本,其余份数以副本单据来满足,但单据本身有显示者除外。"我方提供副本产地证并未违反国际惯例和 L/C 的规定。

根据以上情况,我们认为单证相符,你应按时付款。

5 月 22 日开证行又来电提出:你方单据已有 copy 字样的显示,

《UCP500》第 20 条 C 款Ⅱ项条款不适用于此。根据《UCP500》第 13 条 A 条款,我方仍不接受此单据。copy 与 duplicate/photocopy 是有区别的。因此,单据仍在我行暂行保管。请速告处理意见。

A 公司业务员对单据和往来电报进行了反复研究,又与客户多次磋商。鉴于该商品正值滞销时期,加之产品质量欠佳,A 公司最终同意客户少付 1 900 美元而结案。

☞ **案情分析**

从本案例来看,商品滞销,国际市场商品价格下跌是客户拒付的根本原因。但 A 公司在审证和制单中确有不少疏漏之处,值得引以为鉴:

1. L/C 规定 duplicate/photocop of original 与 GSP Form A in duplicate 是有区别的。前者强调正本 GSP 两份或将正本 GSP 影印一份,后者意指 GSP 产地证一式两份。按《UCP500》条款的规定,当 L/C 要求单据"一式两份",而未具体规定正本份数时,方可提交一份正本,其他份数用副本单据来满足。由此可见,A 公司以注有"copy"(副本)字样的单据来替代注有"original"(正本)字样的单据是明显的单证不符。

2. 理解"duplicate"的含义有误。A 公司在 5 月 21 日的反驳电中提出:GSP 产地证均为一正两副,我商检局不提供注有"duplicate"字样的产地证。"duplicate"译为复制的或两份(可为一正一副),但"duplicate"本身并不等于"copy"(副本),我商检局固然不能提供注有"duplicate"字样的产地证,但也决非意味着我方可用注有"copy"字样的产地证代替 duplicate original(正本一式两份)。

3. 理解《UCP500》的内容有误。《UCP500》第 20 条 C 款 I 项规定:除非 L/C 中另有规定,银行将接受注有"copy"副本字样或未标明正本字样的单据作为副本单据。在本案例中,开证行开出的 L/C 中已明文规定产地证正本一式两份,因而,《UCP500》中第 20 条 C 款对 A 公司已不适用。A 公司不能以未注明正本字样的产地证,更不可以注有"copy"字样的产地证办理议付。

在本案例中,业务人员正确的做法是在收到 L/C 后应认真审核,在 GSP 产地证问题上可采取两个做法:一是如果不能取得两份正本 GSP 产地证,则应速请客户修改 L/C;二是从商检局取得一正两副 GSP 产地证后,将注有正本字样的产地证复印一份,而后将复印件和副本交银行议付便可。

■ 单据押汇后开证银行退单纠纷案

☞ 案情简介

我某出口公司 A 按 FOB 天津贸易条件向韩国 B 公司出口一批价值 10 万美元的货物,对方来证规定:"Signed Commercial invoice in triplicate. Full set of clean on board ocean bills of Lading made out to order and blank endorsed. marked 'Freight to collect'。Notify buyer, Partial shipments are not allowed."(已签署的商业发票一式三份,全套的清洁已装船海运提单,作成空白抬头,空白背书,注明"运费到付",通知买方,不许分批装运。)

A 公司将货物装船后,由韩国 C 海运公司在天津的代理签发了海运提单。A 公司将全套单据交银行议付,议付行审单无误后给 A 公司办理了押汇,并将全套单据寄交开证银行索偿。不料开证银行将全套单据退回给议付行。当议付行向 A 公司追索时,A 公司才告知,所交货物由于备货不足,实际只交付 9.5 万美元的货,为顺利结汇,签发的商业发票金额为 10 万美元,准备近期向 B 公司补交余下的 5 000 美元的货物。由于 A 公司已将货款另作他用,此时只好与 B 公司协商,最后 B 公司同意按 D/P 方式支付货款,原议付行为托收行;开证行为代收行。当议付行将全套单据寄交开证行后,开证行再次退单,理由是 B 公司拒付。此时,A 公司与议付行从有关方面获悉,B 公司已将货物提走并在市场销售。很显然,L/C 项下的全部单据,包括全套海运提单均掌握在议付行手中,B 公司能在没有海运提单的情况下提货必是 C 海运公司所为。当 A 公司找到 C 海运公司在天津的代理时，该代理称：海运提单注明"运费到付"，如果 B 公司付清运费，当然可以提货。A 公司通过议付行向开证行提出，海运提单上不论注明"运费预付"或是"运费到付"均不影响其物权证书的作用，坚持要求说明货物去向。3 天后，C 海运公司在天津的代理承认，C 海运公司凭 B 公司提供的、由开证行会签的担保，将货物放给了 B 公司。最后，在各有关方面的共同努力下，A 公司历时半年才收回了货款，但为此花费的费用和货款利息损失不小。

☞ **案情分析**

中韩两国间贸易属近洋贸易，往往出现货物先到而提单后到的情况，而且进口方往往凭银行会签的书面担保向海运公司先行提货。本案当 B 公司凭担保提货后，发现货物数量与合同规定不符，而此时，单据寄抵开证行，单证相符，构成了开证行付款的前提条件。于是 B 公司与开证行串通后决定退单拒付。议付行接到开证行退回的单据后，本应坚持要求开证行付款，但由于 A 公司少发 5 000 美元的货物，自知理亏，遂与 B 公司协商改为 D/P 结算，正中 B 公司与开证行的圈套。将 L/C 结算改为 D/P 结算后，B 公司拒付，则与开证行无关。由于 C 海运公司凭担保向 B 公司放货，在 A 公司的要求下，C 海运公司必然凭担保向 B 公司和开证行施加压力，最后经过各方努力才收到货款。

从这个案例，我们可以总结以下几方面的经验：

1. A 公司违约是导致这次损失的根源。根据《2000 年国际贸易术语解释通则》FOB-A1 的规定："卖方必须提供符合买卖合同规定的货物。"《联合国国际货物销售合同公约》第 35 条第 1 款规定："卖方交付的货物必须与合同规定的数量、质量和规格相符。"因此，国际贸易中卖方最基本的义务就是按照合同规定交付货物。本案中，A 公司与 B 公司合同规定是 10 万美元的货物，而 A 公司只装了 9.5 万美元的货物，显然违反了合同的数量条款，当 B 公司凭担保提货后，发现货量与合同不符，短少 5 000

美元的货物,必然担心付款后 A 公司不补交短少的数量,于是与开证行串通拒付货款。由于 A 公司违约,使该合同履约的基础发生了变化,因此这次损失首先是 A 公司违约造成的。

从表面上看,本案中 A 公司由于备货不足以致短交货物,实际上是 A 公司缺乏法律意识,和在主观上尚存侥幸心理的表现。A 公司认为在 L/C 支付条件下,先做到单证相符,将货款拿到手后再补交余下的货物。岂不知,这是与"重合同,守信用"的原则背道而驰的,即使侥幸得逞,但对外损害了自己的信誉形象,对今后扩大和发展贸易是有百害而无一利的。

2. 开证行拒付货款的理由是不成立的。虽然 A 公司违反合同的数量条款,但该合同项下的支付方式是不可撤销的 L/C,L/C 的性质是银行信用。根据《UCP500》第 3 条 A 款:"就其性质而言,信用证是独立于其可能作为其依据的销售合同或其他合同以外的业务。即使信用证中有对该合同的任何援引,银行也与该合同完全无关,且不受其约束。"因此,开证行的付款责任不受合同的约束,开证行一经开出 L/C,就负有第一付款人的责任,只要受益人交来的单据符合 L/C 的规定,则开证行必须付款。那么,本案中开证行能不能以 A 公司未履行合同数量条款为由拒付货款呢?《UCP500》第 4 条规定:"在信用证业务中,各有关方面处理的只是单据,而不是与单据有关的货物、服务及/或其他行为。"L/C 业务是一项纯粹的单据业务,银行必须合理谨慎地审核 L/C 规定的一切单据,以确定其表面是否与 L/C 条款相符,开证行只根据表面上符合 L/C 条款的单据付款。另外,根据《UCP500》第 15 条:"银行对于任何单据的形式、完整性、准确性、真伪性或法律效力,或对于任何单据中有关的货物描述、数量、重量、品质状况、包装、交货、价值或存在,对于货物的发货人、承运人、运输行、收货人或保险承保人或其他任何人的诚信、行为及/或疏忽、清偿能力、执行能力或信誉也概不负责。"本案例中,A 公司虽然短交 5 000 美元的货物,但发票金额是 10 万美元,与 L/C 规定相符,而且 A 公司提交的单据做到了单证相符,单单一致,构成了开证行付款的条件。议付行审单无误后将单据寄交开证行,开证行必须付款。

因此,议付行应按照《UCP500》的有关规定,坚持要求开证行付款。此外,开证行开出的是一份不可撤销的L/C,未经受益人及有关当事人的同意,开证行不能解除其付款的责任。

3. 不能轻易同意改变信用证付款方式。根据《UCP500》第14条D款Ⅰ项:"如果开证行决定拒收单据,它必须不得延误地以电讯或其他快捷方式通知此事给寄送单据的银行或受益人。"Ⅱ项:"该通知必须说明银行凭以拒收单据的全部不符点,并须说明单据已代为保管,听候交单者处理,还是将其径退交单者。"很显然,开证行如果决定不付款,必须将不符点通知寄送单据的银行或受益人,并且在通知中必须说明全部不符点。也就是说,开证行必须在说明全部不符点后,才能将单据退还交单人。本案例中,A公司虽然只交付9.5万美元的货物,但A公司提交的单据做到了单证一致、单单一致,构成了开证行付款的前提,开证行必须付款。开证行是因为B公司凭担保提货后,发现货物数量与合同不符,在B公司的要求下退单的,其退单的目的是将银行信用的付款方式变成商业信用的付款方式。开证行很清楚,只要议付行坚持要求开证行付款,根据《UCP500》开证行必须付款。同时开证行也明白,由于A公司短交5 000美元的货物,有可能在开证行拒付的情况下,A公司与B公司联系改变付款方式,而一旦A公司与B公司联系后改为托收货款,则从根本上改变了开证行第一付款人的地位。本案中A公司同意将L/C支付方式改变为托收方式正好中了对方的圈套。

4. 海运公司必须凭正本海运提单交付货物。在法律上,海运提单具有物权证书的作用,它代表了货物的所有权,谁占有海运提单,谁就占有货物。因此,海运公司必须将货物交付给海运提单的合法持有者,否则海运公司必须承担有关法律责任。本案中,B公司凭开证行会签的担保,从C海运公司提走了货物,受益人A公司完全有理由凭海运提单要求船公司交付货物。由于C海运公司凭担保将货物交给B公司,C海运公司也必然凭担保向开证行及B公司施加压力,要么补交提单,要么赔偿货款,要么交回货物。否则,A公司也不可能最后收回货款。

■ 交单期与保险凭证争议案

☞ 案情简介

我国某粮油出口 A 公司与日本某进口 B 公司达成了一笔食品交易合同。时值我国国庆之际,B 公司于 9 月 15 日开来了 L/C,证中规定最迟装运期为 10 月 2 日,L/C 有效期为 10 月 28 日,所有单据必须于装运日后的 21 天内寄达开证行,由中国人民保险公司出具保险单一式两份。A 公司审证无误后,积极组织货源和办理出口的相关手续。并于 9 月 28 日完成装运取得提单。考虑到 L/C 有效期为 10 月 28 日,国庆节期间又放长假,A 公司直到 10 月 4 日才向议付行交单议付。

不料,开证行于 10 月 23 日来电提出单证不符而拒付。理由如下:"一是装运日为 9 月 28 日,但所有单据于 10 月 22 日才寄到开证行,与 L/C 中规定的所有单据必须于装运日后的 21 天内寄到开证行不符;二是 A 公司以保险凭证代替保险单,不符合 L/C 条款的规定。"

A 公司据此立即向开证行反驳:"根据国际商会《UCP500》第 42 条 A 款规定:'所有信用证都须规定一个到期日及一个付款、承兑交单地点,或除自由议付信用证外,规定一个议付交单地点。规定的付款、承兑或议付的到期日,将被视为提交单据的到期日。'我公司于 10 月 4 日向议付行交单,10 月 22 日单据送达贵行,并未超过 21 天,且在 L/C 有效期以内,完全符合 L/C 规定,至于保险凭证(Insurance Certificate)与保险单(Insurance Policy),两者名称虽有所不同,但作用一样,也不应视为单证不符。"

经多次磋商,开证行仍然坚持其观点,拒不付款。无奈之下,A 公司只得要求开证行退单并将该笔货物退运回国,损失惨重。

☞ 案情分析

本案例争议的焦点有二:一是 A 公司交单究竟是以装运日为准,还是以交单议付日为准，是否超过 21 天？二是保险凭证替代保险单是否构成单证不符。特分析如下：

1. 21 天内交单究竟依据《UCP500》哪一条款？本案中虽然 A 公司引用了《UCP500》第 42 条 A 款说明了 21 天内寄交单据是以交单议付日开始计算，但是 B 公司开来的 L/C 中早已明确规定："所有单据必须于装运日后的 21 天内寄达开证行。"因此，关于交单到期日问题不能引用《UCP500》第 42 条 A 款的规定，而应引用《UCP500》第 43 条 A 款："除规定交单到期日外，每个要求运输单据的信用证还应规定装运日后按信用证条款必须交单的特定期限。如未规定该期限，银行将拒受迟于装运日21 天提交的单据。但无论如何，单据都不得迟于信用证到期日提交。"因此，A 公司提交单据的时间应从装运日 9 月 28 日算起。这样，开证行所提的第一条单证不符点理由是成立的。

2. 保险凭证替代保险单是否构成单证不符？首先要分析一下两者的异同。保险凭证(Insurance Certificate)，俗称"小保单"，是一种简化的保险单，它同正式保险单相比，在法律上具有同样的效力。但保险凭证的背面是空白的，未印当事人权利义务条款，仅在正面声明按照正式保险单上所载条款为准。如保险单与保险凭证的特定条款有抵触，应以保险凭证上的特定条款为准。在英国伦敦海上保险市场上，保险凭证常在预约保险单项下使用。保险单(Insurance Policy)俗称"大保单"，是投保人与保险人之间订立的正式保险合同的书面凭证。这种保险单一般是由保险人根据投保人的逐笔签发的，它承保在保险单内所指定的、经由指定船舶和航次承运的货物在运输途中的风险。货物安全运抵目的地，保险单的效力即告终止。它在使用时还可以根据双方当事人的约定进行增删修改，以调整双方的权利和义务。由此可见，两者还是存在差别的。另外，根据《UCP500》第 34 条 D 款："除非信用证另有规定，银行将接受由保险公司或保险商或其代理人预签的预约保险项下的保险证明或投保声明。如信用证明确要求预约保险项下的保险证明或投保声明，银行也可接受保险单以代替之。"然而，本案中的 L/C 已明确要求附保险单一式两份。

A 公司寄交的保险凭证虽然与保险单具有同等效力,但却已经构成了事实上的单证不符,因此,开证行有权拒付。

　　总之,在制单、审单工作中要努力做到正确、完整、及时、简洁。其中"正确"是最重要的一条,特别是在以 L/C 方式下,单证的正确性要求精确到不能有一字之讹,这是所有出口人都必须牢记的。

■ 延迟交单期致损案

☞ **案情简介**

　　我某外贸发展有限公司 A 向国外某公司出口一笔货物。国外开来 L/C 部分条款规定:"Expiry date:15th March ,××. in China. Shipment latest date:29th February,××. One complete set of documents is to be forwarded by airmail and the remaining documents by following airmail to us. All documents must reach us within 21 days after the date of shipment."(有效期:某年 3 月 15 日于中国。最晚装运期:某年 2 月 29 日。整套单据由航空邮寄,随后航寄第二套其余单据给我行。所有单据须于装运日后 21 天内寄达我行。)

　　上述货物系 A 公司驻大连办事处在大连装船,于某年 2 月 13 日晚装运完毕,并于 2 月 14 日取得 2 月 13 日签发的提单。2 月 14 日即向商检局申请出具证书(因散装货,实装数量不足,只能等待装运完毕后才能申请出具证书),于 2 月 16 日备妥提单及各种检验证书后以挂号方式寄 A 公司。由于 2 月 18 日系我国传统春节,待 A 公司春节过后于 2 月 24 日开始办公时,有关单证人员才见到提单及各种证书。单证人员立即制单,25 日向议付行交单议付,议付行即向开证行寄单。

　　开证行却于 3 月 7 日提出单证不符:

　　"第××××号 L/C 项下的单据经审核发现单证不符。我行于 3 月 6 日才收到你方单据,该货物于 2 月 13 日装运,2 月 13 日距 3 月 6 日超过21天交单（注：当年2月仅29天），所以不符合我 L/C 要求。单据暂代保管，速告单据处理意见。"

A 公司于 3 月 11 日答复开证行：

"你 7 日电悉。关于 21 天交单问题，按国际惯例要求应该从装运日至议付行收到单据时计算。我于 2 月 13 日装运，2 月 25 日向议付行交单，仅共 12 天，怎能说是超过 21 天交单？请再审查我单据。关于你行所谓的不符点是不成立的，你行应该接受单据。"

A 公司发出上述意见后，于 3 月 14 日又接到开证行来电：

"你 11 日电悉。你方对超过 21 天交单问题认为国际惯例的 21 天交单应以装运日至议付行收到单据日计算。这是你方没有完全理解 L/C 条款的规定。我 L/C 规定：'All documents must reach us within 21 days after the date of shipment.'（所有单据须于装运后 21 天内寄达我行），也就是说我信用证将该惯例 21 天以议付行收到单据日计算，改为以我开证行收到你方单据日止计算。你方既已接受了 L/C，就应该履行这个条款。但你方于 2 月 13 日装运，3 月 6 日才将单据寄达我行，故超过 21 天。单据仍在我行保管，如何处理等待你方指示。"

A 公司研究了开证行的意见，才发现 L/C 规定 21 天交单条款是这样规定："……must reach us within 21 days……"，其交单地点是开证行，并不是议付行，而 A 公司已接受了 L/C，当时又未及时提出修改，是无法反驳对方的。最后 A 公司只好直接与买方商洽，最后拖延了三个多月以货物削价处理才结案。

☞ **案情分析**

此案由于 A 公司理解 L/C 交单期和地点有误而遭受损失，其经验教训如下：

1. 审查 L/C 的交单期不能忽视交单地点。L/C 规定交单有效期为 3 月 15 日于中国，这就是说，只要在 3 月 15 日前将单据交到议付行就算履行了 L/C 的条款。但是 L/C 接着又规定："所有单据须于装运日后 21

天内寄达我行。"这等于将 3 月 15 日有效期的地点否定了,变成有效期的地点在国外开证行。这样的条款如不注意,很容易造成失误。A 公司只看到 3 月 15 日在中国到期,便以为 L/C 条款正常,未全面、严格地审查 L/C 中交单时间与地点的差异,这是造成事故的一个原因。

2. 办理交单议付的时间宜早不宜迟。本案例的货物在大连港装运,13 日装完,14 日就已经取得了正本提单,如果大连办事处有关人员能及时和商检局联系,说明该 L/C 有效期条款的特殊情况,协商商检局当天出具证书,然后派人乘飞机直接送到 A 公司就有时间办理议付手续。即使不乘飞机,乘火车也可以在春节假期前向议付行交单议付,不会超过 21 天造成迟期交单的事故。

3. 单证管理人员要增强风险意识。单证工作是一项时间性非常强的工作,早一天交单,就可以早一天收汇,减少了风险。本案例的有效期即使不过期,如果拖延交单议付,也会给企业造成风险隐患。目前我国外贸企业,尤其是内地外贸企业委托沿海港口装遣货物的情况比较多,由于等待邮寄单据而拖延交单议付时间的情况比较普遍,应引起注意并采取措施加以改善。

■ 对非单据化条款认识不清致损案

☞ 案情简介

我某出口公司 A 与国外某商人成交一笔交易,国外开来 L/C,关于装运条款规定:"从中国港口至××,装运船只不超过 15 年船龄,装运期不迟于×年 5 月 31 日。"

A 公司根据合同和 L/C 要求于 5 月 15 日装运完毕,5 月 16 日即备齐所要求的各种单据向议付行交单。议付行经审单后提出,为落实 L/C 装运特别条款,应提供由轮船公司出具的不超过 15 年船龄的证明。A 公司即与外轮代理公司联系要求出具船龄证明。但外轮代理公司不同意出具,理由是 A 公司在托运单(shipping order)上并未要求如此条款;而且该轮系第一程船,在香港转运,实际第二程船能配载什么样的船,多少船龄的船,目前无法了解。

A 公司将上述情况与议付行研究,议付行有关人员认为,如不提供由不超过 15 年船龄的船装运的证明,明显与 L/C 不符,最后由 A 公司出具补偿保证书,由议付行于 5 月 17 日向开证行寄单,在面函上提出其不符点内容及"凭担保议付"。单寄到开证行,开证行于 5 月 23 日即提出:"第××××号 L/C 项下第×××号单据已收到。根据议付行面函(Covering schedule)所提出的不符点不能接受。单据暂代保管,请告单据如何处理。"

A 公司于是邀请有关专家对本案情加以分析,经研究认为:

在议付当时出具不符点的补偿保证书,"凭担保议付"的做法是错误的。L/C 虽然规定由不超过 15 年船龄的船装运,但未规定有关落实该条款的单据。对这种非单据化的条款,受益人可不予理睬。所以说原单据仍然是单证相符,受益人与议付行自己主动"制造"了单证不符的说法,向开证行"表提"寄单,请求开证行通融接受,这是错误的。

A 公司正准备根据上述分析向开证行申述单证相符的意见时,5 月 25 日又接到开证行来电称:

"5 月 22 日我行接到第××××号 L/C 项下的你方单据,根据议付行面函提出单据的不符点情况,我行即与申请人商洽,结果无法接受单据,故我行于 5 月 23 日即电告你方不能接受单据。但随后我行经审核单据,发现你方提交的单据中商业发票的商号名称与 L/C 不符。L/C 规定'Canned Bamboo Shoots',而你发票为'Canned Bamboo Shoots Shredded'。请速告对单据处理意见,现暂代保管单据。"

A 公司即查核原单据留底,确实发票的品名比 L/C 多了"shredded"。这就是说,L/C 规定的品名为"竹笋罐头",实际货物的品名为"竹笋丝罐头"。A 公司有关人员当时认为 L/C 品名属统称,发票和其他单据是按实际货物名称出具,并未超出 L/C 规定范围。如果按 L/C 规定品名出具单据,而我方商检局出具的品质检验证书只能按实货名称出具,不会同意按 L/C 规定的名称出证,又会造成单与单之间的不一致。所以当时才按实货名称制单。

A 公司最后于 5 月 26 日立即通过议付行向开证行补寄正确的发票,同时向开证行申述关于装载不超过 15 年船龄的所谓不符点的异议。

6 月 2 日开证行又来电提出:

"你 5 月 26 日补寄来第×××号 L/C 项下更正发票,虽然已收到,但你方于本 L/C 规定 5 月 25 日前交单有效期之后寄单,该证已过期失效,我行无法处理信用证超过有效期后寄来的单据。单据仍在我行暂时代保管,速告如何处理。"

A 公司十分为难,因为 L/C 已过期失效,补寄去发票也解决不了问题。最后只好同进口商商洽,以降价 10% 而结案。

☞ 案情分析

本案中 A 公司遭受损失的原因是多方面的,特对本案的经验教训作以下分析:

1. 正确区分和处理非单据条款。红海、波斯湾等一带国家由于港口经常拥挤,拖延卸货时间,延长船舶周转期,许多船公司均愿意派旧船到上述国家的港口卸货。所以上述国家来证经常规定装运船只要求是不超过 15 年船龄的新船。一般 L/C 这样规定:"The Bills of Lading or shipping agent's certificate must certify that the carrying steamer, is not over 15 years of age."(提单或运输代理人出具的证书必须证明装运船只不超过 15 年船龄。)上述条款则必须在提单上证明或由船方代理人单独出具证明书予以证明,否则就是单证不符。而本案例的 L/C 只规定装运船只须由不超过 15 年船龄的船只装载,并未规定在提单上证明或单独出具证书证明该条款。根据《UCP500》第 13 条 C 款规定:"如果信用证中列有一些条件,但并未叙明应予提交的符合信用证条款的单据,银行将认为未列明这些条件,且对此不予理会。"所以非单据化的条款可以不予理睬。本案例的 A 公司本来就是单证相符,可以照常议付,而议付行及 A 公司没有掌握《UCP500》第 13 条规定的精神,却将单证相符的单据自己先安上"单证不符"的罪名,出具补偿保证书,采取"凭担保议付"方式要求开证行通融接受,使人啼笑皆非。而作为处理 L/C 业务的专业部门,议付行没有很好地掌握《UCP500》惯例也是不应该的。

2. 开证行审单不合理则无权宣称单证不符。在 L/C 项下,开证行首先必须在接到单据后立即全面审核单据,以单据是否在表面上符合 L/C 为依据来确定是否接受单据或拒受单据。不能仅依据议付行面函所提出的不符点而匆匆提出拒付通知。根据《UCP500》第 14 条 D 款第 I、II 项规定:开证行决定拒受单据,必须不迟于收到单据翌日第 7 个银行工作日发出拒收通知。该通知必须叙明凭以拒收单据的所有不符点。所以本案中,开证行的错误之一是,自己没有审核单据是否确实不符合 L/C 规定,而仅凭议付行的面函拒收单据;由于这一点错误做法,又产生第二点错误。在拒收单据后再审核单据又发现另一不符点——发票品名与 L/C 不符,又再次向议付行和受益人提出,这又违背《UCP500》规定凭以拒收单据的不符点必须全部一次提出。开证行分两次提出应属无效。因为《UCP500》第 14 条 E 款规定:开证行如未能按本条文规定办理,开证行则无权宣称单证不符。也就是说,开证行如果不能一次提出不符点,则无权宣称单证不符,这是开证行错误之二。A 公司未发现开证行的错误,反而又通过议付行补寄更正发票,这意味着接受开证行第二次提出的不符点,说明 A 公司完全被开证行牵着鼻子走。

其实开证行经 A 公司于 5 月 26 日补寄发票的同时申述了非单据化条款的无效异议后,开证行于 6 月 2 日来电对此只字不提,又以 L/C 过期为借口,坚持不接受,以达到拒付的目的。这说明开证行对 A 公司错误地提出"凭担保议付"心中有数,并利用 A 公司的错误,在未审核单据前迫不及待地发出拒收单据的通知。

3. 受益人和议付行要共同重视单证管理。从本案情来看,A 公司本身工作有很多缺点。

L/C 规定必须由不超过 15 年船龄的船只装运,理应在租船、配舱的托运单(Shipping order)上明确标明,以便船方或其代理在配船时掌握。本案例 L/C 的特殊条款属于非单据化条款,如果 L/C 明确要求提供船方证明文件,A 公司不在托运单上标明,仍然是个大事故。

L/C 规定的商品名称与实货不一致,在审查 L/C 时理应提出研究,必要时(如商检证书不能按 L/C 错误品名出证)则提出修改 L/C,如果不修改,则所有单据就要将错就错地全按 L/C 要求出具。A 公司既不修改 L/C,又不按 L/C 规定出单,等于是制造事故。

A 公司和议付行不熟悉《UCP500》条款也是产生这次事故的一个主要的原因。以发票品名与证不符为例,《UCP500》第 37 条 C 款规定:"商业发票中的货物描述必须符合 L/C 中的描述。其他一切单据可对货物描述使用统称。"而 A 公司并非因疏忽而是特意决定采取与证不符的品名出单,说明 A 公司不熟悉《UCP500》条款。另外,议付行作为专业部门不但在审单时未审查出来,并且对 15 年船龄问题不同意议付,又指使 A 公司出具补偿保证书"凭担保议付"方式寄单,也应负一定的责任。

■ 托收单据付款人地址不详致损案

☞ **案情简介**

某农产品出口公司 A 向国外贸易公司 B 出口一笔大麻籽(Hemp-seeds)货物,其总值共 985 000.00 美元。合同规定付款条件为:"卖方开具见票后 20 天付款的跟单汇票,买方应于提示时承兑,承兑时即可交出运输单据,到期日立即付款。"A 公司依合同规定按时将货物装运完毕,有关单证人员备齐各种单据于 3 月 15 日向托收行 C 银行办理 D/A 20 天付款的托收手续。托收行即选择 D 银行为代收行,向其寄单并委托收款。

4 月 25 日买方 B 公司来电:

"关于第××××号合同项下××××吨大麻籽,据你3月14日装运通知电,我经与船方代理联系,货已到港多日,但至今未接到有关该货的托收单据,希望速查何日办理托收手续。"

A公司于4月28日即复电:

"你25日电悉。关于第××××号合同项下大麻籽托收事,经我查确实于3月15日委托我托收行——C银行办妥D/A20天付款的托收手续,我托收行已于3月16日寄出单据,请查收。"

4月30日又接到B公司来电:

"你28日电悉。经再三查询我往来行E银行,根本无该项托收。请通过你托收行径向代收行追查,盼复。"

A公司接买方上述电后,立即与托收行联系。同时托收行也接到代收行D银行电:

"第×××号托收单据及托收指示书均已收到。但因单据及托收指示书上的付款人地址不详(只有地名,既无道路名也无门牌号),经我多方努力查寻均无效果,速告如何处理。"

A公司经查对留底文件,单据及托收指示书的付款人确实只有城市名,无路名也无门牌号,系有关经办业务员在通知储运部门及单证人员的有关文件上遗漏付款人的地址所致。托收行对照买方28日电文又发现付款人的往来银行系E银行,本应委托该E银行为代收行。由于A公司办理托收时未指定代收行,所以托收行选择D银行为代收行,而且又因付款人地址不详,D银行又找不到其付款人。

经研究,托收行立即电告D银行关于付款人的详细地址,并将有关手续转交给E银行向付款人提示。

但5月15日接到代收行的拒付通知。由于单据的延误,未按时提取货物,货物因雨淋受潮,而且货物被存入费用高昂的海关仓库,付款人故拒绝承兑付款。

A公司又几经与买方B公司洽商、交涉均无结果。最后只得委托我驻外机构在目的港就地低价处理了货物,损失惨重。

☞ **案情分析**

本案例中 A 公司所遭受的损失主要是本企业内部业务人员的失误造成的。它给我们以下启示：

1. 正确填写各种外贸单据需要企业内部人员密切配合。在出口货物装运前，业务经营部门应根据合同或 L/C 规定向本企业的储运部门提供出口货物装运委托书或类似的各种书面文件。如果是 L/C 支付，当然一定要附有 L/C，让单证人员凭以办理议付收汇；如果是无证托收方式则应附上合同副本，让单证人员凭以制单办理托收。但据了解，本案例的 A 公司并未向单证人员提供合同副本，单证人员仅依据业务部门提交的《海运出口货物托运单》(Booking Note for Export Cargo)办理制单和托收手续，该经办业务人员在《海运出口货物托运单》上又遗漏了买方的详址。虽然买方 B 公司曾经通知过 A 公司其往来银行为 D 银行，但 A 公司有关业务人员不知其有何用处，所以也未通知单证人员按要求在托收时以 D 银行为代收行。

根据国际商会第 522 号出版物《托收统一规则》1995 年修订本第 4 条 B 款第Ⅲ项规定："托收指示书内容必须包括付款人的详细情况，包括全称、邮政地址或办理提示所在地，如有的话还包括电传、电话及传真号码。"同时在本条 C 款又强调规定："Ⅰ. 托收指示书应载明付款人或提示行所在地的完整地址，如该地址不完整或不准确，但代收行在不承担任何义务和责任的前提下尽力查明其确切地址。Ⅱ. 代收行对于因所提供地址不完整/不准确所引起的任何延误不承担责任。"

根据《URC522》上述规定，本案例指示书不提供付款人的详细地址，代收行无法向付款人承兑交单，使付款人不能及时提货所造成的任何损失，代收行是不负任何责任的。

2. 外销业务人员必须熟悉银行收汇和单证业务的一般知识和程序。本案例中的买方既然已通知其往来银行名称——D 银行，当然应通知单证人员要求托收行以 D 银行为代收行。该业务人员不了解这个常识，所以引起本案损失。无证托收方式下,外销业务人员必须熟悉托收要具备的一些条件和《URC522》中的要求。

3. 外贸企业内部要建立严格的外汇核收的制度。以本案为例,A 公司的单证人员于 3 月 15 日向托收行办理 D/A 20 天付款的托收手续,即使托收行 16 日寄单,如邮程时间以一个星期计算,4 月 12 日左右就已经到期,财会人员以及其他有关人员并没有发现该账项未收回的问题,直至 4 月 28 日,时过半个多月,买方来电查询才发现未收回货款。A 公司的财会人员理应在到期未收汇的情况下,立即向有关人员提出或向银行催收。如果 A 公司有严格的外汇核收的制度,从货物装运出口日起,单证人员什么时候向银行办理交单,其收汇是什么支付方式,什么时候应该收回该账项,都心中有数并有一个书面联系制度,本案例的货物就不至于发生损失。

出口贸易的最终目的是及时、安全收回外汇。外销业务人员、单证人员和财会人员之间虽然分工不同,但都是为着这个目的共同工作。外销业务人员从磋商、签订合同开始到结算时,凡国外客户对结算的要求和有关结算的资料应不遗漏地提供给单证人员;单证人员在交单议付、办理托收手续时应将有关情况以书面形式通知给财会人员,财会部门建立一套外汇核收、催收完整的工作制度,以给外贸企业安全、及时收汇提供良好的基础。

■ 一单多证结汇争议案

☞ 案情简介

某年 12 月,某出口公司 A 向同一客户、同一目的港出口三批货物并装用一个 20 英尺货柜。这是根据上述客户在同一银行开出的 3 份 L/C 情况发货的。

根据 L/C 的要求,A 公司要求船公司出具 3 份提单,但船公司没有

办理,理由是可能增加了船公司的风险。A公司又询问议付银行审单员,
3份L/C能否共用一张提单结汇,银行审单员了解了3份L/C系同一申
请人通过同一银行开具,提单上的装运人、收货人、通知人、货物描述均相
同后答复,可以共用一份提单结汇,结汇银行已做过多次均无问题。A公
司随即安排出运,并根据A、B、C三份L/C精心缮制了议付单据A、B、C
三套,其中提单附在A套单据里送议付银行议付,议付银行审单未发现
任何不符点即寄开证行索偿。不久A单付款了,B、C单则收到了开证行
的不符点电报,开证行称B、C单缺少L/C要求的提单,拒绝付款。现实
情况说明,买方通过开证行仅付了一份L/C项下的货款,却索走了可提
取3份L/C项下货物的提单。根据要求,议付行给开证行发出了加急电
报称:一份提单系全部3份L/C共用,只有3份L/C全部付款才能交付
提单给开证申请人。但开证行在回电中态度明确,3份L/C必须提供3
份提单,B、C单据缺少提单不能付款。此事后经与买方反复交涉,所幸
最终还是收回了货款,但却花费了A公司大量的精力和承担了较大的
风险。

☞ **案情分析**

本案的焦点是多份L/C共用一份提单议付是否属于不符点?尽管
A公司收回了货款,但其中有很多值得重视的问题:

1. 一单多证属于单证不符,风险极大。国际商会《UCP500》规定,信
用证的含义系指一家开证行应申请人的要求和指示或以其自身的名义,
在与信用证条款相符的条件下,凭规定的单据向受益人或其指定人付款,
或承兑并支付受益人出具的汇票。或授权另一家银行付款,或承兑并支
付该汇票,或授权另一家银行议付。提单属于L/C规定的基本单据,3份
L/C仅有一份提单,不能满足每份L/C凭规定的单据付款、承兑或议付
的要求,即满足了A单,就不能满足B、C单,因此,3份L/C共用一份提
单结汇有悖于L/C的含义,在《UCP500》中也找不到合法的依据。本案
开证行选择A单付款,B、C单以缺少提单为由,拒绝付款并无不妥。即

使议付行明确告知开证行,此提单属于 3 份 L/C 共用的,不属于其中任何一份 L/C,因为提单上显示的货物总件数是 A、B、C 三票单据件数之和也无济于事。因为《UCP500》规定开证行对此可概不负责。提单下的货物数量超过发票下的货物数量,超过部分可算作免费赠送,单单之间可视为相符。由此可见,多份 L/C 共用一份提单结汇是严重的单证不符行为,虽然在很多情况下仍可正常结汇,如同本案议付行所说的情况,但从规范意义上讲这样做必然会造成不符点,而且比一证一提单所产生的不符点危害大得多。买方用不到 1/3 的货款索到了可提取全部货物的提单,如遇到不良客户,即可能给 L/C 受益人造成重大损失,这样做风险是极大的。

2. 在 L/C 业务中应坚持一证一单。类似本案情况,如何满足一份 L/C 一份提单的要求,有以下几种方案可供选择:

(1)要求客户将多份 L/C 修改合并成一份 L/C,从而按一证一单议付结汇。

(2)要求船公司出具多份提单,将一份提单分割成几份提单。在实际业务中,如把情况跟船公司讲清楚还是有可能争取到船公司配合的。船公司整柜货物不肯出具多份提单的原因,是船公司担心多份提单可能导致两个以上的人要求提货,这是整柜货物不允许的,因为船公司无法分清货物,正确交付。如有一份提单持有人不肯提货,整柜货物就要滞港,产生一系列的费用,还有其他方面的风险。出于控制风险的考虑,一般船公司不会为整柜货物出具多份提单。相比而言,只出一份提单托运人面临巨大的风险,而出具多份提单船公司又面临着风险,但如果对船公司的工作做到位,是可以化解船公司的忧虑的。如遇本案情况,托运人可向船公司出具保函,保证整柜货出具的多份提单均为同一收货人提货,如有变故,造成的一切损失由托运人承担,这样做一般船公司还是可以出具多份提单的,从而保证托运人在 L/C 项下安全结汇。

开证银行遗失单据、议付银行索赔成功案

☞ **案情简介**

　　某年1月17日,C行作为议付行,将受益人A出口公司的一套价值32万美元的单据寄往开证行美国D银行。由于迟迟未能收汇,在向国际速递公司DHL查询后得知单据在1月22日已被D银行签收。2月8日C行致电D银行,阐明单据已被签收这一事实,要求其立即调查此事并付款。同时,C行经办人员和A公司取得联系,希望他们向国外客户催款。几天后,A公司告诉C行经办人员国外客户仍未收到单据,C行猜测单据很可能在开证行遗失。

　　经过一番艰苦的电文交涉,2月21日D银行国际部经理来电承认单据收到后在其内部遗失,要求C行提供有偿帮助,请受益人立即向中国对外贸易管理机构重新申请出口许可证,以便顺利清关。C行经办人员和A公司的业务经理就重新申请许可证一事进行了商议并达成共识,一方面,由A公司立即派人到北京重新办理出口许可证;另一方面,由C行继续向D银行施压,争取其早日付款。

　　C行将电文逐步升级,并向D银行提出警告,若再不付款就准备将此事诉诸于法律。3月中旬,A公司先后取得了所需的4张出口许可证。3月15日,C行将出口许可证的复印件传真给D银行,并坚持只有在该行承诺偿付32万美元票据金额和2 240美元的相关费用及所欠利息后才会寄出这4张出口许可证。

　　国外客户因迟迟无法提货,向D银行提出要求其承担滞港费及可能造成的损失。在内外交困的情况下,D银行终于在3月23日、24日接连发出了两封确认电,承诺在收到出口许可证后将支付32万美元及C行在此事件中产生的所有费用和损失。3月24日,C行经办人员向D银行寄出了4份出口许可证,并对单据进行了跟踪。4月1日,D银行发来了付

款通知电,除支付 32 万美元票据金额外,还偿付了 2 000 美元的办证费,285 美元的电报费及 2 987.1l 美元的利息。4 月 2 日 C 行收到该款项。至此,这笔因开证行遗失单据而引起的交涉案例以 C 行的获胜而告终。

☞ **案情分析**

在国际结算业务中,类似的单据遗失事件时有发生,此案例 C 银行交涉成功的原因如下:

1. 及时发现问题,为调查取证赢得了时间。C 行将 32 万美元的单据寄往开证行后时隔一个星期,C 行又将同一 L/C 项下另一套价值 31.2 万美元的单据寄往 D 银行,并于某年 2 月初收到该笔款项。同一 L/C 项下,后寄的单据先收汇了,而先寄的单据却没有收汇,这引起了 C 银行经办人员的注意。通过 DHL 的调查和国外客户的核实,C 行经办人员找到了出问题的环节,并掌握了重要的证据,为以后的交涉成功奠定了基础。

2. 通过查 DHL 的签收记录,掌握了交涉的主动权。DHL 告知 C 行经办人员,单据已于某年 1 月 22 日 9 点 35 分由 D 银行名为"MHOLDER"的人签收。在以后的电文中 C 银行经办人员反复重申了这一事实,迫使 D 银行承认单据是在内部传递过程中遗失的,从而使事件向有利于 C 行的方向发展。在传真给 D 银行的全套副本单据中,C 银行经办人员夹入了从 DHL 处获得的 D 银行的签收字样,以此警示 D 银行并显示了 C 银行的决心。

3. 银企充分合作,为顺利收回货款创造了条件。在处理此事上银企双方始终保持对外口径的一致性,A 公司在此事件的处理上起到了关键的作用。一是积极重新申办出口许可证,有了出口许可证便增加了 C 行与 D 银行交涉的筹码,是导致 D 银行最终妥协付款并赔偿损失的重要条件;二是通过国外客户向 D 银行施压,使 D 银行不得不考虑每延期付款一天,就需多承担一天的损失,大大缩短了这次交涉的时间。

4. C 银行采取的策略和方法是正确的。C 银行在本案中电文环环紧扣,反复强调 C 行掌握的事实,明确遗失单据的责任方,并将电文交涉逐步升级,从 NORMAL 到 URGENT、TOP URGENT,从一般电文往来到致电国际部经理、银行总裁,使 D 银行有关责任人在 C 银行的强大压力下处处被动,特别是在 C 银行传真了出口许可证的复印件后致电 D 银行总裁,限定了最后答复期限,否则 C 行将就此诉诸于法律,正是这最后一锤使问题得到了彻底的解决。

本案例在银行往来交涉中具有典型意义,有许多值得借鉴的地方:

1. 在与对方银行交涉中要做到有理、有利、有节,讲究交涉的艺术。如果 C 行经办人员仅一味地向对方银行施压,而不积极主动地寻找解决问题的途径,则难以保证顺利收回上述款项。同时,要注意保存好交涉中的一些重要证据,如 DHL 的签收记录、对方银行的承诺付款电,甚至 C 银行的传真记录。

2. 要积极争取国内企业的配合。A 公司在办理出口许可证的过程中,花费了大量的时间和精力,而出口许可证迟迟未能办出。由于票据金额较大,A 公司一度显得有点急躁,认为 C 行在此事件中也负有责任,要求 C 行先将款项支付给他们。C 银行经办人员通过耐心说服,使其明白了此事件中的责任方,增强了其成功收汇的信心,为交涉的顺利开展铺平了道路,同时保持了良好的银企合作关系,维护了 C 银行在外贸公司中的声誉。

3. 在本次案例交涉中,C 行拟就的电文言简意赅,句句击中要害,给对方银行造成巨大的心理压力。可见从事国际业务结算应当苦练英文函电基本功,加强有关业务专业知识和案例的学习,为顺利进行结算业务打下坚实的基础。此外,单据在 D 银行内部遗失说明了其管理的混乱,我进口部门也应从中吸取教训,妥善保管好国外寄来的单据,以免造成损失。

■ L/C 数量溢短装条款理解差异案

☞ 案情简介

我某出口公司 A 向国外客户 B 出口 50 000 公吨面粉和稻米,按合同规定,采取 L/C 方式付款。A 公司于 4 月 5 日收到由通知行转来的 L/C,证中关于数量条款是这样规定的:"…50 000 M/Ts wheat flour and rice. Quantity 10% more or less allowed. Ratio of each type of the goods to be shipped was 50/50 approximately."(……50 000 公吨面粉和稻米,允许 10% 的溢短装。每种货物的装运比例约为各 50%。)

A 公司在收到 L/C 后,没有提出任何异议,并根据 L/C 条款,立即安排装运出口,于 5 月 5 日取得船公司签发的已装船提单。5 月 10 日,A 公司备妥该 L/C 要求的所有单据,向议付行办理交单议付。

A 公司提交的单据表明:

Wheat Flour,Quantity:27 956 M/Ts

Rice,Quantity:26 144 M/Ts

Total Quantity:54 100 M/Ts

议付行审核单据后,认为单证相符,办理了议付。原因是此笔 L/C 在允许货物的数量有 10% 的增减幅度的同时,也允许两种货物之间的配比量可在 10% 的增减幅度内灵活掌握。

5 月 13 日,议付行向开证行索偿时,遭到开证行的拒付。

5 月 15 日,议付行转给 A 公司开证行的拒付通知,并对 A 公司追索货款。开证行的拒付通知如下:

"第××号 L/C 项下的单据经我行审核,有如下单证不符:

我 L/C 的总数量和两种货物之间的配比量允许有 10% 的溢短装,即装运总数量的允许范围应在 45 000M/Ts 和 55 000M/Ts 之间,每种货物的装运数量应在 22 500M/Ts 和 27 500M/Ts 之间。你发票的装运总数量是 54 100M/Ts,稻米的装运数量是 26 144M/Ts,这都在允许的范围之内;而面粉的装运数量却是 27 956 M/Ts,超过了 L/C 所允许的增减幅度。

根据上述单证不符情况,经研究,我行无法接受。单据仍在我行留存,请告知处理意见。"

A 公司与议付行研究后,于 5 月 16 日向开证行发去传真,答复如下:

"你 15 日电悉,关于我第××号 L/C 项下单据的数量,实际并非单证不符。根据《UCP500》第 39 条第 A 款规定,在 L/C 中,凡'约'、'近似'、'大约'或类似意义的词语用于涉及 L/C 规定的数量时,应解释为允许有关数量可有 10％的增减(The words'about','approximately','circa'or similar expressions used in connection with the quantity stated in the Credit are to be construed as allowing a difference not to exceed 10％ more or lO％ less than the quantity to which they refer.)。

在 L/C 中,货物的总数量明确规定有 10％的增减幅度,即总数量的允许装运范围在 45 000M/Ts 和 55 000M/Ts 之间,而对两种货物的装运数量却没有具体的规定,只是用'近似'来描述。根据《UCP500》的规定,该'近似'数量应解释为允许有关数量有不超过 10％的增减幅度,所以,面粉装运数量的允许范围应在 24 750M/Ts 和 30 250/Ts 之间。我方认为我方向议付行提交的单据符合《UCP500》规定,也符合 L/C 条款的规定,不能作为单证不符对待。"

后又经过几次交涉,开证行终于接受了 A 公司的意见,支付了 L/C 项下的货款。

☞ **案情分析**

本案的关键是要弄清楚有关数量溢短装允许装运范围的计算方法,这也是 L/C 结算时在数量方面经常遇到的问题。本案中,L/C 规定货物总数量允许装运的范围在 45 000M/Ts 和 55 000M/Ts 之间,其计算方法为:

$$50\,000M/Ts \times (1-10\%) = 45\,000M/Ts$$

$$50\,000M/Ts \times (1+10\%) = 55\,000M/Ts$$

面粉装运数量的允许范围应在 24 750M/Ts 和 30 250M/Ts 之间,其计算方法为:

$$[50\,000M/Ts \times (1-10\%)]/2 \times 110\% = 24\,750M/Ts$$

$$[50\,000M/Ts \times (1+10\%)]/2 \times 110\% = 30\,250M/Ts$$

开证行计算的面粉装运数量的允许范围在 22 500M/Ts 和 27 500M/Ts 之间,其计算方法为:

50 000M/Ts/2×(1−10%)=22 500M/Ts

50 000M/Ts/2×(1+10%)=27 500M/Ts

所以开证行据此拒付了该 L/C 项下的单据。然而,开证行的这种计算方法却是错误的。值得一提的是,开证行的这种计算方法尚有普遍代表性,许多外贸业务人员及银行工作人员也会犯同样的错误。这也是本案例特别需要注意之处。

此外,以下几点也应注意:首先,根据《UCP500》第 10 条第 B 款规定:"议付是指被授权议付的银行对汇票及/或单据付出对价的行为,只审核单据而不付出对价并不构成议付。"第 C 款规定:"开证行的指定并不构成指定银行的议付承诺。"因此,议付行就是根据 L/C 授权凭 L/C 议付受益人提示的汇票和/或单据的银行,议付行议付的前提条件是 L/C 中授权其该项权利,如为自由议付 L/C,则任一银行都是被授权的银行。但是,议付行并不因为开证行的指定而承担必须议付的责任。在 L/C 的有效期内,议付行可以选择议付或拒绝议付。

其次,《UCP500》第 14 条第 B 款规定:"银行在收到单据时,必须仅以单据为依据来确定它们是否表面上符合 L/C 条款:如果单据表面上不符合 L/C 条款,银行可拒绝接受单据。"可见,议付行在议付单据时惟一的依据就是 L/C,议付时不用征得开证行的同意。议付行审核单据后,如发现与 L/C 条款不符,即可以拒绝议付。

再次,《UCP500》第 14 条第 D 款规定:"开证行通过指定另一银行,或允许有任何银行议付,就授权各该银行凭表面上符合 L/C 条款的单据按情况议付,并保证按本惯例条文的规定偿付各该银行。"也就是说,议付行议付后,有权向开证行等索回垫款。但是,开证行在向议付行偿还款项时,也要审核单据表面上是否符合 L/C 条款的规定,如不符合,开证行有权拒付。此时,议付行可以对受益人行使追索权。

最后,在实际业务中,通知行或议付行应就 L/C 中含义不明确的词语向开证行查询。这样,议付行议付后在向开证行等索取垫款时,就可以避免发生被拒付的事情。

本案中,如果通知行或议付行在收到 L/C 时,就向开证行查询"50/50 approximately"的含义,以及面粉和稻米装运数量范围的计算方法,就不会出现在向开证行索偿时遭到拒付的情况,也不会为此而花费大量的时间、精力进行论证。

另外,实际业务中,买卖双方为了避免日后的纠纷,影响货款的收付,最好不要在 L/C 中使用"约"、"近似"、"大约"等含义不明确的词语。如果 L/C 中有这样的词语,卖方在收到 L/C 时,最好让买方就该词语所代表的具体含义给予解释。这样做,不但可以及时从银行议付到货款,而且还可以保证在市场价格发生变化时,买方不会以单证不符为借口进行拒付。

■ 装箱单所载重量争议案

☞ 案情简介

我进口公司 B 从拉丁美洲卡斯尔有限公司 A 进口一笔鱼粉。B 公司根据双方所签订的合同规定,通过开证行向卡斯尔有限公司开出 L/C。L/C 对货物重量和包装要求是:大约 250 吨鱼粉,以新麻袋每袋不定量包装。L/C 在单据条款中除要求提交发票、运输单据外,还要求提交装箱单即包装单(Packing list)和重量检验证书(Inspection certificate of weight)。

B 公司在开出 L/C 后,装运期已过仍未见卖方装运消息,即催 A 公司并责问未装运的原因。A 公司答复称:

"L/C 虽然已收到,但经审查 L/C,在条款中对开证行保证履行付款的责任不明确,所以未装运。现正向银行查询,待澄清后即进行装运。"

B 公司即查对 L/C 留底副本,发现 A 公司对 L/C 条款没有完全理解。该 L/C 系通过 SWIFT 自动开证格式开立,已受《UCP500》第 9 条款约束,其责任已经明确。B 公司即将上述情况通知 A 公司,并同时延展了 L/C 的装运期,敦促其即速装运。

A 公司在装运后即向议付行办理议付。开证行收到该证项下的全套单据后,经审查认为单证相符,即贷记议付行账户以偿还垫款。但向 B 公司提示单据时,B 公司经审查认为单据有问题。该批货物装运的总重量为 249.773 吨,但"包装单"(Packing list)中的计算却有误,所以 B 公司不同意付款,正式向开证行提出:

"第×××号 L/C 项下的单据经审核发现所提供的包装单上的重量计算有误。包装单上记载的总数量为 3 013 袋,每袋净重 82.898 千克,共计净重 249.773 吨。如果 3 013 袋乘以每袋 82.898 千克,总重量应为 249.771 吨,不应是 249.773 吨。卖方却以 249.773 吨计收,多收我 2 千克货款,这是其一。其二,每袋 82.898 千克,其意即 82 千克零 898 克,作为每袋 80 多千克的大包装货物又不可能以天平衡量,却能量出多少克的重量,显然每袋平均重量并非真实,有虚假情况。既然每袋重量是虚假的,则所计算出来的总重量也必然是虚假的。

根据上述的单据错误,我们公司不同意付款。"

买方 B 公司除向开证行作出了以上拒付意见外,同时也向卖方 A 公司提出同样意见表示不同意付款。

开证行认为 B 公司上述拒付意见与银行无关,单据已与 L/C 相符,而且开证行已将票款偿付给议付行。开证行向 B 公司作出如下答复:

"单据经我行审核,我行认为单证相符。从对方所提交的单据表面上来看,单据符合 L/C 所有条款的要求,而且单据与单据之间也相符。例如包装单上的总数量、总重量与发票、重量检验证书及其他单据互相一致。根据《UCP500》第 9 条规定:不可撤销 L/C 在规定的单据被提交给指定的银行或开证行并符合 L/C 条款的条件下,便构成开证行的确定付款、承兑的承诺。至于你公司所提出拒付理由中关于包装单上包装的数量乘以每袋重量不等于总重量的问题,按惯例我银行对于类似包装单这样单据上的数字计算不负运算之责。我银行只管单据表面上与 L/C 的条款是否一致，和单据之间是否表面上互相一致。对于你公司提出单据数字有虚假之嫌，我行更不负责。根据《UCP500》第 15 条规定：'银行对任何单据的形式、完整性、准确性、真实性、虚假性或法律效力，或对于单据中有关货物的描述、数量、重量、品质、状况、包装、交货、价值……概不负责。'所以对包装单上的数字准确性、真实性、虚假性均不负责。你公司须按时付款，即使有虚假情况，可在付款后直接与卖方交涉甚至索赔。"

B 公司认为开证行是偏袒一方，单据明明存在错误却强调单证相符，要求付款是没有道理的。B 公司再次向开证行申述如下：

"银行对单据应全面、谨慎地审查。根据《UCP500》第 13 条规定：'银行必须合理谨慎地审核 L/C 规定的所有单据，以确定其是否表面与 L/C 条款相符。……'上述惯例明确规定了银行审核单据必须合理谨慎，至于该单据上袋数乘以每袋重量不等于总重量，即乘数乘以被乘数不等于其乘积，这能算为'合理'吗？审核单据时在单据上明显的存在重量数字错误，你行疏忽未审核出来，这能算为谨慎吗？所以我公司认为你行审核单据违背《CUP500》第 13 条关于银行审核单据的标准。

再进一步说，你们曾经强调银行只管单据表面上与 L/C 相符，而单据上的数字错误难道不是单据表面上的问题？这样表面上的问题你行却没有审核出来，又怎样解释呢？

我们的意见是，你行应该根据上述意见向议付行提出拒绝接受单据，冲回账款。"

开证行认为没有充分理由向议付行提出拒受单据，单据表面上已符合 L/C 条款要求，而且单单之间也一致。为了维护该行的信誉，即对 B 公司答复如下：

"对于第×××号单据中的包装重量问题，根据《UCP500》第 13 条规定：'银行必须合理谨慎地审核 L/C 规定的所有单据，以确定其是否表面上与 L/C 条款相符。……'你公司应理解条文整句话的意思，不能断章取义。银行是必须合理谨慎地审核单据表面上与 L/C 条款相符，凡 L/C

条款上有所规定的内容,银行都必须合理谨慎地审核是否单据与其相符,但并不是合理谨慎地审核包装单上每件重量在算术上的运算,除非 L/C 上有详细规定包装单内容这样运算的细节。L/C 仅规定提供包装单、重量检验证书、发票、提单,对方对这些单据均已照规定提供了,而且它们之间的数字、内容均互相一致,即总数量 3 013 袋,总重量 249.773 吨……所以'合理谨慎'并非指银行要在包装单这类单据上详细进行数学的运算。

根据上述情况我行已借记你公司账户:并请即接受单据。如果实际重量确实存在问题,只能在付款后直接与卖方交涉。"

B 公司同时也接到 A 公司的答复:

"关于第×××号 L/C 项下的单据重量问题,完全系你方的误解。该批货物总重量确实为 249.773 吨。249.773 吨的重量系经过公证行对货物进行实际衡量出来的结果,所以 249.773 吨并非以每袋的重量计算出来的总重量。由于该批货物系不定量包装,每袋重量最低有的 82 千克,最高有的 85 千克(正如我们合同所规定),多数在 82 至 83 千克左右。因包装单内容要求列明总数量、总重量和每件的重量,所以我们根据实际衡量的总重量 249.773 吨,除以总件数 3013 袋才得出每袋 82.898 千克的重量(249.773÷3013=82.898)。在包装单上表示每袋净重 82.898 千克属于平均重量,我们实际货物总重量就是 249.773 吨,并无虚假的情况,也未多计收你方货款。"

B 公司经与有关人员共同研究,根据卖方解释,既然货物重量没有问题,实际就是 249.773 吨,而且按开证行解释,单据确与 L/C 相符,只好表示接受单据。

☞ **案情分析**

本案例的关键是进出口双方对各自的义务和银行的责任认识不清,才产生误解和争议,特分析如下:

1. 如何理解开证行保证付款的责任。一份 L/C,如果条款中无开证行保证履行付款的内容,或条款中其付款责任不明确,无形中就等于一张废纸。卖方之所以能在收到货款之前放心地提前将货物装运出去,完全依靠开证行在 L/C 中明确规定了保证付款的条款。一般 L/C 有这样的三种情况:

(1)明确开证行保证付款的责任。如:"We hereby engage with the drawers,endorsers and bona fide holders of draft(s)drawn under and in compliance with the terms of this credit that such draft(s)shall be duly honored on due presentation and delivery of documents as specified."(根据本 L/C 开具与本证条款相符的汇票,并能按时提示和交出本证规定单据,我行保证对出票人、背书人和善意持有人承担付款责任。)

(2)表示根据《UCP500》开立。如:"This credit is issued subject to Uniform Customs And Practice For Documentary Credits(1993 Revision)ICC Publication No. 500."(本证系根据国际商会第 500 号出版物《跟单信用证统一惯例》1993 年修订本开立。)这样 L/C 虽然没有开证行保证履行付款责任条款,但表示依据《UCP500》的惯例开立。《UCP500》第 9 条明确规定银行在单证相符的条件下构成开证行付款的承诺,所以开证行这样规定也等于明确了保证付款的责任。

(3)表示通过 SWIFT 系统开立。L/C 既没有开证行保证付款的责任条款,也没有根据《UCP500》惯例开立 L/C 的表示,这样的 L/C 是不能接受的。但如本案例的 L/C 系通过 SWIFT 系统开立是可以接受的。SWIFT 系"Society for Worldwide Interbank Financial Telecommunications"(全球银行间金融电讯协会)的简写。该协会已有 1 000 多家银行参加,通过自动化国际金融电讯网办理成员银行间资金调拨、汇款结算和 L/C 传递资料手续。SWIFT 有自动开证格式,在 L/C 开端标有 MT700、MT701……符号。SWIFT 成员银行均参加国际商会,SWIFT 规定,使用 SWIFT 开立 L/C,其 L/C 则受国际商会《UCP500》条款约束。所以通过 SWIFT 格式开证,实质上已相当于根据《UCP500》开立 L/C。这样 L/C 可以不表示开证行保证付款的条款,也可以不表示根据《UCP500》开立。

A 公司不了解情况，也未及时向有关通知行咨询，所以才延误了装运期。

2. 如何处理不定量包装问题。本案例的货物为不定量包装，最低 82 千克，最高 85 千克。按制单实务，本案例的商品不应该接受包装单。包装单主要项目须列出货物包装的细节，即商品名称、规格、每件编号、每件毛净重、体积、总数量、总重量等项目。如果每件是定量包装，只要表示××× 件，每件×××千克，×××立方米、总数量×××、总重量×××等即可（使件数乘以每件重量能等于总重量）。但本案例的商品如果出具包装单，则须每袋进行编号，然后列出第 1 号袋毛净重××千克，第 2 号袋毛净重××千克……，如本案例共 3013 袋，需列出 3013 笔。这样不但制单有困难，而且在实际货物包装时须每袋逐一编号，逐一过磅衡量，记录下每袋不同的重量，其难度更大。所以本案例的货物事先没有逐一过磅衡量，在缮制包装单时无法逐一列出每袋的实际重量，只好将实际总重量除以总袋数，得出每袋平均重量。即 249 773 千克÷3013 袋＝82.898 千克。该数又除不尽，只好在千克以下取小数点 3 位数。所以，这样还原过来，袋数乘每袋重量就不完全等于总重量，短 2 千克。A 公司在接到 L/C 后，对此类不定量商品就不应该接受提供包装单。包装单多是箱装的定量商品（所以又叫包装单为装箱单），每箱有固定的体积，装入固定的重量或数量的商品。它主要供进口商核对验收货物、海关验货、公证机构核对使用。如有不同规格，应在包装单中详细列出，作为发货人补充文件，供进口商核对。本案例公证机构出具的重量检验证书已经满足需要了，A 公司没有在装运货物前考虑到这种情况，所以引起不必要的纠纷。

3. 银行审核单据是否应该对单据上的数字进行数学运算。《UCP500》对该问题无更具体明确的规定。开证行强调《UCP500》第 15 条规定：银行对任何单据的形式、完整性、准确性、真实性、虚假性或法律效力……概不负责；而 B 公司则以《UCP500》第 13 条规定的条文为由要求银行合理谨慎地审核单据。但按《UCP500》条文的精神，虽然银行必须合理谨慎地审核单据是否与 L/C 条款相符，但并不是谨慎地去进行数学运算。《UCP500》规定，银行对单据的准确性概不负责。如果 L/C 对包装单专门有规定,银行则需可进行运算审核。本案例包装单总体上是对的,只是小数点以下第 4 位四舍五入的微小差距。从单证实务上看,L/C 又无特别要求,银行对包装单这类单据上繁琐的数学运算,是不负责的。从责任上划分,银行可以不负责,不过我国大部分银行为了安全,对简单的运算有时还是尽量做到复核,但银行对未进行复核而产生的后果仍不负责任。

■ 迟于 7 天拒付单据纠纷案

☞ 案情简介

某年 6 月 18 日,我某银行向韩国某出口商开出金额为 38.5 万美元的 90 天远期 L/C,用于进口"先锋号"药品。该 L/C 免收开证保证金,是根据国内某进口公司及其另一家公司的担保开出的,在 L/C 的特别条款中规定了开证行承兑的条件为:

1. 议付行交来符合 L/C 条款的单据;

2. 申请人提供药检合格证明书。

7 月 3 日,我开证行收到议付行寄来的全套单据,当即通知申请人单据寄到并尽快提交"药检合格证明"。但由于受益人未能取得中华人民共和国卫生部的《进口药品注册证》,申请人无法办理药检以取得合格证明。直到 7 月 15 日,申请人还没有提交"药检合格证明",开证行不得已对外拒付,拒付理由为:申请人没有提交"药检合格证明",从而没有满足开证行的对外承兑条件。

出乎意外的是,议付行否定了开证行的拒付行为,理由是开证行已超过 7 个工作日对外拒付。经查核,由于内部收发部门没有衔接好,我开证行收发人员在 7 月 3 日下午收到议付行的单据后,于第 2 日也即 7 月 4 日才做登记,因此,开证行办理结算的人员一直以为是 7 月 4 日才收到单据。据此,从 7 月 5 日开始的 7 个银行工作日的最后一天应为 7 月 15 日

（中间有两个周末日）。由于议付行提示了有开证行的签发日期的快邮单据的收据，证明我银行确已超过 7 个工作日对外拒付，议付行坚持开证行已丧失拒付权利。

随后，我开证行与议付行开始了长达一年的纠纷交涉，最后，终因开证行迟于 7 个工作日对外拒付理由成立，不得不全额对外付款。

☞ **案情分析**

本案是一个较为典型的由于开证行内部工作疏忽而造成的纠纷案。从银行的角度看，我们可以从中得到以下启示：

1. 如何处理 L/C 条款与国际贸易惯例的关系

本案例中，开证行对外付款或承兑的条件为两个：一是收到与 L/C 条款相符的单据；二是收到申请人提交的药检合格证明。从理论上来分析，这一条款带有"软条款"的性质，如申请人不能提供"药检合格证明"，则受益人永远得不到货款。因此，议付行在是否议付单据时，就应对这一条款提出质疑，或洽商受益人修改这一条款，或仅做托收处理。但议付行这两方面的工作都没有做，而是大胆地做了议付。对于开证行来说，虽然付款与承兑条件一直没满足，但理应在 7 个工作日内通知议付行拒付的原因。如果通知了，无论议付行交来的单据多么洁净、完美，开证行都没有义务付款，除非申请人提交了"药检合格证明"。在开证行与议付行的最初争论中，议付行曾辩解道，由于 L/C 单据条款中没有规定"药检合格证明"这一单据，因此根据《UCP500》第 13 条 C 款，银行应不予理会，但开证行认为虽在 L/C 单据条款中没有加列此单据，但在特别条款中却规定了提交此单据的要求。在本案例中，如何处理 L/C 条款与国际贸易惯例的关系呢？应该看到，L/C 付款的惟一依据是 L/C 的各方当事人是否满足了 L/C 条款的要求，而不是惯例是如何规定的，这就是 L/C 条款高于惯例的原则。

《UCP500》第 1 条明文规定："除非在信用证上另有明文规定，其条文对有关的各方均有约束力。"这就明确划分了惯例和条款的管辖范围和管辖的先后顺序。即:凡 L/C 未明文规定的才适用惯例;而 L/C 已有规定的,惯例则不再适用。所以,银行必须首先以 L/C 条款为依据来约束自己的行为。但遗憾的是,开证行对于"L/C 的付款条件未完全满足"的通知,迟了 7 个工作日才发出,这就使得开证行原本具有的优势变为劣势,最终由于这一天之差,而不得不对外付款。

2. 开证行凭担保书开证面临的风险

本案中的 L/C 是根据另一家公司的担保开出的,而担保要以担保人的资信和资财为基础。当开证行垫款对外付款,而申请人无力偿债时,开证行只有向担保人追索,这本身就存在着很大的风险。因此担保人的资信情况如何直接决定着开证行能否追回款项。一般情况下,开证行在接受担保对外开证时主要考虑以下风险:

(1) L/C 是以开证行为第一付款人的付款承诺文件。在单证相符的情况下,不管申请人和担保人是否有能力,开证行必须付款。所以,开证行免收开证保证金,就必须同时做好叙作进口押汇的准备,这是一个过程的两个步骤。(2)开证行必须从资金安全的角度对申请人和担保人的资信、经营和实力进行审查。当开证行接受担保作为信用保证对外开证时,必须对其性质有一个清醒正确的认识:担保必须以担保人的资信、经营状况、账户余额、财产等为基础条件,最终不能付款或还款的担保没有意义,仅是一纸空文而已,开证行需在担保书下进一步落实抵押措施或可行的付款保证措施,才能真正将担保落在实处。

本案例中,开证行凭担保书开证后受到的潜在压力很大,地位也比较被动。倘若单证相符,开证行只能被迫押汇,而如果申请人和担保人不能还款,势必造成开证行的坏账和损失。这种风险开证行在免收保证金和审核担保时就应该有清醒认识并尽力避免。

3. 开证行对贸易的合法性和可行性审查

《UCP500》第 4 条中规定:"在信用证业务中,各有关当事人处理的是单据,而不是与单据有关的货物、服务及/或其他行为。"这使很多国际结算从业人员认为开证行与贸易无关,只要处理单据就够了。其实,这是一种误解。因为：(1)国际贸易和信用证结算是联为一体的。没有国际贸易就没有信用证结算，信用证结算亦对国际贸易起着制约和促进的作用；(2)《UCP500》第4条是为解决各有关当事人，主要是开证行和议付行之间的纠纷提供标准和依据，它指出了处理对象，但并不意味着各当事人除此之外不可以再涉及其他问题。事实上，开证行与申请人之间，议付行与受益人之间，申请人与受益人之间不涉及货物问题和贸易问题是不现实的，也是违背常理的；(3)开证行必须遵守国家的法律和政策，而对于国有商业银行来说，其有责任对违反国家法律、政策和贸易限定的贸易行为予以监督并制止。事实上，当开证行一旦开出带有"软条款"的L/C时，就必然酝酿着贸易纠纷和L/C证纠纷。

本案例中，申请人如不能取得药检合格证，就既不能通关，又不能商检，这说明贸易本身就存在着风险或纠纷。同时，开证行对申请人贸易的合法性和可行性方面的失察，也是使自己陷入本案例纠纷的一个重要原因。

4. 本案例的经验教训

(1) 开证行在收到议付行或寄单行的单据时，无论接受与否，都须在7个银行工作日内对外答复。

(2) 业务处理要有相应的风险防范措施。全球每年发生的L/C业务数以百万计，很难说会有完全相同的L/C业务。贸易的国别、贸易商的信用程度、商品种类、贸易方式、货币、规模、运输方式、贸易风险、结算风险、防范措施等诸多方面的不同决定了L/C结算本身的复杂性和多样性，这绝不是一个国际惯例所能包容和概括的。所以，在L/C实务中，经办银行要根据不同国家和地区的具体情况，从实际出发，全面分析每笔业务面临的客户风险、贸易风险、市场风险、国家风险、银行风险、汇率风险，并找出相应的风险防范和规避措施。

随着L/C业务的发展，进口押汇、出口押汇、打包放款已陆续开展起来。这是融资性质的业务，同L/C结算既相互关联，又有实质性的区别。融资业务的引入，使开证行和议付行进一步承担了信贷方面的风险，其与国际结算本身和国际贸易的联系更为紧密,必须分析与 L/C 结算相关的潜在风险,落实切实相应的风险防范措施。

单证不符类

(Problem of Discrepancies in Documents)

■ 溢短装条款单证不符争议案

☞ 案情简介

某出口公司 A 与国外进口商 B 成交一笔红花芸豆交易,合同规定第三季度交货,并以即期付款 L/C 方式结算货款。A 公司于 6 月 28 日收到买方开来的第×××号 L/C。L/C 有关条款规定:"600 M/Tons of Red Speckled KidneyBeans…Shipment from Dalian to X port. 350 M/Tons plus or minus 5%during July and 250 M/Tons plus or minus 5% during August…Full set of clean"ON BOARD"Bill of Lading made out to order and marked"FREIGHT PREPAID"and notify accountee. Plus a non-negotiable copy of Bill of Lading is required."(600 公吨红花芸豆……从大连装运至 X 港,7 月装 350 公吨增减 5%,8 月装 250 公吨增减 5%……全套清洁的"已装船"提单,作成空白抬头,并注明"运费付讫",通知开证申请人。需另加一份不可议付的提单副本。)

A 公司计划准备 7、8、9 每月装 200 公吨,共 600 公吨。未料到对方 L/C 规定 7 月装 350 公吨,8 月装 250 公吨。由于 L/C 要求与原来计划有出入,即原安排 7 月交 200 公吨,而现在要求装 350 公吨,且 7 月库存仅有 332.5 公吨。最后 A 公司有关业务主管部门与储运部门研究,认为 L/C 规定 7 月装 350 公吨并允许有 5％的增减幅度,如果 350 公吨减 5％即等于 332.5 公吨,332.5 公吨正好与库存数相符,又符合 L/C 要求。A 公司决定第一批 7 月先装 332.5 公吨,待第二批时再多装余下数量即可解决问题。

A 公司即安排租船订舱,于 7 月 10 日装运 332.5 公吨,并向议付行交单办理议付手续,顺利收回了货款。第二批又于 8 月 15 日将 L/C 余额 267.5 公吨装运出口(600 公吨减去第一批 332.5 公吨等于 267.5 公吨)。8 月 19 日又向议付行交单办理了议付手续,议付行审单后认为单证相符,向开证行寄单。8 月 28 日却接到开证行对单证有异议的来电:

"第×××号 L/C 项下,你第×××号单据经审核发现有如下不符点:

"1. 我 L/C 规定 8 月装 250 公吨,根据你方所提示的第×××号提单证明,你 8 月第二批货物装运 267.5 公吨,即使我 L/C 允许数量增装 5％,也不符合 L/C 之规定(250 公吨增加 5％等于 262.5 公吨)。

2. 你方提示的 3 份正本提单中有一份正本承运人漏签章。

以上不符点经联系申请人亦不同意接受,速告单据处理意见。"

A 公司认为上述开证行的意见不能成立,于 9 月 1 日通过议付行向开证行复电:

"你 28 日电悉。关于第×××号 L/C 项下我第×××号单据所谓不符点事,我们认为:

1. 你 L/C 规定 600 公吨货物分两批装运,第一批装 350 公吨允许 5％增减;第二批装 250 公吨也允许 5％增减,其结果即总数 600 公吨也允许增减 5％。但我实际第一批装 332.5 公吨;第二批装 267.5 公吨,请注意:332.5 公吨＋267.5 公吨＝600 公吨,不管是数量还是金额均符合你 L/C 要求,并未超量,怎能称不符合 L/C 的规定?

2. 根据你 L/C 要求全套清洁'已装船'的提单,并需另加一份不可议付提单副本的规定,请你注意:关于'全套'正本提单的要求,我提供正本提单为两份,并非三份。我在提单份数栏中已明确标明承运人签发两份正本提单。同时该两份已由承运人签章。对于另一份提单未经承运人签章系根据你 L/C 要求提供的副本提单,所以副本承运人不签章,请查核。

根据以上所述,其不符点是不成立的。请按时付款。"

9 月 4 日 A 公司又接到开证行复电:

"关于第×××号 L/C 项下你第×××号单据,虽经你 1 日电的解释,但其不符点仍然存在:

1. 我 L/C 明确规定第二批货物于 8 月份装 250 公吨允许增减 5%,你 8 月份实装 267.5 公吨,即使 L/C 允许增装 5%,也是超装。因 250 公吨增装 5% 为 262.5 公吨,也就是说 8 月份最多只能装 262.5 公吨,你却装 267.5 公吨,虽然两个月总量未超 600 公吨,而 8 月份显然是超装了,所以不符合我 L/C 规定。

2. 据你电称,未签章的提单为副本,但你提供的副本提单为何与其他两份都同样标明有'正本'字样,既为'正本'当然要有承运人签章。

速复告单据处理的意见。"

A 公司根据开证行最后复电的意见,与议付行一起组织有关人员进一步探讨并核对留底单据,最后才认识到对方所说并非没有道理,单据的确存在不符点,只好由 A 公司与买方 B 公司商洽,最终以削价处理而结案。

☞ **案情分析**

本案例交易合同的交货期如果仅笼统规定第三季度交货,并没有规定分期,就应该理解为一次交货。从案例来看,A 公司按货源既有计划 7、8、9 月各交 200 公吨,则在签订合同时就应根据自己的货源情况对交货期条款作出明确规定,即在第三季度 7、8、9 月各交 200 公吨。如果对方开来 L/C 条款与合同有出入,就有权利向对方提出修改 L/C。即使本案例的合同并没有明确分期交货,只笼统规定交货期为第三季度,而买方开来 L/C 要求 7 月交 350 公吨,8 月交 250 公吨时,如果与货源情况不符也可以向对方商洽修改 L/C,然后再装运,则本案例就不会产生。本案应从以下几方面吸取经验教训：

1. 慎重对待和履行溢短装条款。A 公司由于货源不足，在 7 月份交 332.5 公吨时，知道根据 L/C 规定对 350 公吨按减装 5％进行核算，看是否符合 L/C 要求（即 350 公吨减 5％等于 332.5 公吨，所以决定装 332.5 公吨）。令人难以理解的是第二批 8 月份装运时，为何不对 L/C 规定进行核算？因为 L/C 规定 7 月份 350 公吨增减 5％，而同样对 8 月份 250 公吨也规定增减 5％，如果对 8 月份装运时也进行核算，即能发现 8 月份最高装运数量是 250 公吨增装 5％等于 262.5 公吨，按 262.5 公吨装运，本案例也不会产生。所以 A 公司的主要错误在于疏忽对第二批装运数量按 L/C 规定的增减幅度进行核算，错误认为 L/C 规定 600 公吨减去第一批已装 332.5 公吨，其余额 267.5 公吨即为 8 月份装运数量。这一错误是贸易纠纷的根源。

2. 提供提单正本和副本问题绝不能马虎从事。本案例 L/C 规定："全套清洁的'已装船'提单……"，按国际商会《UCP500》第 23 条 A 款第 IV 项规定："开立全套正本提单可以是仅有一份正本提单或者是一份以上的正本提单。"所以 A 公司有权选择提交一份、二份或三份正本提单，均符合 L/C 规定。但 A 公司提交正本提单为两份而开证行却认为是三份。所以才误解另一份提单承运人漏签章。其实在海运提单格式上都有正本提单签发份数栏，不管任何一家轮船公司的提单格式都有类似这样的项目证明正本提单签发份数，例如："In witness whereof, the Carrier has signed Two Bills of Lading all of this tenor and date, one of which being accomplished, the others to standvoid."（为证明以上各节，承运人已签署本提单一式两份，其中一份业经完成提货手续后，其余各份失效。）本案例的提单也一样有这样的栏目证明，而开证行为什么视而不见，要说它是正本提单三份，漏一份正本未签章呢？其问题在于 A 公司单据确实存在错误。据了解 A 公司提交另一份副本提单时，因该轮船公司提单格式都印有"Original"（正本）字样，也就是说 A 公司以正本提单格式用纸当副本用纸使用。其实在这种情况下，A 公司应该在副本上将"Original"字样改为"Copy"才能作为副本提供。这是 A

公司的根本错误所在。如果 A 出口公司能在副本提单上标明为"Copy",则开证行也无从提出意见。

3. 议付行应严格把好审证关。A 公司在 8 月份装运后向议付行交单办理议付手续时,议付行作为一个国际结算专业银行,在审单时不仅未审查出单据存在以上问题,反而认为单证相符而向开证行寄单,在本案中也应负一定的责任。

■ 单证不符保兑银行拒付争议案

☞ 案情简介

某出口公司 A 与国外客户 B 商签订了出口纺织品合同,B 商如期开来不可撤销即期付款 L/C 一份,计金额 51 300 美元,开证行是 B 商所在地 D 行,通知行是某国外银行设在我国的分行 C 行。该 L/C 要求 C 行保兑并指定由 C 行议付(C 行交 A 公司函称"本证由我行保兑"),议付后可以用电传或 SWIFT 向 D 行的纽约联行索偿。

A 公司收到 L/C 后于装运期某年 8 月 31 日前备货出运。运输方式为陆海联运,即从内地装火车到香港转装海轮去 L/C 规定的 JEDDAH 港,货物在内地装车后由当地外运公司签发了陆海联运提单。8 月 27 日 A 公司备齐全套出口单据寄交 C 行议付,9 月 1 日,C 行向 A 公司发出"银行付款通知单",但汇款迟迟没有到位。

9 月 12 日,C 行突然通知 A 公司,该 L/C 项下单据寄到开证行 D 行后遭到拒付,其理由是单据有以下不符点:1. 提单未显示"已装船"(On Board)字样;2. 装运标志上表示的是整批货物数量而不是每一纸箱中的数量;3. L/C 附件中的最后一个条款(索偿条款)未遵照办理。D 行因此要求 C 行把原款退回。

9 月 26 日,C 行又将 D 行第 2 号通知传真给 A 公司,限 7 日内答复,否则退单。

A公司先后以电话和书面形式向C行回复如下:1.单证并无不符,不同意D行退单;2.C行作为保兑行应按国际惯例付款。

12月20日,C行致函A公司:"我行已向开证行交涉多次,所提不符点纯属故意挑剔,请他们立即付款……盼速指示是否同意退单。"A公司立即回绝,并重申了上述的立场。

次年1月10日,C行复函A公司:"尽管我行已对上述L/C保兑,但并不意味着我们必须对此单付款,只有当开证行倒闭,且所提交的单据完全符合L/C的情况下,保兑行才有责任付款。既然开证行认为贵公司单据与L/C要求不符并拒付,我行当然没有代开证行付款的责任……"

在A公司屡次与C行谈判均无结果后,3月底C行将全套单据退回A公司并索要通知费、保兑费、议付费等480美元。A公司越过C行向其国外总行投诉,亦没有任何反应。遂决定通过中纺外贸运输联合会与C行交涉。正当中纺外贸运输联合会受理和准备办理此案件时,C行强硬的态度发生了变化,主动要求协商,最后达成和解协议,C行一次性将全部货款及440天的利息55 000多美元汇付给A公司了结了此案。

☞ 案情分析

本案例并不复杂,纠纷虽然出在单据上,实际与保兑银行的错误立场有重要的关系。只要清楚有关L/C的几个惯例就不难作出判断:

1. 本案例中的L/C是即期付款L/C,根据《UCP500》第9条的规定,C行作为保兑银行应在A公司提交给其符合L/C规定的单据后付款给A公司。本案例C行在审单后发给A公司的"银行付款通知书"上丝毫未提及单据不符合L/C规定等保留事项,且12月20日C行函电A公司又提到"我行已向开证行交涉多次,所提不符点纯属故意挑剔……",也说明单据是符合L/C规定的,C行应在A公司交单后即付款给A公司。

按国际商会第459号出版物《跟单信用证案例研究》第15案例中作的解释:"须牢记如即期汇票以指定银行为付款人,L/C即为即期付款而非议付。"本案例中,D行开出的是一张不可撤销即期付款L/C而非议付

L/C。因此，作为保兑行 C 行应将货款无追索权地付给 A 公司，更无退单之说。

2. 该 L/C 中一条款规定："Complete set of not less than two Ocean B/L issued to order of D BANK and marked notify buyers. Shipped B/L is essential and the freight prepaid must appear there on."在注意事项项下又有一个条款："Land sea combined transport B/L is acceptable."在以上选择性条款下，A 公司显然有权在两种提单中选择一种，A 公司提交的由当地外运公司以代理身份代香港某承运人签发的陆海联运提单，符合 L/C 要求。事实上，陆海联运提单本来就不像海运提单一样必须是 ON BOARD 提单，根据国际商会《UCP500》的第 23 条和第 26 条的规定，联合运输提单只有在代替海运提单使用时，才有必要作成 ON BOARD 批注。可见，D 行提出提单未显示"已装船"(ON BOARD)是没有道理的。

3. L/C 装运标志条款原文是"Shipping marks K. L. T. C/NO…QYT…STYNO…JEDDAH". 很显然，上述条款中数量紧跟在箱号之后，应理解为每箱的数量而不是该批货物的总数量。一般情况下，作为包装外表所示的数量除非 L/C 另有规定，一般应是该包装的内含数量，以便收货人核对装箱单等有关资料和检验货物的实际数量。D 行提出的"装运标志上表示的是整批货物的数量而不是每一纸箱中的数量"是不妥的。至于"索偿条款未遵照办理"则纯属 C 行职责，与 A 公司无关。

本案给我们以下几点启示：

1. 保兑不同于担保。贸易活动中，很多人像 C 行一样把保兑行的责任理解为："只有开证行破产、倒闭、无付款能力时保兑行才履行付款的责任。"这种观点是完全错误的，它混淆了保兑和担保的区别。

《UCP500》第 9 条 B 款规定："另一银行（保兑行）在开证行授权或要求下，对不可撤销信用证加以保兑，即构成保兑行在开证行承诺以外的一项确定的承诺。如果所规定的单据被提交给保兑行和其他指定银行并符合信用证条款：Ⅰ. 如信用证规定为即期付款——履行即期付款；Ⅱ. 如信用证规定为延期付款…. Ⅲ. 如信用证规定为承兑…… Ⅳ. 如信用证规定为议付——保兑行根据议付受益人在信用证项下出具的汇票及/或提交的单据议付,并且对出票人/或善意持票人无追索权……"

根据上述条款可以确定,保兑行所负的责任相当于本身开立 L/C,保兑行与开证行一样都承担第一性的付款责任,受益人可以将符合 L/C 规定的单据提交给保兑行,也可以提交给开证行,保兑行或开证行在确定接受单据之后必须对受益人付款、承兑或议付,而不是受益人向开证行要求付款,被开证行拒绝以后,才能向保兑行要求偿付;也不是仅在开证行倒闭或因其他原因不能付款的条件下才由保兑行向受益人履行付款义务。其保兑责任与一般的担保责任有着本质区别。担保是指在法律关系中债务人期满时不能向债权人履行其义务,担保人负连带责任,即原债务人不履行其责任时应由担保人承担其责任。因此,不能把保兑 L/C(Confirmed Credit)视为担保(备用)L/C(Stand-by Credit)。

2. 严格审证,认真备单。L/C 是一种银行信用保证文件,但银行的信用保证是以受益人提交的单据符合 L/C 条款为条件的。因此,开证行的资信、L/C 的各项条款都关系着收汇的安全。在实际工作中,由于开证人或开证行工作上的疏忽或差错,或者由于某些进口国家的习惯做法或特殊规定,甚至一些国外客户故意在 L/C 中加列一些不合理条款或设置陷阱等,都给审证工作带来困难,稍有疏忽就会影响履约,造成损失。该案例中既然运输方式是陆海联运,即从内地装火车到香港转装海轮去 L/C 规定的 JEDDAH 港,那么 L/C 运输单据条款订立为上述选择性条款对 A 公司来说没有任何意义和必要。另外,案例中虽然 A 公司能为自己所备单据找到符合 L/C 的理由,但引起付款争议是与单证的瑕疵分不开的。

3. 做好开证行的资信调查工作。开证行的资信和经营作风对出口商安全收汇至关重要,一般可通过下述三个资信评定机构所发表的资料对开证行进行调查:1. 美国的标准普尔(重点是美国银行)2. 穆迪(MOODYS);3. 英国的国际银行及 L/C 分析(简称 IBCA)(重点是欧洲及远东地区银行);4. 英国的 REED INFORMATION SERVICES 出版发行的银行年鉴"BANKERS' ALMANAC"（每年出版发行两次），它对世界 4 000 多家国际大银行包括这些银行在世界其他国家和地区的分支机构都作了详细的介绍。若年鉴上查无此开证行，说明该银行较小，应予以警惕。

开证人的信誉反映出其对履约和付款的认真性和可靠性，对于信誉不好或了解不够的进口商，出口商最好选择自己可信赖的银行对不可撤销 L/C 加以保兑。

■ 单据未落实改证条款争议案

☞ 案情简介

某食品出口公司 A 向法国某贸易公司 B 出口一批冻山野味。L/C 有关条款规定："25 M/Tons of Frozen Pheasant, Specification：Feathers neat and intact with wings and viscera, all males. Packing：in cartons. From Chinese port to Marseilles not later than July 15，××."（25 公吨冻山鸡，规格：整体带毛，羽毛整洁，带脏，翅完整，纯雄鸡。包装：纸箱装。最晚于××年 7 月 15 日前装运，从中国港口至马赛。）A 公司对照合同审查 L/C 后发现货物规格与合同不一致。合同规定山鸡规格有两种，即雌雄成对或者纯雄鸡。A 公司经研究认为，原交易洽谈时对方答应 25 公吨可以交雌雄成对或者纯雄鸡，合同也规定雌雄成对或纯雄鸡，因此 L/C 应修改。A 公司于 6 月 16 日向买方 B 公司提出 L/C 中货物规格条款不符合合同规定，要求修改 L/C。6 月 20 日即接到对方 L/C 修改书，其内容如下：

1. Please delate the clause of "All males" and replaced by "Assorted in brace of one male and one female or males only". （请删除"纯雄鸡"条款，改为"雌雄成对或纯雄鸡"。）

2. "Packing：in cartons, each containing 6 brace, each piece individu-

ally wrapped in ecllophane."instead of"packing：in cartons".（包装：删除"纸箱装"，改为"纸箱装，每箱 6 对，逐只用玻璃纸包裹"。）

A 公司接到上述修改书后，发现除第一项系我方要求修改外，第二项修改系对方自己另加的。经审核认为第一项符合合同规定的"雌雄成对或纯雄鸡"，可以按原计划约一半装纯雄鸡，另一半装雌雄成对。至于第二项包装问题，合同只规定木箱或纸箱装，虽然在交易洽谈时对方提过每箱装 6 对，但并未明确每只用什么样的纸包裹，实际货物是用白纸包裹。A 公司有关人员认为包装问题不完全符合合同规定，可以不接受，按《UCP500》规定可以待交单议付时再向银行提出不接受该修改。A 公司于 7 月 10 日将货装运完毕，在单据上表示纯雄鸡 12.540 公吨，雌雄成对 12.458 公吨，共计 24.998 公吨。对于包装单据，按未修改前信用证规定仅表示纸箱装，并未表示每箱装多少对用什么纸包裹。但在办理交单议付时，议付行因单据未表示"每箱 6 对，逐只用玻璃纸包裹"不同意办理议付。A 公司答称："根据《UCP500》第 9 条 D 款第Ⅲ项规定：'在受益人告知通知修改的银行他接受该修改之前，原信用证的条款，对受益人仍然有效。'原信用证在未修改前的包装条款仅有'包装：纸箱装'，按上述《UCP500》规定，此条款（即未修改前条款）对我们仍然有效。所以我单据仅表示'包装：纸箱装'（Packing：in cartons）。"

对此，议付行仍然不同意办理议付，其理由是："你公司虽然根据《UCP500》规定受益人直至交单前可以不同意接受 L/C 修改，但你公司未全部理解该条文。在你所引证《UCP500》同条同款的第Ⅳ项规定：'对同一修改通知中的修改内容不允许部分接受，因而，部分接受修改内容当属无效。'本证修改共二项，第一项关于商品规格从'纯雄鸡'改为'雌雄成对或纯雄鸡'；第二项关于包装条款。你公司单据表明既已接受了第一项规格为雌雄成对或纯雄鸡，而又不接受第二项修改包装条款的要求，在同一个修改通知中这样一部分接受，一部分不接受，应属无效。因此所提交的单据不符合 L/C 要求，我行无法办理议付，除非你公司提出担保议付。"

A公司查对上述《UCP500》条文后才知道，同一L/C的修改通知书内容中不允许部分接受部分不接受，而原先误认为修改书共二项，可以接受第一项中整项内容，第二项可以不接受。至于担保议付问题，经有关人员研究，类似这样实质性的单证不符，如果按议付行要求办，其风险太大。故于7月13日决定先通过议付行向开证行"电提"，看开证行态度如何再采取措施，经议付行"电提"后，15日开证行回电称："你13日电悉。关于第×××号L/C项下受益人仅接受部分修改内容，造成单证不符情况，经与申请人研究，如果单据仅惟一存在本问题，申请人作一次通融接受，请即寄单。"

　　7月16日议付行即向开证行寄单。但单到国外，开证行于7月21日又来电称：

　　"第×××号L/C项下全套单据已收到：经我们审核，有如下问题：

　　关于L/C修改书要求纸箱包装，每箱6对，逐只用玻璃纸包裹问题，据你称受益人不接受该项修改，单据按原证规定仅表示纸箱包装。根据我行15日电已通知你们，我申请人通融接受此点。但经我行审核，你方提交的单据中不仅存在申请人通融接受的上述问题，而且除此之外另有如下与证不符：

　　关于商品规格，原证规定'纯雄鸡'，后修改为'雌雄成对或纯雄鸡'。其意即'雌雄成对'与'雄鸡'两种规格仅能选其中一种，不得两者兼装。你单据共装24.998公吨，但其中12.540公吨是纯雄鸡，12.458公吨是雌雄成对，所以不符合L/C规定。我行已联系申请人，申请人对该错装的规格，无法接受。故我行暂代保管单据，听候处理。"

　　A公司接到开证行上述拒付意见后，经研究认为问题在于买方，决定先向买方进行解释，要求接受单据：

　　"我方接开证行通知，关于第×××号L/C项下第×××号合同25公吨冻山鸡，据开证行称，贵公司不同意接受雌雄成对和纯雄鸡各50％的货物。我们双方在交易洽谈时均同意两种规格可以随便选择交货，即雌雄成对或纯雄鸡任何一种都可以接受。我本次装运的货物24.998公吨，其中一半为纯雄鸡，一半是雌雄成对，符合我们在洽谈时定的条件。而且目前纯雄鸡货源较缺，此次经过各方的努力才生产出 12.540 公吨纯雄鸡。为了今后良好的贸易关系，请即接受。"

买方 B 公司作如下答复：

"该货 25 公吨冻山鸡系我转销另一用户，我转销合同的规格亦是'雌雄成对或纯雄鸡'。我用户原先要求我交货'纯雄鸡'，因你 6 月 16 日提出 L/C 未按合同规定开立，所以经我与用户再三进行洽商，最后用户才接受了雌雄成对或纯雄鸡的任何一种规格，但要求不能两种同时都装。这种要求既符合我转销合同，也符合我们合同，所以我才接受了对方要求。但未料到你公司这次两种规格同时兼装，因此我再次与用户洽商，对方坚决不接受，认为合同规定'或'，其意即不是前者，就是后者。如果是'和'，则可以两者都装。你方本次每种规格各装运一半，既不符合我们双方合同，也不符合我转销合同。所以我确实无法接受。"

由于货物到港多日未及时接货，造成部分融化变质。最后经努力另改售其他买主，损失货值约 1/3。

☞ **案情分析**

本案例是一起典型的忽视 L/C 修改致损案。出口企业对 L/C 修改不仔细审查和认真落实，造成损失甚至货款两空的例子已屡见不鲜。此案例给我们的教训有以下几点：

1. 不接受 L/C 的修改，就应将原修改书退回。《UCP500》第 9 条 D款第Ⅳ项规定："对同一修改通知书的修改内容不允许部分接受，因而，部分接受修改内容当属无效。"所以 A 公司决定不接受包装条款的修改时，应立即向买方指出修改包装条款不能接受，并要求重新修改。同时将修改通知书退回通知行并作出不接受修改的通知。如果受益人没能提供这样的通知，但在办理议付时，其所提交的单据内容已按接受修改后内容表示，则说明受益人已经接受该修改了，实际等于受益人已作出接受该修改的通知。如果本案例的 A 公司在接到 L/C 修改时，能及时向通知行提供这样部分拒受的通知,通知行肯定会提出修改不能部分接受部分不接受,就不至于发生在装运后议付时被议付行拒付的事情。

2. 装运完成后不要轻易采取"电提"的做法。所谓"电提",就是因受益人提交 L/C 项下的单据存在实质上的单证不符,议付行先以电报或电传向开证行提出发现单证不符的情况,征询开证行的意见或经开证行与申请人商洽,如果同意接受则寄单;不同意接受则通知受益人采取措施或挽救办法。本案例采取"电提"后,可能由于买方修改包装条款不完全符合合同规定,所以通过"电提"才侥幸被申请人接受。否则 A 公司当时货已装运完毕,形成覆水难收的局面,如果接受修改,包装部分条款未执行造成单证不符,无法议付;如果不接受修改,规格条款不符,也无法议付。

3. 慎重对待"担保议付"。所谓担保议付就是在单据不符的情况下,受益人出具保证书,保证所存在的单证不符如开证行拒付则与银行无关,由受益人自己负责。议付行仍然向开证行寄单,并同时告知开证行单证不符的情况及凭"担保议付",要求接受单据。这种做法实际变成 L/C 项下托收,银行信用变成商业信用,所以风险较大。本案例可取之处就是 A 公司没有听从议付行"担保议付"的建议。

4. 在合同中全面规定商品的内外包装条件。本案例的商品合同只规定外包装条件(木箱或纸箱装),而对内包装条件(每箱装 6 对,逐只用白纸包裹)规定不明确是个失误。既然在交易洽谈时双方都提出每箱装 6 对,最后就应在合同中明确规定。又如实际货物每只用白纸包裹,又为何不在合同中明确呢? 如果合同明确了这样的内包装条件,而且明确用什么纸包裹,就不会发生买方在 L/C 修改中规定用玻璃纸包裹而实际货物用白纸包裹的矛盾。

5. 在合同中正确使用"或"与"和"。关于货物的规格,本案例的合同也有缺点。合同(包括 L/C)规定"雌雄成对或纯雄鸡",应该理解为两者只能选其中之一,或者全部装"纯雄鸡",或者全部装"雌雄成对",不能两者兼装,这才符合"或"(or)字的说法。A 公司在开证行提出拒付后向买方要求接受单据的电传中说:"我们双方在交易洽谈时均同意两种规格可以随便选择交货,即雌雄成对及纯雄鸡的任何一种都可以接受。"这句话并未含有两种规格各装一半的意思。A公司说按原计划各装一半,这个计划的根据又是什么?既然A公司原计划就是两种规格同时各装一半,就不应该在合同上规定"雌雄成对或纯雄鸡"的条款,应将"或"(or)字改为"和"(and),变成"雌雄成对和纯雄鸡",再明确两者各占多少比例,这样就符合实货了。另外还有一种更好的办法,就是将"或"字改为"和/或",即变成"雌雄成对和/或纯雄鸡",意思是两种规格既可以同时一起装,也可以选其中任何一种规格装,这样就无懈可击了。当然,议付行在审核单据时也有错误。L/C规定商品规格为"雌雄成对或雄鸡",应理解为选其一种,不能两种兼装。议付行对单据存在这一不符点未审核出来,是有一定责任的。

■ 议付单据未接受修改争议案

☞ 案情简介

我某土产出口公司A对马来西亚B商行出口一批榛子仁。合同规定木箱或胶合板箱装,内衬蜡纸或硫酸纸。5月6日对方在开来L/C中规定胶合板箱装,内衬蜡纸。A公司经对照合同审查L/C,认为符合合同规定内容,即按对方包装要求备货。5月15日,通知行转来B商L/C修改书,内容称:"包装条款中改为木箱装,内衬硫酸纸代替原来规定。"由于船期已近,货又已备妥,如果改为木箱包装则需全部加工,原包装材料作废,损失较大,故A公司不准备接受换包装的修改书,但对该L/C的修改不予理睬,仍以原证规定的胶合板箱装、内衬蜡纸的货物装运出口。装运后A公司向议付行办理议付的单据也以胶合板箱装、内衬蜡纸为条件。议付行向通知行提出通知,宣称本证项下的修改,我受益人不同意接受,仍按未修改前的原证条款处理。

单据到马来西亚,B商行提出异议:"该批货物系转售给C贸易公司,

C贸易公司要求木箱内衬硫酸纸。我们考虑C贸易公司要求并未违反你我双方合同,故即修改了L/C条款。你方当时未提出反对意见或不接受该修改L/C。因此,我已答应以木箱装、内衬硫酸纸条件向C贸易公司交货。

按国际惯例,卖方接到修改书后在3天内未提出不接受的意见,应认为是默认接受。但你方仍以胶合板箱装、内衬蜡纸的货物装运,也未事先提出,只是在装运后议付单据时通过通知行提出不接受修改的意见,这为时太晚,应认为你方所提出的不接受该修改的意见无效。"

A公司不同意马来西亚B商行的观点。提出:"不可撤销L/C未经我受益人的同意接受,该修改是无效的。所以,我所提供的单据完全符合L/C要求,你方应立即付款。"同时受益人以上述的依据通过议付行也向开证行提出,要求立即付款。

不久,开证行接受了单据并付款。

☞ 案情分析

本案经过A公司和议付行共同努力,据理力争,终于收回了货款,但对A公司的做法应从两方面进行分析和总结:

1. A公司依据国际贸易惯例解决争议是完全正确的。根据《UCP500》第9条D款第Ⅰ项规定:"……未经开证行、保兑行(如信用证有的话)及受益人同意,不可撤销的信用证既不能修改也不能撤销。"这就是说不可撤销L/C未经受益人同意,其修改是无效的。在第Ⅱ项又规定:"在受益人向通知修改的银行表示接受修改之前,原信用证(或含有先前已接受修改的信用证)的条款对受益人仍然有效。受益人应提供接受或拒绝接受修改的通知。如受益人未提供上述通知,当他提交给指定银行或开证行的单据与信用证以及尚未表示接受的修改的要求一致时,则该事实即视为受益人已作出接受修改的通知,并从此时起,该信用证已作修改。"本条款明确规定受益人在没有向通知行表示同意接受该修改以前,受益人仍然可以按未修改前的原证条款处理。其意思也就是说:A公司在没有表示接受改换以木箱包装内衬硫酸纸的条款以前,它仍然可以按胶合板箱装、内衬蜡纸的货物交货,只是在交单议付前或同时提供拒绝接受修改的通知即可。所以 A 公司利用《UCP500》的规定反驳 B 商行的观点是有力的,上述做法符合国际贸易惯例,开证行和 B 商行理应接受 A 公司的单据并付款。

至于马来西亚 B 商行提出的所谓国际惯例:卖方接到修改书在 3 天之内未提出异议,应构成默认接受。这种解释早已过时,被《UCP500》新规定所代替了。

2. A 公司的做法也有不妥之处。从贸易关系上考虑,A 公司在决定不接受买方要求改换包装时,应立即通知马来西亚 B 商行,申述由于船期迫近,改换包装所存在的困难,使买方理解并有充裕时间与实际用户商洽。A 公司直至交货前始终不作出表态,则极易被误认为已经接受改换包装,使 B 商行处于被动的地位,甚至造成某些不应有的损失。而对 A 公司而言,发出不接受买方的改换包装条件的通知,并未超越双方原订合同条件的范围。故其不表态的做法是不合适的。

■ 误解"before"导致单证不符争议案

☞ 案情简介

某出口公司 A 向英国公司 B 出口一批花生仁。国外开来 L/C 规定:"200M/Tons of Grourldnut Kernels from Dalian to London before April 1,××. Partial shipments prohibited."(200 吨花生仁于某年 4 月 1 日以前从大连到伦敦。不许分批装运。)

A 公司在装运前又接到开证行的 3 月 15 日修改 L/C 通知。修改书的内容:"The shipment changed to 100 M/Tons of Groundnut Kernels from Dalian to London and 100 M/Tons of Groundnut Kernels from Dalian to Liverpool instead of original stipulation."(装运改为 100 吨花生仁从大连到伦敦

和100吨花生仁从大连到利物浦代替原规定。)根据该修改,A公司即与船公司联系。100吨到伦敦的货物配装"WANGJIANG"轮,另100吨到利物浦货配装"RICKMERS"轮。分别取得3月31日和4月1日装运的提单。

单据通过议付行寄到国外,4月15日开证行提出拒受单据:

"1. 我L/C规定不许分批装运,而你却分两批装:100吨装"WANGJIANG"轮到伦敦,100吨装"RICKMERS"轮到利物浦。故不符合L/C规定。

2. 我L/C规定装运期于4月1日以前,你装"RICKMERS"轮的100吨货却晚于L/C的装运期。

以上两点单证不符,故无法接受,速告处理意见。"

议付行向A公司转达开证行拒受单据的通知后,A公司感到非常奇怪。原L/C已经修改为分两批装:一批运到伦敦;另一批运到利物浦,为何还存在不许分批装运的条款?至于装运期,我也未过期装运。A出口公司于4月17日立即向开证行提出下列意见:

"关于你×××号L/C项下拒受单据的通知,我们已收到并感到非常惊讶。我们认为:

1. 你于3月15日已将L/C的不许分批装运条款改为分两批装,即100吨运到伦敦,100吨运到利物浦。我方为了满足该修改的要求,经各方的努力才特别分100吨运到伦敦,100吨运到利物浦。你行反而称我单证不符,请你行查对3月15日的该证的修改书。

2. 你L/C规定4月1日以前装运,我们运到利物浦的100吨货正好于4月1日装出,为何又变成过期装运?请查对L/C与我提单的日期。"

开证行并不同意A公司上面的申述,于4月20日又再次提出:

"1. 从我3月15日L/C修改书看,我行只是将原规定到伦敦的200吨货改为100吨到伦敦,100吨到利物浦。只修改目的港,即要求在同一条船上装两批货。

2. 我L/C规定装运期为×年4月1日以前。所谓'以前'就是不包括所述的日期在内,所以 4 月 1 日以前,即最晚不得超过 3 月 31 日。你提单日期于 4 月 1 日,构成晚于 L/C 的装运期。"

A 公司仍不同意开证行对上述不符点的解释,尤其是对"before"一词的解释。经查《UCP500》,也未发现对"before"作任何规定和解释。4 月 25 日,A 公司又答复开证行如下:

"1. 你 3 月 15 日的 L/C 修改书既然改为分两批:100 吨到伦敦,100 吨到利物浦,实际上就是允许分两批装运。

2. 你行对'before'一词理解为不包括所述的日期在内是没有任何根据的,《UCP500》也未对该词作任何规定。我们认为 4 月 1 日以前就是意味着只要不在 4 月 1 日以后(即不是 4 月 2 日、4 月 3 日……)就符合 L/C 要求。"

开证行接到 A 公司的申述,于 4 月 29 日又答复:

"1. 我 L/C 原规定装运条款为:'200 吨花生仁从大连到伦敦。'后修改为:'100 吨花生仁从大连到伦敦和 100 吨花生仁从大连到利物浦代替原规定。'从上述原证与修改对照后可见,该修改并未涉及是否分批的问题,这意味着仍然应按原规定'不许分批装运'条款执行。你方应将伦敦和利物浦的货同时装在一条船上。

2. 'before'一词从它本身字义上解释不应包括所述的日期在内,如果包括所述的日期在内就不叫'以前'了。L/C 规定 4 月 1 日以前,即指 3 月 31 日、3 月 30……。如果包括 4 月 1 日在内则'以前'一词就失去该词本身的意义了。例如:我们常说'the day before yesterday'(英语说法把中文的'前天'说为'昨天'的前一天——注),如果其'before'把所述的日期包括在内,也就是说,前天也是昨天,那到底是前天?还是昨天?所以'before'不应包括所述的日期在内。速告单据处理意见。"

A 公司又与英国 B 公司几次交涉均无结果,最终答应按 90% 付款而结案。

☞ **案情分析**

从本案例可以看出 L/C 项下的单据严格做到单证一致的重要性。

其实本案例下的货物分两条船装,在实际装运日期上只差一天,与一条船同时装运差别不大,买方并没有因此而受到什么影响。如果 A 公司出口单据严格符合 L/C 规定,无懈可击,A 公司是可以安全、及时、全部收回货款的,可惜 A 公司没有做到这一点。此案的焦点有两个:

1. L/C 修改是否涉及分批装运问题。本案例的产生主要在于 A 公司没有严格审查 L/C,对该 L/C 的修改内容也没有完全理解。其实该 L/C 修改的内容仅仅是改变目的港和货量而已。原来 200 吨全部到伦敦,而现在改为伦敦只装 100 吨,另 100 吨改为利物浦。因为修改未涉及分批装运问题,因此,原 L/C "不许分批装运" 条款仍然存在。A 公司在审查 L/C 时理应发现该修改的要求,然后联系船方是否有船同时到伦敦和利物浦港。在装期内能办到就接受其修改,办不到就不接受。如果接受,只要将到伦敦与利物浦的货同时装在一条船上,分开制两套单据就符合 L/C 要求了。A 公司对 L/C 的审核没有做到严格把关,才导致后来的纠纷和损失。

2. 如何理解"before"一词。《UCP500》未对该词给予规定,只对"after"作了规定。按《UCP500》规定,"after"应理解为不包括所述的日期在内,"以前"和"以后"只是方向不同,其道理是一样的,所以开证行理解"以前"一词不应包括所述的日期在内是有其道理的。

A 公司事后经了解才知道因市场变化,英国 B 公司才故意利用单据上的缺点提出拒受单据,以达到压价的目的。但 A 公司审证制单失误和误解"before"一词的含义,给对方以可乘之机,也是不应有的错误。

■ 单证不符,担保议付致损案

☞ 案情简介

某出口贸易公司 A 对国外进口公司 B 出口一批罐头食品,买方开来的 L/C 有关部分条款规定:"1460 cartons of Canned Top-Shell……Shipment to be effected by container not later than April 30, ××. Partial shipments prohibited."(1 460 箱豉油海螺罐头……于某年 4 月 30 日前由集装箱装运,不许分批装运。)

A 公司有关运输人员于 4 月 28 日进行集装箱装载完毕,并向单证人员交代有关单据。但单证人员发现该单据上的数量仅为 1 456 箱,经询问运输人员得知:40 英尺规格的集装箱装载该商品的最大数量是 1 456 箱,剩下 4 箱实在无法装入。单证人员即向有关业务主管人员汇报,由于 L/C 规定不许分批装运,实装 1 456 箱,不足 L/C 规定的数量则构成分批装运,将无法收汇。经研究 A 公司于 29 日只好向买方发电要求修改 L/C 条款:

"关于第×××号合同项下 1 456 箱的豉油海螺,我于 28 日已装入集装箱,根据该货物的容积,40 英尺集装箱最大装载量为 1 456 箱,少装 4 箱。请即修改 L/C 条款为允许分批装运。谢谢!"

5 月 2 日接到买方复电:

"你 29 日电悉。我无法修改 L/C。该批豉油海螺系我转口 G 国,我与对方合同亦签订为 1 460 箱。经联系对方不同意少交 4 箱,如少交将作为违约处理。你方一个集装箱如无法装载 1 460 箱,早应提出修改 L/C,删除集装箱装运条款。你方能否速按 1 460 箱改装普通货船,我可删除集装箱装运条款。"

A 公司接到买方上述来电时集装箱已经上船,而且船已于 4 月 30 日离港,根本已无法再改装普通货船。A 公司只好再次与买方商洽。买方建议:"剩余 4 箱可换装空运,余款另办理托收。L/C 项下单据以担保议付寄单,我方同意接受。"A 公司立即表示接受买方建议。

5 月 16 日开证行来电:

"第×××号 L/C 项下担保议付单据,按你方所提的不符点经与申请人联系,不同意接受。单据暂在我行保管,如何处理听候电复。"

A 公司接开证行上述拒付电后觉得非常奇怪,该处理的办法系由买方提出,为何又拒绝接受?于是 5 月 19 日发电致买方:"我已按你方建议,将剩余 4 箱于 5 月 5 日空运发出,L/C 项下单据以担保议付。你方曾声明负责接受。但是 16 日开证行来电提出因你方不接受其不符点而拒付。速复真实情况。"

5 月 21 买方复电：

"你 19 日电悉。因 1 456 箱货仍未到港，如货到后质量没有问题，我保证接受单据并付款。"

但货物到达目的港后 A 公司又再三与买方交涉均无结果。最后 A 公司通过驻外机构进行工作，一直延至 7 月份均无结果，幸因后来该货物市场价格上涨，买方才转变了态度。7 月 15 日接到议付行通知，对方已付款并入账终告结案。但因付款拖延，A 公司仅损失外汇利息一项就达 3 500 多美元。

☞ **案情分析**

本案例 A 公司最后虽收回了货款，但损失也不小，其经验教训值得认真总结：

1. 要随时掌握出口商品的实际情况。本案例中 A 公司作为经营单位，理应十分了解商品本身的情况。L/C 规定由集装箱装运，1460 箱货物不是小数目，装什么样的集装箱和装什么规格的集装箱 A 公司人员应心中有数。国际上常见的集装箱大部分采用国际标准化组织（ISO）制定的规格，目前实务中最常用的集装箱有 20 英尺和 40 英尺两种，即 IC 和 IA 型。20 英尺的规格是 8 英尺×8 英尺×20 英尺，其容积一般可装货 24 至 25 立方米，其装载的货物重量限定约 17.5 吨。40 英尺的规格是 8 英尺×8 英尺×40 英尺，其容积一般可装货 50 至 60 立方米，其装载的货物重量限定约 30 吨。如果考虑问题不全面，则会留下后患。由于对实际商品体积心中无数，A 公司根本就没有发现货装集装箱的容量问题，最后才陷于被动的境地。

2. 审证发现问题应及时提出修改 L/C。此案的教训是 A 公司没有严格审查 L/C，在装运暴露出问题后，才向买方提出修改 L/C。《联合国国际货物销售合同公约》第 35 条第 1 款规定："卖方交付货物必须与合同所规定的数量、质量和规格相符……";英国《货物买卖法》第3条第1款也规定:"如卖方交付买主货物的数量少于约定数量,买方可以拒绝收货。"由于买方要转口该批货物,少交规定的货物数量当然不会得到买方的同意。虽然后来买方允许改普通货船则可以删除L/C上集装箱装运条款,但由于A公司审核和修改L/C失误,不但货已装集装箱,而且船已离港开航,为时已晚矣。

3. 慎重对待担保议付寄单。单证工作最忌讳单证不符以担保议付寄单,因为这种做法失去了银行保证付款的作用,将银行信用变为商业信用。所以买方虽然表示负责接受不符点单据,但开证行在5月16日拒付电中仍然说明买方不接受。买方21日电中甚至宣称待货到后视其质量如何再决定是否付款,这又把L/C方式变成"货到付款"方式。A公司审核和要求修改L/C不及时,造成单证不符,失去了处理单据的主动权,只好听从买方的摆布。但幸亏最终因该货价格在市场有所上涨,买方才转变了态度而付款,否则A公司的损失就不仅仅只是两个多月货款的利息问题。

■ 忽视单证"不符点"受损案

☞ 案情简介

香港某贸易公司A向缅甸仰光某商行B购买辣椒干1 100公吨,并转卖到韩国。B商是由十几家小型的华人商号组成的联营体,首次对港出口,根据政府出口贸易须按FOB价格条件签约的规定,其在合同中订明按"FOB仰光"价成交。

B商收到A公司通过香港某银行开出的L/C,注意到来证规定:"必须在提单签发日后3天内办完交单手续。"虽然交单期限太短,B商仍在装运期内将货物装上由A公司指派的"××"轮,备齐有关证件和单据,依期送交银行寄出。

B商在审证时忽视了来证对价格条款规定的"FOBS仰光",因此,就按买卖合同规定的"FOB仰光"缮制有关单据。来证上还注明"不要写明受益人",而缅甸工商总会规定"产地证"必须填写"受益人"名称,否则,不予签发"产地证"。当时,A公司派了一位土产部经理到仰光验货,B商向他提出有关"受益人名称"的疑点,那位经理说"名称"只是"形式问题,写什么人都无关紧要"。在他的暗示下,又基于B商的一个商号老板与A公司老板有30多年的交情,相信A公司不会欺骗,于是,B商在产地证"受益人名称"一栏写上了A公司。

单据送出后不久,B商接到香港开证行拒付货款的通知,理由是有两个不符点:1."FOB仰光";2."受益人名称"。为此,B商立即向A公司进行多次交涉,要求给予通融。直到这时,B商才得知,A公司向B商购买的这批辣椒干,从交易一开始就委托其在韩国釜山的代理商C采用招标方式在釜山寻找中标人,真正的买方为D公司。由于交涉毫无结果,A公司仍以单证不符为由,坚持拒绝付款赎单。

与此同时,B商同银行协商,愿意按来证规定的"有一个不符点就从L/C金额中扣除20美元"这一条款解决问题,希望银行按此办理后付款。银行答复,付款必须得到A公司同意。

"××"轮将货物由仰光直接运抵釜山,被韩国拒收,3个月后又运回香港,适值A公司破产倒闭,财产在清偿中,船货为此被银行扣压。之后,银行电告B商要求配合解决此案。B商获悉后,立即委托香港的朋友代为处理。3年后,B商终于收回货款,但损失却近半。

☞ **案情分析**

从单证相符的角度分析,B商单据"不符点"是十分明显的。其之所以受损,是因为在下述问题上认识不清:

1. "FOB"与"FOBS"的区别

根据国际商会《2000通则》,在FOB条件下,应由买方负责租船订舱,买方是采用班轮运输方式还是租船运输方式接运货物,关系到装船费由谁负担问题。在班轮运输方式下,船公司负责装卸,理(平)舱费已包括在运费内,事实上就由买方负担;在租船运输方式下,有些国家的航运惯例规定,船东不负担装船费用。于是,在实际业务中,便出现几种变形的FOB 条件,"FOBS"(包括理舱费在内的船上交货价)便是其中一种,它是指卖方负责将货物装入船舱并支付包括理舱费在内的装船费用。

本案中,B 商在签约时未明确装货费由谁负担;审证时,对于来证中列出的"FOBS"又未加注意。这样,缮制的出口单据就造成了日后因"单证不符"而影响收汇的局面。从成交数量来看,辣椒干属大宗货物,对于大宗货物的成交,负责租船的一方,为了节省运费,通常洽租定程租船运输。这就要求卖方有关人员要特别注意了解有关"装卸率"、"滞期费"、"速遣费"的规定,掌握 FOB 的变形,以免因争议而最后受损。

2. L/C 纯粹是一种单据买卖

本案 L/C 规定"不要写明受益人",这是对受益人十分不利的条款,B商不应接受,更不应听信 A 公司土产部经理的话。一般来说,"产地证"的"出口人名称地址"的填写,必须与 L/C"受益人名称地址"完全一致。不然,有关部门对于无受益人名称的"产地证"是不会给予签发的。因此,受益人应请开证人修改或删除 L/C 的有关条款。否则,可能会因单证不符而使出口人丧失 L/C 的银行保证作用,因为开证行对货款的支付,完全是以 L/C 中所规定内容获得实现为条件。若又遇到进口人资信不佳或倒闭清偿,出口人极易遭到拒付或被进口国当局扣压或拍卖货物等经济损失。

3. 对背 L/C 与不可撤销 L/C 的性质

根据案情,香港 A 公司是转口贸易商,实际供货人是仰光的 B 商,C公司是 A 公司在韩国釜山的代理商,真正的买方是釜山的 D 公司,开来的 L/C 是对背 L/C(Back to Back Credit)。它是指转口贸易商或中间商在收到开证行开来的 L/C 后,要求该 L/C 的通知行或其他银行以原证为基础,另外开立一张内容近似于原证的新的 L/C 给实际供货人(即新证的受益人)。这张新的 L/C 就是对背 L/C。新证的"受益人"一栏往往是不写明的,新证是以原受益人(即中间商)为开证申请人,以原证的通知行或其他银行为新证的开证行,实质上是两种关系。原证项下的开证行和开证申请人与新证无关,新证受益人与原证不发生关系。由于涉及两个开证行和两个开证申请人,所以要对 L/C 进行修改或删除有关条款就比较困难,因为新开证人须得到原证开证人的同意。对背 L/C 虽以原证为基础,但某些内容和具体条款(如开证人、受益人、金额、单价、装运期限、有效期限、交单期限)与原证是不同的。如装运期和交单期比原证提前,以便中间商能及时换单(换成自己的提单、发票和汇票),缮制最后买主所需的单据,及时议付,以免造成过期提单。这就是本案例中 L/C 规定的交单期过短(提单签发日后 3 天内)的原因之所在。交单期是指货物装运日后(以运输单据的签发日为准)规定必须向银行提交单据的日期。如果交单期过短,无法在规定期限内办到时,必须及时提出修改。本案中,对来证规定的交单期 B 虽然认为过短,但未提出修改,仓促制单,勉强按期交单,终因单证不符而遭拒付。

由于对背 L/C 具备了不可撤销 L/C 的性质,因此,当受益人发现来证有不符合合同规定的条款而提出修改或删除时,就有可能遇到麻烦。在本案中,如果受益人 B 商要求修改来证规定的"不要写明受益人"和"提单签发日后 3 天内交单",或表示不接受,A 公司若是愿意改证,就要通过香港银行(对背 L/C 的开证行)请原证的开证人 D 通知原证的开证行修改原证的交单期,并表明受益人名称。这样做自然就暴露了实际供货人是 B 商而不是 A 公司,就会使本来"背对背"的 B 和 D 转变为"面对面"了。而实际上转口商 A 公司绝对不会接受改证,开证行(香港银行)为了维护银行自身的利益,也可能会强调原证是不可撤销 L/C,以其他借口阻止受益人改证的要求。尽管对这种 L/C 进行修改比较棘手,B 商也应力争删除不利自己的条款,然后才装货出运。如果争取不到,制作单据时就要力求做到"单据表面"与 L/C"相符",以免日后遭到银行拒付。L/C 上规定"不写明受益人"、"提单签发日后 3 天内交单"等这类条款,在国际惯例中被称为"陷阱条款"。因为受益人难以保证做到,审证时稍不注意,就会造成单证不符,成为"受害人"。

4. L/C 的"不符点罚款"条款

"不符点罚款"条款即本案情所述"有一个不符点,就从 L/C 金额中扣除 20 美元"条款。由于这一条款是开证行在开立 L/C 时自行加列的,而不是开证人的要求,使得受益人在审证时不可能要求开证人删除这一条款,只能无奈地接受下来。一旦发现单据有不符点,开证行便在偿付货款时从受益人的收入中扣除,所罚款项即归开证行所得。受益人不得不接受罚款,承担损失。因此,为了减少损失,受益人只有按 L/C 条款制作单据,努力做到"单证一致"、"单单一致"的"严格相符"原则,避免造成不符点罚款。

转口贸易通常是以买卖单据的方式进行,即所谓"货走货道,单走单路"。本案例中,货物自仰光运往釜山,单据却寄送香港。B 商行在遭到拒付后,全力以赴追索货款,却忽视了已运出货物的下落问题。如果 B 商在货轮尚未转运回香港之前能及时采取一些补救措施处理货物,或许可挽回一些损失。除一方面与 A 交涉迅速解决付款问题外,另一方面要照顾所出运货物到达目的港日期,要在提单的责任期限内把货物控制起来。做法是委托代理商保管或另找客户,防止货款两空。本案例中,直到货物由釜山转运回香港被银行扣压后,B 商才委托香港的朋友代为处理。由于这个补救措施太迟,损失当然就不可避免了。

■ 单据显示船名不一争议案

☞ 案情简介

某年,开证行受某进口公司 B 的委托,对我出口公司 A 开出金额为842 400 美元的远期(45 天)L/C。6 月 27 日,开证行收到议付行寄来的全部单据,经审核,发现发票、装箱单和重量单上显示的船名与提单不符,于是当日通知了开证申请人 B 公司。6 月 30 日,B 公司通知开证行因单单不符进口货物无法报关,并出示了海关的拒绝受理证明,表示不接受单据的不符点,要求开证行拒付货款。议付行接到开证行拒付通知后,于7月13日回电反驳道:提单上显示的船名是正确的,所谓不符点仅是其他单据两个字母打错了位置,将原船名"MARSEILLES"误拼为"MARE-SILLES",因此没有构成真正的不符点,并要求开证行立即付款,并宣称追索迟付利息。

7月17日,开证行回电指出:船名不能有丝毫错误,由于船名不同已构成 L/C 项下单单不符,不能接受议付行的解释和要求。

此后,双方又交涉多次均无结果。时逢 L/C 项下商品价格上涨,开证行多次要求申请人接受单据,以早日解决其贸易纠纷。

8月29日,B公司同意接受单据,但要求受益人支付 10 800 美元作为赔偿金。A公司急于收回货款,竟然同意了此项条件。9月4开证行电告议付行已承兑,11月30日付款 842 400 美元。A公司也对外付款如额支付了赔偿金。

☞ **案情分析**

本案是一起单据显示船名不一的争议案,双方争议的焦点是不符点是否成立以及赔偿金的处理是否合理。对此,可从以下几个方面进行分析:

1. 开证行与议付行应采用什么标准审单

当前,国际上主要有两种审单标准,一种为"严格相符(strict compliance)"原则,即单据绝对相符,包括每一个字母都完全一致;另一种为"实质相符(substantial compliance)",也即单证之间、单单之间的实质性问题相符即可。本案例中开证行与议付行之间的分歧就在于他们的审单标准不一致。议付行认为字母的打错并不构成实质性的不符点,要做到绝对相符是不可能的,因此,才要求开证行必须付款。但是,开证行却认为,本案中的不符点从表面看仅是一个字母打错了位置,但这个不符点所造成的后果是严重的。由于船名不符导致了开证申请人无法报关,影响了进口人正常的销售活动,这不是一个简单的单据字母的问题,而是一个实质性的不符点。

开证行据此拒付,有无道理? 可从以下角度来分析:(1)《UCP500》第13条A款对单证不符已有明文规定:"单据之间的不一致应视为单证不符。"可见,即便是"打字问题"(况且打字问题已影响到实质性的争论),也足以构成不符。(2)如果不符点确实属于打字问题,也就是说,其中没有欺诈。那么,这种源于制单所形成的单证不符同违约形成的单证不符毕竟是不同的。未按合同履约所形成的不符是既成事实,不可更改,而这种制单形成的单证不符可以通过改单解决。如果是发票和装箱单的问题,受益人可重新制单通过议付行寄给开证行,或直接寄给申请人,以弥补给申请人报关带来的不利;如果是提单制错,可请船务公司签发正确的提单,并退回原提单作废。当然,提单的重签必须以符合事实为依据。

2. 赔偿金的处理采用什么方法为妥

受益人违约后,贸易双方应根据合同规定,履行违约条款,议定商品处理、价款折扣、违约金偿付等问题,经双方同意后形成书面文字执行。本案例中,申请人要求的10 800美元赔偿金,其支付方式应采取在货款支付时扣收的方法。这样,一方面,申请人控制款项,处于有利地位;另一方面,手续简便,避免重复汇款,并避免了受益人拒绝付款的风险。

3. 本案的经验教训

在审单过程中,经常会遇到单据与L/C之间、单据与单据之间存在细微不同的情况。对其性质的认定,往往较为模糊和灵活。既可以归结为打字问题,又可以归结为单单不符。如果开证行据以拒付,可能会被议付行称为挑剔单据;反之,如果开证行忽略不计,一旦出现贸易问题,申请人又会抱怨开证行审单质量不高,把关不严。对此,应注意以下几个问题:(1)凡涉及结算要素方面的细微不同,不能简单视同打字问题。如货物名称、规格、装运船只、日期、货币名称、金额等。(2)细微不符是否作为拒付理由,反映单据质量认定方面的粗细程度和松紧程度。对这种程度的把握取决于开证行,也取决于申请人,由申请人根据贸易双方的合作关系、商品质量、市场行情等做出取舍是必要的,这再一次说明了商业信誉对开证行行为具有决定和基础作用。但是,是否接受不符点、接受单据,最终还是取决于开证行。

所以,对开证行来说,其态度既要稳妥,又要积极。一方面,要认真审单,对单据质量进行认真鉴定,查明潜在风险;另一方面,又要对不符点进行分类,对细微不符应说服客户予以接受,及时对外付款。

■ 凭信托收据提货纠纷案

☞ **案情简介**

某年 8 月,我某进口公司 B 从香港进口电话机生产设备,并通过天津某银行对外开立了 L/C。9 月 30 日,货物如期在香港装船,港商 A 将提单传真给我 B 公司。10 月 7 日,货物抵达天津新港。B 公司生产急需该批设备,同时为了避免交纳滞港费,于 10 月 8 日向开证行申请信托收据。开证行审核 L/C 和有关单据副本后,由企业开立了付款保证书:保证对 L/C 项下单据付款,并承担由此而产生的一切风险。10 月 9 日,开证行向天津外轮代理公司出具了信托收据。10 月 10 日,B 公司凭信托收据提出了货物,并进行了商检,结果发现进口设备某些部件错装。

10 月 14 日,开证行收到议付行寄来的 L/C 项下的全套单据,寄单面函上注明:"DOCUMENTS NOT CHECKED,WE SEND THIS BILL ON COLLECTION BASIS(我行未审核单据,按托收处理)。"开证行经审核单据,发现有多处不符点,于 10 月 15 日向 B 公司提示单据。但因进口部件有误,B 公司想以单证不符为由拒付。而开证行坚持向 B 公司说明,由于已出具信托收据并提货,该单据不能拒付,进出口双方的贸易纠纷应通过其他渠道解决。10 月 16 日,开证行凭付款保证书对外付款。

后经协商，港商 A 为 B 公司调换了错装的货物，并支付了赔偿金才了结了此案。

☞ 案情分析

按正常的 L/C 业务，单证不符，开证行可以拒付。但在本案例中，B公司凭银行开立的信托收据，在收到正本单据前已先行提出货物，这就是一种比较特殊的情况了。我们可以从以下几个方面进行分析：

1. 关于开证行出具的信托收据问题

信托收据是在货先到而单据未到的情况下，开证行与进口商签署的一份文件。根据文件中的条款，由客户保证他将作为银行的代理人处理货物，或者说是受银行的委托取得货物，然后将货物出售或送入仓库，并保证在货款还清以前，使一切必要的保险生效，并代银行保存销售所得的款项。在实际业务中，船务公司允许客户凭银行的信托收据先行提货。这是因为，开证行根据客户在信托收据上的签字，已将货物的所有权凭证（单据）交与客户。同时，开证行在信托收据中向船务公司保证，一旦收到提单即向其提交，换回信托收据。这样，就可以避免船务公司承担托运人或第三人凭提单向其追索货物时，其既无货物又无提单的困境。另外，船务公司也相信开证行的信誉。在本案例中就是采取了这种方法，才使 B公司提得了货物。那么，如果议付行向开证行提交的单据与 L/C 不符，根据国际惯例，开证行也只有惟一的一种处理方法：付款并向进口商交单。因为开证行已经向船务公司出具了信托收据，正本提单必须向船务公司提交以换回信托收据，才能履行开证行的担保责任。当然，开证行就不可能再将全套单据退回议付行了。

《UCP500》第 4 条规定："在信用证业务中，各有关当事人处理的是单据，而不是与单据有关的货物、服务及/或其他行为。"本案例中，由于开证行出具了信托收据，参与了进口商的提货行为，违反了统一惯例的规定。因此，统一惯例中的权利义务关系也必然要相应变化，特别是单证不符可以拒付的原则已不适用。

2. 出口商与进口商的贸易纠纷的解决

本案例中,A公司把不符的货物发给B公司,并错误地缮制了单据,这违反了L/C和合同的规定。但是,在没有充分欺诈证据的前提下,双方纠纷可以通过贸易索赔、仲裁等方式得到解决,这同L/C的有关原则并不矛盾。

3. 本案的经验教训

在我国,利用信托收据提取货物的情况多出现于港澳和近洋贸易中。这是因为,轮船航程短,而单据要经过大副收据换正式提单,出口商向议付行交单,议付行审单、寄单等一系列环节,开证行才能收到单据。单据运作的时间往往比轮船航行时间还要长,这就形成了货先到单未到的情况。

远洋(比如对美国、加拿大及欧共体国家)贸易一般不会出现这种情况。

出具信托收据实质上使开证行和进口商放弃了最终验单的权利,付款成了惟一的选择。虽然付款后贸易纠纷仍可以通过仲裁、诉讼等手段解决,但是,这些措施费时费力,风险很大。所以,银行在出具信托收据时,一般须非常谨慎,并按以下条件操作:

(1)掌握出口商的资信情况。如果出口商资信不佳,或对其不甚了解,只严格按照L/C的正常程序办理,不出具提货担保,以防止欺诈;

(2)掌握进口商资信;

(3)严格核查贸易背景;

(4)在出具信托收据前,要求进口商存入足额的L/C款项,并由其授权开证行一旦收到有关单据,可以据之对外承付;

(5)对非信用证项下的业务,一般不办理信托收据。

附录

一、《跟单 L/C 统一惯例 1993 年(修订本)》
[国际商会第 500 号出版物(UCP500)]

A. 总则与定义

第一条　统一惯例的适用范围

《跟单 L/C 统一惯例》(1993 年修订本),即,国际商会第 500 号出版物,适用于所有在 L/C 文本中标明按本惯例办理的跟单 L/C(包括本惯例适用范围内的备用 L/C),除非 L/C 中另有明确规定,本惯例对一切有关当事人均具有约束力。

第二条　L/C 的意义

就本惯例而言,"跟单 L/C"和"备用 L/C"(以下统称"L/C")意指一项约定,不论如何命名或描述,系指一家银行("开证行")应客户("申请人")的要求和指示或以其自身的名义,在与 L/C 条款相符的条件下,凭规定的单据:

Ⅰ.向第三者("受益人")或其指定人付款,或承兑并支付受益人出具的汇票,或

Ⅱ.授权另一家银行付款,或承兑并支付该汇票,或

Ⅲ.授权另一家银行议付。

就本惯例而言,一家银行在不同国家设立的分支机构均同为另一家银行。

第三条　L/C 与合同

a.就性质而言,L/C 与可能作为其依据的销售合同或其他合同,是相互独立的两种交易。即使 L/C 中提及该合同,银行亦与该合同完全无关,且不受其约束。因此,一家银行作出付款、承兑并支付汇票或议付及/或履行 L/C 项下其他义务的承诺,并不受申请人与开证行之间或与受益

人之间在已有关系下产生的索偿或抗辩的制约。

b.受益人在任何情况下,不得利用银行之间或申请人与开证行之间的契约关系。

第四条　单据与货物/服务/行为

在 L/C 业务中,各有关当事人处理的是单据,而不是单据所涉及的货物、服务/或其他行为。

第五条　开立或修改 L/C 的指示

a.开证指示、L/C 本身、对 L/C 的修改指示或修改书本身均必须完整和明确。

为防止混淆和误解,银行应劝阻有关方:

Ⅰ.勿在 L/C 或其任何修改书中加注过多细节。

Ⅱ.在指示开立、通知或保兑一个 L/C 时,勿引用先前开立的 L/C (参照前证),而该前证受到已被接受及/或未被接受的修改所约束。

b.有关开立 L/C 的一切指示和 L/C 本身,如有修改时,有关修改的一切指示和修改书本身都必须明确表明据以付款、承兑或议付的单据。

B. L/C 的形式与通知

第六条　可撤销 L/C 与不可撤销 L/C

a.L/C 可以是:

Ⅰ.可撤销的,或

Ⅱ.不可撤销的。

b.因此 L/C 上应明确注明是可撤销的或是不可撤销的。

c.如无此项注明,应视为不可撤销的。

第七条　通知行的责任

a.L/C 可经另一家银行("通知行")通知受益人,但通知行无须承担付款承诺之责任。如通知行决定通知,就应合理审慎地核验所通知的 L/C 的表面真实性。如通知行决定不通知,就必须不延误地告知开证行。

b.如通知行不能确定 L/C 的表面真实性,就必须不延误地告知发出该指示的银行,说明本行不能确定该 L/C 的真实性。如通知行仍决定通知,则必须告知受益人本行不能核对 L/C 的真实性。

第八条 L/C 的撤销

a.可撤销的 L/C 可以由开证行随时修改或撤销,不必事先通知受益人。

b.然而,开证行必须做到:

Ⅰ.对办理可撤销 L/C 项下即期付款、承兑或议付的另一家银行,在其收到修改或撤销通知之前已凭表面与 L/C 条款相符的单据作出的任何付款、承兑或议付者,予以偿付;

Ⅱ.对办理可撤销 L/C 项下延期付款的另一家银行,在其收到修改或撤销通知之前已接受表面与 L/C 条款相符的单据者,予以偿付。

第九条 开证行与保兑行的责任

a.对不可撤销的 L/C 而言,在 L/C 规定的单据全部提交指定银行或开证行,并且这些单据又符合 L/C 条款的规定时,便构成开证行的确定承诺:

Ⅰ.对即期付款的 L/C——开证行应即期付款;

Ⅱ.对延期付款的 L/C——开证行应按 L/C 规定所确定的到期日付款;

Ⅲ.对承兑 L/C,分两种情况:

(a)凡汇票由开证行承兑者——开证行应承兑受益人出具的以开证行为付款人的汇票,并于到期日支付票款,或

(b)凡汇票由另一受票银行承兑者——如 L/C 上规定的受票银行对以其为付款人的汇票不予承兑时,应由开证行承兑并在到期日支付受益人出具的以开证行为付款人的汇票;或者,如受票银行对汇票已承兑,但到期不付时,则开证行应予支付;

Ⅳ.对议付 L/C——开证行应根据受益人依照 L/C 出具的汇票及/或提交的单据向出票人及/或善意持票人履行付款,不得追索。开立 L/C 时不应以 L/C 申请人作为汇票付款人。如 L/C 仍规定汇票付款人为申

请人,银行将视此汇票为附加的单据。

b.根据开证行的授权或要求另一家银行("保兑行")对不可撤销 L/C 加具保兑,当 L/C 规定的单据提交到保兑行或任何另一家指定银行时,在单据符合 L/C 规定的情况下,则构成保兑行在开证行的承诺之外的确定承诺,即:

Ⅰ.对即期付款的 L/C——保兑行应即期付款;

Ⅱ.对延期付款的 L/C——保兑行应按 L/C 规定所确定的到期日付款;

Ⅲ.对承兑 L/C,分两种情况:

(a)凡汇票由保兑行承兑者——保兑行应承兑受益人出具的以保兑行为付款人的汇票,并于到期日支付票款,或

(b)凡汇票由另一受票银行承兑者——如 L/C 规定的受票银行对于以其为付款人的汇票不予承兑,则应由保兑行承兑并在到期日支付受益人出具的以保兑行为付款人的汇票,或者,如受票银行对汇票已承兑但到期不付者,则保兑行应予支付。

Ⅳ.对议付 L/C——保兑行应根据受益人依照 L/C 出具的汇票及/或提交的单据,对出票人及/或善意持票人予以议付,不得追索。开立 L/C 时不应以 L/C 申请人作为汇票付款人。如 L/C 仍规定汇票付款人为申请人,银行将视此汇票为附加的单据。

c.

Ⅰ.如开证行授权或要求另一家银行对 L/C 加具保兑,而该银行不准备照办时,就必须不延误地告知开证行。

Ⅱ.除非开证行在其授权或要求加具保兑的指示中另有专门规定,否则通知行可以不加保兑就把未经保兑的 L/C 通知给受益人。

d.

Ⅰ.除本惯例第 48 条另有规定外,凡未经开证行、保兑行(如有)以及受益人同意,不可撤销 L/C 既不能修改也不能撤销。

Ⅱ.自发出 L/C 修改书之时起,开证行就不可撤销地受本行发出的

修改的约束。保兑行可将其保兑承诺扩展至修改内容,且自其通知该修改之时起,即不可撤销地受修改的约束。然而,保兑行可选择仅将修改通知受益人而不对其加具保兑,但必须不延误地将此情况通知开证行和受益人。

Ⅲ. 在受益人向通知修改的银行表示接受该修改内容之前,原 L/C (或先前已接受修改的 L/C) 的条款对受益人仍然有效。受益人应发出接受修改或拒绝接受修改的通知。如受益人未提供上述通知,当他提交给指定银行或开证行的单据与 L/C 以及尚未表示接受的修改的要求一致时,则该事实即视为受益人已作出接受修改的通知,并从此时起,该 L/C 已作了修改。

Ⅳ. 对同一修改通知中的修改内容不允许部分接受,因而,部分接受修改内容当属无效。

第十条　L/C 的种类

a. 一切 L/C 均须明确表示它适用于即期付款、延期付款、承兑抑或议付。

b.

Ⅰ. 除非 L/C 规定只能由开证行办理这项业务,否则一切 L/C 均须指定某家银行(称"指定银行")并授权其付款、承担延期付款责任、承兑汇票或议付。对自由议付的 L/C,任何银行均可为指定银行。

单据必须提交给开证行或保兑行(如有)或其他任何指定银行。

Ⅱ. 议付意指受权议付的银行对汇票及/或单据付出对价。仅审核单据而未付对价者,不构成议付。

c. 除非指定银行是保兑行,否则,指定银行地开证行指定其付款、承担延期付款责任、承兑汇票或议付并不承担责任。除非指定银行已明确同意并告知受益人,否则,它收受及/或审核及/或转交单据的行为,并不意味着它对付款、承担延期付款责任、承兑汇票或议付负有责任。

d. 如开证行指定另一家银行或允许任何银行议付(或授权、或要求)另一家银行加具保兑,开证行即据此分别授权上述银行凭表面与 L/C 条款相符的单据办理付款、承兑汇票或者议付,并保证依照本惯例对上述银行予以偿付。

第十一条 电讯传递的 L/C 与预先通知的 L/C

a.

Ⅰ.当开证行使用密码证实的电讯方式指示通知行通知 L/C 或修改 L/C 时,该电讯即视为有效的 L/C 文件或有效的修改书,不应再寄送电报证实书。如仍寄送证实书,则该证实书当属无效,通知行也没有义务将证实书与所收到的以电讯方式传递的有效 L/C 文件或有效的修改书进行核对。

Ⅱ.若该电讯说明"详情后告"(或类似词语)或声明嗣后寄出的证实书将是有效的 L/C 文件或有效的修改,则该电讯系无效的 L/C 文件或修改书。开证行必须不延误地向通知行寄送有效的 L/C 文件或有效的修改书。

b.如一家银行利用另一家通知行的服务将 L/C 通知给受益人,它也必须利用同一家银行的服务通知修改书。

c.只有准备开立有效 L/C 或修改书的开证行,才可以对不可撤销 L/C 或修改书发出预先通知书。除非开证行在其预先通知书中另有规定,否则,发出预先通知的开证行应不可撤销地保证不延误地开出或修改 L/C,且条款不能与预先通知书相矛盾。

第十二条 不完整或不清楚的指示

如所收到的有关通知、保兑或修改 L/C 的指示不完整或不清楚,则被要求执行该指示的银行可以给受益人一份预先通知,仅供其参考,但该行不负任何责任。该预先通知书应清楚地声明本通知书仅供参考,且通知行不承担责任。但通知行必须将所采取的行动告知开证行,并要求开证行提供必要的内容。

开证行必须不延误地提供必要的内容。只有通知行收到完整明确的指示,并准备执行时,方得通知、保兑或修改 L/C。

C. 责任与义务

第十三条　审核单据的标准

a. 银行必须合理小心地审核 L/C 上规定的一切单据,以便确定这些单据表面是否与 L/C 条款相符合。本惯例所体现的国际标准银行实务是确定 L/C 所规定的单据表面与 L/C 条款相符的依据。单据之间表面不一致,即视为表面与 L/C 条款不符。

L/C 上没有规定的单据,银行不予审核。如果银行收到此类单据,应退还交单人或将其照转,但对此不承担责任。

b. 开证行、保兑行(如有),或代其行事的指定银行,应有各自的合理的审单时间——不得超过从其收到单据的翌日起算第 7 个银行工作日,以便决定是接受或拒绝接受单据,并相应地通知寄单方。

c. 如 L/C 含有某些条件而未列明需提交与之相符的单据者,银行将认为未列明此条件,对此不予理会。

第十四条　有不符点的单据与通知事宜

a. 当开证行授权另一家银行依据表面符合 L/C 条款的单据付款、承担延期付款责任、承兑汇票或议付时,开证行和保兑行(如有),应承担下列责任:

Ⅰ. 对已付款、已承担延期付款责任、已承兑汇票或已作议付的指定银行予以偿付。

Ⅱ. 接受单据。

b. 开证行及/或保兑行(如有),或代其行事的指定银行,收到单据后,必须仅以单据为依据,确定这些单据是否表面与 L/C 条款相符。如与 L/C 条款不符,上述银行可以拒绝接单。

c. 如开证行已确定单据表面与 L/C 条款不符,它可以自行确定申请人联系请其对不符点予以接受,但是,这样做不能借此延长第 13 条(b)款规定的期限。

d.

Ⅰ.如开证行及/或保兑行(如有),或代其行事的指定银行,决定拒绝接单据,它必须不延误地以电讯方式通知有关方;如不可能,用电讯方式通知时则以其它快捷方式通知此事,但不得迟于收到单据的翌日起算第7个银行工作日。该通知应发给寄单银行,或者,如直接从受益人处收到单据者,则应通知受益人。

Ⅱ.该通知必须说明银行凭以拒绝接受单据的全部不符点,并说明单据已由本行代为保管听候处理,或将退还给交单人。

Ⅲ.然后,开证行及/或保兑行(如有),便有权向交单行索回已经给予该银行的任何偿付款项及利息。

e.如开证行及/或保兑行(如有),未能按照本条的规定办理及或未能代为保管单据听候处理,或径退交单人时,开证行及/或保兑行(如有),就无权宣称单据与 L/C 条款不符了。

f.如寄单行向开证行及/或保兑行(如有)指出单据中的不符点,或通知开证行或保兑行:本行已经凭赔偿担保付款、承担延期付款责任、承兑汇票或议付,则开证行及/或保兑行(如有),并不因此而解除其在本条文项下的任何义务。此项保留或赔偿担保仅涉及寄单行与为之保留,或者为之提供或代为提供赔偿担保一方之间的关系。

第十五条　对单据有效性的免责

银行对于任何单据的形式、完整性、准确性、真伪性或法律效力,或对于单据上规定的或附加的一般性及/或特殊性条件,概不负责;银行对于任何单据中有关的货物描述、数量、重量、质量、状况、包装、交货、价值或存在与否,对于货物的发货人、承运人、运输行、收货人或保险人或其他任何人的诚信、行为及/或疏忽、清偿能力、执行能力或信誉也概不负责。

第十六条　对文电传递的免责条款

银行对由于任何文电、信函或单据在传递中发生延误及/或遗失所造成的后果,或对于任何电讯在传递过程中发生的延误、残缺或其他差错,概不负责。银行对专门性术语的翻译及/或解释上的差错,也不负责,银行保留将 L/C 条款原文照转而不翻译的权利。

第十七条　不可抗力

银行对于天灾、暴动、骚乱、叛乱、战争或银行本身无法控制的任何其他原因而营业中断,或对于任何罢工或停工而营业中断所引起的一切后果,概不负责。除非经特别授权,银行在恢复营业后,对于在营业中断期间已逾期的 L/C,将不再进行付款、承担延期付款责任、承兑汇票或议付。

第十八条　对被指示方行为的免责条款

a.银行为执行申请人的指示,而利用另一家银行或另几家银行的服务,是代申请人办理的,费用由申请承付,风险由申请人承担。

b.即使是银行主动选择其他银行办理业务,它发出的指示未被执行,对此银行亦不负责。

c.

Ⅰ.一方指示另一方提供服务时,被指示方因执行指示而产生的一切费用,包括手续费、费用、成本费或其他开支,均由发出指示的一方承担。

Ⅱ.当 L/C 规定上述费用由指示方以外的一方负担,而这些费用又未能收回时,亦不能免除最终仍由指示方支付此类费用的责任。

d.申请人应受外国法律和惯例加诸银行的一切义务和责任的约束,并对银行承担赔偿之责。

第十九条　银行间的偿付约定

a.开证行如欲通过另一银行(偿付行)对付款行、承兑行或议付行(均称"索偿行")履行偿付时,开证行应及时给偿付行发出对此类索偿予以偿付的适当指示或授权。

b.开证行不应要求索偿行向偿付行提供证实单据与 L/C 条款相符的证明。

c.如索偿行未能从偿付行得到偿付,开证行就不能解除自身的偿付责任。

d.如偿付行未能在首次索偿时即行偿付,或未能按 L/C 规定或双方另行约定的方式进行偿付时,开证行应对索偿行的利息损失负责。

e.偿付行的费用应由开证行承担。然而,如费用系由其他方承担,则开证行有责任在原 L/C 中和偿付授权书中予以注明。如偿付行的费用系由其他方承担,则该费用应在支付 L/C 项下款项时向索偿行收取。如未支取,开证行仍有义务承担偿付行的费用。

D. 单据

第二十条 对出单人而言的模糊用语

a. 不应使用诸如"第一流"、"著名"、"合格"、"独立"、"正式"、"有资格"、"当地"及类似意义的用语来描述 L/C 项下应提交的任何单据的出单人的身份。如 L/C 中含有此类词语,只要所提交的单据表面与 L/C 其他条款相符,且单据又非由受益人出具者,银行将予接受。

b. 除非 L/C 另有规定,只要单据注明为正本,如必要时,已加签字,银行也将接受用下列方法制作或看来是按该方法制作的单据作为正本单据:

Ⅰ. 影印、自动或电脑处理;

Ⅱ. 复写;

单据上的签字可以手签,也可用签样印制、穿孔签字、盖章、符号表示或其他任何机械或电子证实的方法处理。

c.

Ⅰ. 除非 L/C 另有相反规定,否则银行将接受标明副本字样或没有标明正本字样的单据作为副本单据,副本单据无须签字。

Ⅱ. 如 L/C 要求提交多份单据,诸如"一式两份"、"两张"、"两份"等,此时可以提交一份正本,其余份数以副本来满足。但单据本身另有相反的示者除外。

d. 除非 L/C 另有规定,当 L/C 含有要求证实单据、使单据生效、使单据合法、签证单据、证明单据或对单据有类似要求的条件时,这些条件可由在单据上签字、标注、盖章或标签来满足,只要单据表面已满足上述条件即可。

第二十一条 对出单人或单据内容未作规定的情况

当 L/C 要求提供除运输单据、保险单据和商业发票以外的单据时,

L/C 中应规定该单据由何人出具,应有哪些措辞或内容。如 L/C 对此未做规定,只要所提交单据的内容与提交的其他单据不矛盾,银行将予接受。

第二十二条　出单日期与 L/C 日期

除非 L/C 另有相反规定,银行将接受出单日期早于 L/C 日期的单据,但这些单据必须在 L/C 和本惯例规定的期限内提交。

第二十三条　海洋运输提单

a.如 L/C 要求提交港至港运输提单者,除非 L/C 另有规定,银行将接受下述单据,不论其称谓如何:

Ⅰ.表面注明承运人的名称,并由下列人员签字或以其他方式证实:

——承运人或作为承运人的具名代理或代表,或

——船长或作为船长的具名代理或代表。

承运人或船长的任何签字或证实,必须表明"承运人"或"船长"的身份。代理人代表承运人或船长签字或证实时,也必须表明他所代表的委托人的名称和身份,即注明代理人是代表承运人或船长签字或证实的,及

Ⅱ.提单上注明货物已装船或已装指名船只。

已装船或已装指名船只的内容,可由提单上印就的"货物已装上指名船只"或"货物已装运指名船只"的词语来表示,在此情况下,提单的出具日期即视为装船日期与装运日期。

在所有其他情况下,装上指名船只这一内容,必须以提单上注明货物装船日期的批注来证实,在此情况下,装船批注日期即视为装运日期。

当提单上含有"预期船"字样或类似有关限定船只的词语时,装上具名船只这一内容必须由提单上的装船批注来证实。该项装船批注除注明货物已装船的日期外,还应包括实际装货的船名,即使实际装货船只的名称为"预期船",亦应如此。

如提单上注明的收货地或接受监管地与装货港不同,货已装船的批注仍须注明 L/C 规定的装货港和实际装货船名,即使已装货船只的名称与提单注明的船只名称一致,亦应如此。本规定还适用于任何由提单上

印定的船词语来表示装船情况。及

Ⅲ.注明 L/C 规定的装货港和卸货港,尽管提单上可能有下述情况:

(a)注明不同于装货港的货物接受监管地及/或不同于卸货港的最终目的地,及/或

(b)含有"预期"或类似有关限定装货港,及/或卸货港的标注者,只要单据上表示了 L/C 规定的装货港及/或卸货港,及

Ⅳ.开立全套正本提单可以是仅有一份正本提单或者是一份以上正本提单,及

Ⅴ.含有全部承运条件或部分承运条件须参阅提单以外的某一出处或文件(属简式/背面空白提单)者,银行对此类承运条件的内容不予审核,及

Ⅵ.未注明受租船合约约束及/或未注明承运船只仅以风帆为动力者,及

Ⅶ.在所有其他方面均符合 L/C 规定者。

b.就本条文而言,转运指在 L/C 规定的装货港到卸货港之间的海运过程中,将货物由一艘船卸下再装上另一艘船的运输。

c.除非 L/C 禁止转运,否则只要同一提单包括了海运全程运输,银行将接受注明货物将转运的提单。

d.即使 L/C 禁止转运,银行对下列单据仍予以接受:

Ⅰ.对注明将发生转运者,只要提单上证实有关货物已由集装箱、拖车及/或子母船运输,并且同一提单包括海运全程运输,及/或

Ⅱ.含有承运人声明保留转运权利条款者。

第二十四条 非转让的海运单

a.如 L/C 要求提供的是港至港非转让海运单者,除非 L/C 另有相反规定,否则银行将接受下述单据,不论其称谓如何:

Ⅰ.表面注明承运人名称,并由下列人员签字或以其他方式证实:

——承运人或作为承运人的具名代理或代表,或

——船长或作为船长的具名代理或代表。

承运人或船长的任何签字或证实,必须表明"承运人"或"船长"的身份。代理人代表承运人或船长签字或证实时,也必须表明他所代表的委托人的名称和身份,即注明代理人是代表承运人或船长签字或证实的,及

Ⅱ.注明货物已装船或已装具名船只。

货物已装船或已装具名船只的内容,可由非转让海运单上印就的"货物已装上具名船只"或"货物已装具名船只"的词语来表示,在此情况下,非转让海运单的出具日期即视为装船日期与装运日期。

在所有其他情况下,货物装上具名船只的内容,必须以非转让海运单上注明货物装船日期的批注加以证实。在此情况下,装船批注日期即视为装运日期。

如非转让海运单含有"预期船"或类似有关限定船只的词语时,货物装上具名船只的内容必须由非转让海运单上的装船批注来证实,该项装船批注除注明货物已装船日期外,还应包括载货的船名。即使实际装货船只的名称为"预期船",亦应如此。

如果非转让海运单上注明的收货地或货物接受监管地与装货港不同,已装船批注中仍须注明 L/C 规定的装货港和实际装货船名,即使装货船只的名称与非转让海运单上注明的船只一致,亦应如此。本规定适用于任何由非转让海运单上印就的装船词语来表示装船情况,及

Ⅲ.注明 L/C 规定的装货港和卸货港,尽管非转让海运单可能有下述情况:

(a)注明不同于装运港的货物接受监管地及/或不同于卸货港的最终目的地,及/或

(b)含有"预期"或类似有关限定装运港及/或卸货港的标注者,只要单据上表示了 L/C 规定的装运港及/或卸货港,及

Ⅳ.开立全套正本运单可以是仅有一份正本或者是一份以上正本。及

Ⅴ.含有全部承运条件或部分承运条件须参阅非转让海运单以外的某一出处或文件(属简式/背面空白的非转让海运单)者,银行对此类承运

条件的内容不予审核,及

Ⅵ.未注明受租船合约约束及/或未注明承运船只仅以风帆为动力者,及

Ⅶ.在所有其他方面均符合 L/C 规定者。

b.就本条款而言,转运意指在 L/C 规定的装货港到卸货港之间的海运过程中,将货物由一艘船卸下再装上另一艘船的运输。

c.除非 L/C 上有禁止转运的条款,否则,只要同一非转让海运单包括了海运全程运输,银行将接受注明货物将转运的非转让海运单。

d.即使 L/C 禁止转运,银行将接受下列非转让海运单:

Ⅰ.对注明将发生转运者,只要非转让海运单证实有关货物已由集装箱、拖车及/或子母驳船运输,并且同一非转让海运单包括海运全程运输,及/或

Ⅱ.含有承运人声明保留转运权利的条款者。

第二十五条 租船合约提单

a.如果 L/C 要求提交或允许提交租船合约提单,除非 L/C 另有相反规定,否则,银行将接受下述单据,不论其称谓如何:

Ⅰ.含有受租船合约约束的任何批注,及

Ⅱ.已由下列人员签字或以其他方式证实:

——船长或作为船长的具名代理或代表,或

——船东或作为船东的具名代理或代表。

船长或船东的任何签字或证实,必须表明"船长"或"船东"的身份。代理人代表船长或船东签字或证实时,亦须表明他所代表的委托人的名称和身份,即注明代理人是代表船长或船东签字或证实的,及

Ⅲ.注明或不注明承运人的名称,及

Ⅳ.注明货物已装船或已装具名船只。

货物已装船或已装具名船只的内容,可由提单上印定的"货物已装上具名船只"或"货物已装运具名船只"的词语来表示,在此情况下,提单的出单日期将视为装船日期与装运日期。

在所有其他情况下,装上具名船只的内容,必须以在提单上注明的货物装船日期的批注来证实,在此情况下,装船批注日期即视为装运日期,及

Ⅴ.注明 L/C 规定的装货港和卸货港,及

Ⅵ.开立的全套正本提单可以是仅有一份正本提单或者是一份以上正本提单,及

Ⅶ.未注明承运船只仅以风帆为动力者,及

Ⅷ.在所有其他方面均符合 L/C 规定者。

b.即使 L/C 要求提交与租船合约提单有关的租船合约,银行对该租船合约也不予审核,但将予以照转而不承担责任。

第二十六条 多式运输单据

a.如 L/C 要求提供至少包括两种不同运输方式(即多式运输)的运输单据,除非 L/C 另有相反规定,否则,银行将接受下述运输单据,不论其称谓如何:

Ⅰ.表面注明承运人的名称或多式运输营运人的名称,并由下列人员签字或以其他方式证实:

——承运人或多式运输营运人或作为承运人或多式运输营运人的具名代理或代表,或

——船长或作为船长的具名代理或代表。

承运人或多式运输营运人或船长的任何签字或证实,必须分别表明"承运人"或"多式运输营运人"或"船长"的身份。代理人代表承运人或多式运输营运人或船长签字或证实时,也必须注明他所代表的委托人的名称和身份,即注明代理人是代表承运人或多式运输营运人或船长签字或证实的,及

Ⅱ.注明货物已发运、已接受监管或已装载者。

发运、接受监管或装载,可在多式运输单据上以文字表明,且出单日期即视为发运、接受监管或装载日期及装运日期。然而,如果单据以盖章或其他方式标明发运、接受监管或装载日期,则此类日期即视为装运日

期,及

Ⅲ.

(a)注明 L/C 规定的货物接受监管地,该接受监管地可以不同于装货港、装货机场和装货地,及/或注明 L/C 规定的最终目的,该最终目的地可以与卸货港、卸货机场或卸货地不同,及/或

(b)含有"预期"或类似限定有关船只及/或装货港及/或卸货港的批注,及

Ⅳ.开立的全套正本提单可以是仅有一份正本提单或者是一份以上正本提单,及

Ⅴ.含有全部承运条件或部分承运条件须参阅多式运输单据以外的某一出处或文件(属简式/背面空白的多式运输单据)者,银行对此类承运条件的内容不予审核,及,

Ⅵ.未注明受租船合约约束及/或未注明承运船只仅以风帆为动力者,及

Ⅶ.在所有其他方面均符合 L/C 规定者。

b.即使 L/C 禁止转运,银行也将接受注明转运将发生或可能发生的多式运输单据,只要同一多式运输单据包括运输全程即可。

第二十七条 空运单据

a.如果 L/C 要求提供空运单据,除非 L/C 另有相反规定,否则,银行将接受下列单据,不论其称谓如何:

Ⅰ.表面注明承运人名称并由下列人员签字或以其他方式证实:

——承运人;或

——作为承运人的具名代理或代表。

承运人的任何签字或证实,亦须表明他承运人的身份。代理人代表承运人签字或证实亦须表明所代表的委托人的名称和身份,即表明代理人是代表承运人签字或证实者,及

Ⅱ.注明货物已收妥待运,及

Ⅲ.如 L/C 要求注明实际发运日期,则应对此日期作出专项批注。

在空运单据上如此表示的发运日期,即视为装运日期。

就本条款而言,在空运单据的方格(标明"仅供承运人使用"或类似说明)内所表示的有关航班号和起飞日的信息不能视为发运日期的专项批注。

在所有其他情况下,空运单据的签发日期即视为装运日期,及

Ⅳ.空运单上注明 L/C 规定的发运机场及目的地机场,及

Ⅴ.空运单上开给委托人/发货人的正本空运单据,即使 L/C 规定全套正本,或有类似意义的词语,及

Ⅵ.空运单上含有全部承运条件,或其中某些承运条件须参阅空运单以外的某一出处或文件。银行对此类承运条件的内容将不予审核,及

Ⅶ.所有其他方面均符合 L/C 规定。

b.就本条款而言,转运指在 L/C 规定的起飞机场到目的地机场的运输过程中,将货物从一架飞机上卸下再装到另一架飞机上的运输。

c.即使 L/C 禁止转运,银行也将接受上面注明将发生或可能发生转运的空运单据,只要是同一空运单据包括运输全程即可。

第二十八条　公路、铁路或内河运输单据

a.如果 L/C 要求提供公路、铁路或内河运输单据,除非 L/C 另有相反规定,否则银行将接受所要求的类型的运输单据,不认其称谓如何:

Ⅰ.单上注明承运人的名称并且已由承运人或作为承运人的具名代理或代表签字或以其他方式证实,及/或载有承运人或作为承运人的具名代理或代表的货物收妥印章或其他收妥的标志。

承运人的任何签字、证实、收妥印章或其他收妥标志,表面须表明承运人的身份。代表承运人签字或证实,亦须表明其所代表的委托人的名称和身份,即注明代理人是代表承运人签字或证实的,及

Ⅱ.单上注明货物已收妥待运、发运或承运或类似意义的词语,除非运输单据上盖有收妥印章,否则运输单据的出具日期即视为装运日期。在加盖收妥印章的情况下,盖章的日期即视为装运日期,及

Ⅲ.单上注明 L/C 规定的装运地和目的地,及

Ⅳ.所有其他方面均符合 L/C 规定。

b.如运输单据未注明出具份数,银行将接受所提交的运输单据,并视之为全套正本。不论运输单据上是否注明为正本,银行将作为正本予以接受。

c.就本条款而言,转运指在 L/C 规定的装运地到目的地之间的运输过程中,以不同的运输方式,从一种运输工具卸下再装至另一种运输工具的运输。

d.即使 L/C 禁止转运,银行也将接受单据上注明货物将转运或可能发生转运的公路、铁路或内河运输单据,只要运输的全过程包括在同一运输单据内,并使用同一运输方式即可。

第二十九条　专递及邮政收据

a.如果 L/C 要求提供邮政收据或投递证明,除非 L/C 另有相反规定,银行将接受下述邮政收据或投邮证明:

Ⅰ.正面有 L/C 规定的装运地或发运地戳记或以其他方式证实并加注日期者,该日期即视为装运日期或发运日期,及

Ⅱ.所有其他各方面均符合 L/C 规定。

b.如 L/C 要求由专递或快递机构出具证明收到待运货物的单据,除非 L/C 另有相反规定,否则银行将接受下列单据,不论其称谓如何:

Ⅰ.正面注明专递/快递机构的名称,并由该具名的专递/快递机构盖戳、签字或以其他方式证实的单据(除非 L/C 特别规定由指定的专递/快递机构出具单据,否则银行将接受由任何专递/快递机构出具的单据),及

Ⅱ.上面注明取件或收件日期或同义词语者,此日期即视为装运或发运日期,

Ⅲ.所有其他各方面均符合 L/C 规定。

第三十条　运输行出具的运输单据

除非 L/C 另有授权,否则银行仅接受运输行出具的具有注明下列内容的运输单据:

Ⅰ.注明作为承运人或多式运输营运人的运输行的名称,并由作为承

运人或多式运输营运人的运输行签字或以其他方式证实,或

Ⅱ.注明承运人或多式运输营运人的名称并由作为承运人或多式运输营运人的具名代理或代表的运输行签字或以其他方式证实。

第三十一条 "货装舱面","发货人装载并计数",发货人名称

除非 L/C 另有相反规定,否则银行将接受下列运输单据:

Ⅰ.海运或包括海运在内的一种以上运输方式,未注明货物已装舱面或将装于舱面。然而,运输单据内有货物可能装于舱面的规定,但未特别注明货物已装舱面或将装舱面,银行对该种运输单据予以接受,及/或

Ⅱ.含有"发货人装载并计数"或"内容据发货人报称"或类似文字的条款的运输单据,及/或

Ⅲ.表明以 L/C 受益人以外的一方为发货人的运输单据。

第三十二条 洁净运输单据

a.洁净运输单据系指未载有明确宣称货物及/或包装状况有缺陷的条款或批注的运输单据。

b.除非 L/C 明确规定可以接受上述条款或批注,否则银行将不接受会有此类条款或批注的运输单据。

c.运输单据如符合本条款和第二十三、二十四、二十五、二十六、二十七、二十八或三十条的规定,银行即视为符合 L/C 中规定在运输单据上载明"洁净已装船"的要求。

第三十三条 运费到付/运费顶付的运输单据

a.除非 L/C 另有规定,或与 L/C 项下所提交的任何单据相抵触,否则,银行将接受表明运费或运输费用(以下统称"运费")待付的运输单据。

b. 如 L/C 规定运输单据中必须表明运费付讫或已预付,银行将接受以戳记或以其他方式清楚地表明运费付讫或已预付的词语,或用其他方法表明运费付讫的运输单据。如 L/C 要求专递费用付讫或预付时,银行也将接受专递或快递机构出具的注明专递费用由收货人以外的一方承担的运输单据。

c.运输单据上如出现"运费可预付"或"运费应预付"或类似意义的词

句,不能视为运费付讫的证明,这种单据将不予接受。

d. 银行将接受以戳记或其他方式提及运费以外的附加费用,诸如有关装卸或其他类似作业所发生的费用或开支的运输单据,除非 L/C 条款明确禁止接受此类运输单据,则不能接受。

第三十四条　保险单据

a. 保险单据从其字面上看,必须是由保险公司或承保人或他们的代理人开立并签署的。

b. 除非 L/C 另有授权,如保险单据上表明所出具的正本系一份以上者,则必须提交全部正本保险单据。

c. 除非 L/C 有特别授权,否则银行不接受由保险经纪人签发的暂保单。

d. 除非 L/C 另有相反规定,否则银行将接受由保险公司或承保人或他们的代理人预签的保险证明或预保单项下的保险声明。尽管 L/C 特别要求提供的保险证明或预保单项下的保险声明,但银行仍可接受保险单以取代保险证明或和保险声明。

e. 除非 L/C 另有规定,或除非保险单据表明保险责任最迟于装船或发运或接受监管日起生效,否则银行对载明签发日期迟于运输单据上注明的装船或发运或接受监管日期的保险单据将不予接受。

f.

Ⅰ. 除非 L/C 另有规定,否则保险单据上的货币,必须与 L/C 上的货币相同。

Ⅱ. 除非 L/C 另有规定,保险单据必须表明的最低投保金额,应为货物的 CIF 价[成本、保险和运费(……"指定的目的港")]或 CIP 价[运费和保险费付至(……"指定目的地")]之金额加 10%。但这仅限于能从货运单据上确定 CIF 或 CIP 价值的情况。否则,银行将接受的最低投保金额为 L/C 要求付款、承兑或议付的金额的 110%,或发票毛值的 110%,两者之中取金额较大者。

第三十五条　投保险别

a. L/C 应规定需要投保的险别,以及必要的附加险别。诸如"通常险别"或"惯常险别"一类意义不明确的用语不应使用。如已使用,银行当按照所提交的保险单据予以接受,但对未经投保的任何险种不予负责。

b.如 L/C 无特别规定,银行当按照所提交的保险单据予以接受,对未经投保的任何险别不予负责。

c.除非 L/C 另有规定,否则银行将接受表明有受免赔率或免赔额约束的保险单据。

第三十六条 投保一切险

当 L/C 规定"投保一切险"时,银行将接受含有任何"一切险"批注或条文的保险单据,不论其有无"一切险"标题,甚至表明不包括某种险别。银行对未经投保的任何险别不予负责。

第三十七条 商业发票

a.除非 L/C 另有规定,商业发票上:

Ⅰ.必须表明:发票系由 L/C 中指定的受益人出具(第四十八条所规定者除外),及

Ⅱ.必须做成以申请人的名称为抬头(第四十八条(h)款所规定者除外),及

Ⅲ.发票无须签字。

b.除非 L/C 另有相反规定,否则银行可拒绝接受金额超过 L/C 所允许的金额的商业发票。但是,如 L/C 项下受权付款、承担延期付款责任、承兑汇票或议付的银行,一旦接受此类发票,只要该银行所作出的付款、承担延期付款责任、已承兑汇票或已议付的金额没有超过 L/C 所允许的金额,则此项决定对各有关方均具有约束力。

c.商业发票中的货物描述,必须与 L/C 规定的相符。其他一切单据则可使用货物统称,但不得与 L/C 规定的货物描述有抵触。

第三十八条 其他单据

在采用除海运以外的运输方式的情况下,如 L/C 要求提交重量证明,除非 L/C 明确规定此项重量证明必须另行提供单据外,银行将接受承运人或其代理人加盖于运输单据上的重量戳记或重量声明。

E. 杂项规定

第三十九条　L/C 金额、货物数量和单价的增减幅度

a. 凡"约""大概"、"大约"或类似的词语用于 L/C 金额、货物、数量和单价时，应解释为有关金额、数量或单价不超过10％的增减幅度。

b. 除非 L/C 规定货物的指定数量不得有增减外，在所支付的款项不超过 L/C 金额的条件下，货物数量准许有5％的增减幅度。但是，当 L/C 上规定的数量是以包装单位或个数计数时，此项增减幅度则不适用。

c. 除非禁止分批装运的 L/C 上另有规定或除非已适用本条（b）款者，当 L/C 对货物的数量有规定，且货物已全数装运，以及当 L/C 对单价有规定，而此单价又末降低的条件下，允许支取的金额有5％的减幅。如信用证已利用本条（a）款提到的词语，则本规定不适用。

第四十条　分批装运／分批支款

a. 除非 L/C 另有规定，允许分批支款及／或分批装运。

b. 运输单据上表面注明货物系使用同一运输工具并经同一路线运输的，即使每套运输单据注明的装运日期不同及／或装货港、接受监管地、发运地不同，只要运输单据注明的目的地相同，也不视为分批装运。

c. 货物经邮寄或专递发运，如邮政收据或投邮证明或专递收据或发运通知，是在 L/C 规定的发货地加盖戳记或签署或以其他方式证实并且日期相同，则不视为分批装运。

第四十一条　分期装运／分期支款

L/C 规定在指定的不同期限人分期支款及／或分期装运，如其中任何一期未按 L/C 所规定的期限支款及／或装运，则 L/C 对该期及以后各期均失效。但 L/C 另有规定者除外。

第四十二条　到期日及交单地点

a. 所有 L/C 均须规定一个到期日及一个付款、承兑交单地。议付 L/C 尚须规定一个议付交单地，但自由议付 L/C 除外。所规定的付款、承兑或议付的到期日，将视为提交单据的到期日。

b.除第四十四条(a)款规定外,必须于到期日或到期日之前交单。

c.如开证行注明 L/C 的有效期限为"1 个月"、"6 个月"或类似规定,但未指明自何日起算者,开证行开证日即视为起算日。银行应避免用此种方式注明 L/C 的到期日。

第四十三条　对到期日的限制

a.凡要求提交运输单据的 L/C,除规定一个交单到期日外,尚须规定一个在装运日后按 L/C 条款规定必须交单的特定期限。如未规定该期限,银行将不予接受迟于装运日期后 21 天提交的单据。但无论如何,交单不得迟于 L/C 的到期日。

b.如第四十条(b)款适用,所提交的运输单据上的最迟装运日期即视为装运日期。

第四十四条　到期日的顺延

a.如 L/C 的到期日及/或按本惯例第四十三条规定所适用的交单的期限最后一天,适逢接受单据银行因第十七条规定以外的原因而停止营业,则规定的到期日及/或装运日后一定期限内必须交单的最后一天,将顺延至该银行恢复营业后的第一个营业日。

b.但最迟装运日期不得按照本条(a)款对到期日及/或装运日后交单期限的顺延为由而顺延。如 L/C 或修改书中未规定最迟装运日期,银行将不接受表明装运日期迟于 L/C 或修改书规定的到期日的运输单据。

c.于顺延后的第一个营业日接受单据的银行,必须申明单据系根据《跟单 L/C 统一惯例》(1993 年修订本),即国际商会第 500 号出版物第四十四条(a)款规定的顺延期限内所提交。

第四十五条　交单时间

银行在其营业时间以外,无接受单据的义务。

第四十六条　对装运日期的一般用语

a.除非 L/C 另有规定,凡用于规定最早及/或最迟装运日期的"装运"一词,其意义应理解为包括诸如"装船"、"发运"、"接收备运"、"邮政收据日期"、"取件日期"和类似表述,如 L/C 要求多式运输单据时,还包括

"接受监管"这一涵义。

b. 不应使用诸如"迅速"、"立即"、"尽快"之类词语,如已使用,银行将不予置理。

c. 如使用"于或约于"之类词语来限定装运日期者,银行将视为在所述日期前后各 5 天内装运,起迄日包括在内。

第四十七条　装运期限的日期用语

a. 诸如"×月×日止"、"至×月×日"、"直至×月×日"、"从×月×日"及类似意义的词语用于限定 L/C 中有关装运的任何日期或期限时,应理解为包括所述日期。

b. "×月×日以后"应理解为不包括所述日期。

c. "上半月"和"下半月"应分别理解为自每月"1 日至 15 日"和"16 日至月末最后一天",包括起迄日。

d. "月初"、"月中"和"月末"应分别理解为每月 1 日至 10 日、11 日至 20 日和 21 日至月末最后一天,包括起迄日期。

F. 可转让 L/C

第四十八条　可转让 L/C

a. 可转让 L/C 系指 L/C 的受益人(第一受益人)可以要求受权付款、承担延期付款责任对汇票、承兑或议付的银行(统称"转让行"),或当 L/C 是自由议付时,可以要求 L/C 中特别受权的转让银行,将该 L/C 全部或部分转让给一个或数个受益人(第二受益人)使用的 L/C。

b. 只有开证行在 L/C 中明确注明"可转让"时,L/C 方可转让。使用诸如:"可分割"、"可分开"、"可让渡"和"可转移"之类措词,并不能使 L/C 成为可以转让的 L/C。如已使用此类措词,可不予以置理。

c. 除经非转让银行明确同意转让范围和转让方式,否则它无义务办理转让。

d. 在申请转让时并在 L/C 转出之前,第一受益人必须不可撤销地指示转让银行,说明它是否保留拒绝允许转让行将修改通知给第二受益人的权利。如转让行同意按此条件办理转让,它必须在办理转让时,将第一受益人关于修改事项的指示通知第二受益人。

e.如 L/C 转让给一个以上的第二受益人,其中一个或几个第二受益人拒绝接受 L/C 的修改,此举并不影响其他第二受益人接受修改。对拒绝接受修改的第二受益人而言,该 L/C 视作未被修改。

f.除非另有约定,转让行所涉及转让的费用,包括手续费、费用、成本费或其它开支等,应由第一受益人支付。如果转让行同意转让 L/C,在付清此类费用之前,转让行没有办理转让的义务。

g.除非 L/C 另有说明,可转让 L/C 只能转让一次。因此,第二受益人不得要求将 L/C 转让给其后的第三受益人。就本条文而言,再转让给第一受益人,不属被禁止转让的范畴。

只要不禁止分批装运/分批支款,可转让 L/C 可以分为若干部分予以分别转让(但总和不超过 L/C 金额),这些转让的总和将被认为该证只转让了一次。

h.L/C 只能按原证中规定的条款转让,但下列项目除外:

——L/C 金额

——L/C 中规定的货物的任何单价,

——到期日

——根据本惯例第四十三条确定的最后交单日期,

——装运期限。

以上任何一项或全部项目均可减少或缩短。

必须投保的保险金额比例可以增加,以满足原 L/C 或本惯例规定的保额。

此外,可以用第一受益人的名称替代原 L/C 申请人的名称。但是,原证中如明确要求原申请人的名称应在除发票以外的单据上出现时,该项要求应予做到。

i.第一受益人有权用自己的发票(和汇票)替换第二受益人提交的发票(和汇票),其金额不得超过原 L/C 金额,如 L/C 对单价有规定,应按原单价出具发票。经过替换发票(和汇票),第一受益人可以在 L/C 项下支取其发票金额与第二受益人发票金额间的的差额。

当 L/C 已经转让,并且第一受益人要提供自己的发票(和汇票)以替换第二受益人的发票(和汇票),但第一受益人未能在有关方首次要求他这样做时按此办理,则转让行有权将所收到的已转让 L/C 项下的单据,包括第二受益人的发票(和汇票)交给开证行,并不再对第一受益人负责。

j.除非原 L/C 明确表明不得在原 L/C 规定以外的地方办理付款或议付,否则,第一受益人可以要求在 L/C 的受让地,并在 L/C 到期日内,对第二受益人履行付款或议付。这样做并不损害第一受益人以自己的发票(和汇票)替换第二受益人的发票(和汇票)并索取两者间应得差额的权利。

G. 款项让渡

第四十九条 款项让渡

L/C 虽未表明可转让,但并不影响受益人根据现行法律规定,将 L/C 项下应得的款项让渡给他人的权利。本条款所涉及的仅是款项的让渡,而不是 L/C 项下执行权利的让渡。

二、《关于审核跟单信用证项下单据的
国际标准银行实务(ISBP)》

先期问题

信用证的申请和开立

1. 信用证独立于基础交易,即使信用证对该基础交易作了明确援引。但是,为避免在审单时发生不必要的费用、延误和争议,开证申请人和受益人应当考虑清楚要求何种单据、单据由谁出具和提交单据的期限。

2. 开证申请人承担其有关开立或修改信用证的指示不明确所导致的风险。除非另有明确规定,开立或修改信用证的申请即意味着授权开证行以必要或适当的方式补充或细化信用证的条款,以使信用证得以使用。

3. 开证申请人应当知道,UCP 的许多条文,诸如第 13 条、第 20 条、第 21 条、第 23 条、第 24 条、第 26 条、第 27 条、第 28 条、第 39 条、第 40 条、第 46 条和第 47 条,对信用证条款的含义作了特别规定,可能导致出乎当事人预想的结果,除非开证申请人对这些条款完全通晓。例如,在多数情况下,要求提交海运提单而且禁止转运的信用证必须排除 UCP500 第 23 条(d)款的适用,才能使禁止转运发生效力。

4. 信用证不应规定提交由开证申请人出具及/或副签的单据。如果信用证含有此类条款,则受益人必须要求修改信用证,或者遵守该条款并承担无法满足这一要求的风险。

5. 如果对基础交易、开证申请和信用证开立的上述细节加以审慎考虑,在审单过程中出现的许多问题都能得以避免或解决。

一般原则

缩略语

6. 使用普遍承认的缩略语不导致单据不符,例如,用"Ltd."代替"Limited"(有限),用"Int'l"代替"International"(国际),用"Co."代替"Company"(公司),用"kgs"或"kos."代替"kilos"(千克),用"Ind"代替"Industry"(工业),用"mfr"代替"manufacturer"(制造商),用"mt"代替"metric tons"(公吨)。反过来,用全称代替缩略语也不导致单据不符。

7. 斜线("/")可能有不同的含义,不得用来替代词语,除非在上下文中可以明了其含义。

证明和声明

8. 证明、声明或类似文据可以是单独的单据,也可以包含在信用证要求的其他单据内。如果声明或证明出现在另一份有签字并注明日期的单据里,只要该声明或证明表面看来系由出具和签署该单据的同一人作出,则该声明或证明无需另行签字或加注日期。

单据的修正和变更

9. 除了由受益人制作的单据外,对其他单据内容的修正和变更必须在表面上看来经出单人或出单人的授权人证实。对经过合法化、签证或类似手续的单据的修正和变更必须经使该单据合法化、签证该单据的人证实。证实必须表明该证实由谁作出,且应包括证实人的签字或小签。如果证实书表面看来并非由出单人所为,则该证实必须清楚地表明证实人以何身份证实单据的修正和变更。

10. 对尚未合法化、签证或采取类似措施的由受益人自己出具的单据(汇票除外)的修正和变更无需证实。参见:汇票和到期日的计算。

11. 同一份单据内使用多种字体、字号或手写,并不意味着是修正或变更。

12. 当一份单据包含不止一处修正或变更时,必须对每一处修正作出单独证实,或者以一种恰当的方式使一项证实与所有修正相关联。例如,如果一份单据显示出有标为1,2,3的三处修正,则使用类似"上述编号为1,2,3的修正经×××证实"的声明即满足证实的要求。

日期

13. 即使信用证没有明确要求,汇票、运输单据和保险单据也必须注明日期。如果信用证要求上述单据以外的单据注明日期,只要该单据援引了同时提交的其他单据的日期,即满足信用证的要求(例如,装运证明可使用"日期同×××号提单"或类似用语)。虽然要求的证明或声明在作为单独单据时宜注明日期,但其是否符合信用证要求取决于所要求的证明或声明的种类、所要求的措辞以及证明或声明中的实际措辞。至于其他单据是否要求注明日期则取决于单据的内容和性质。

14. 任何单据,包括分析证明、检验证明和装运前检验证明注明的日期都可以晚于装运日期。但是,如果信用证要求一份单据证明装运前发生的事件(例如装运前检验证明),则该单据必须通过标题或内容来表明该事件(例如检验)发生在装运日之前或装运日当天。要求"检验证明"并不表明要求证明装运前发生的事件。任何单据都不得显示其在交单日之后出具。

15. 载明单据准备日期和随后的签署日期的单据应视为在签署之日出具。

16. UCP500第43条第(a)款关于最迟交单日的规定仅适用于要求提交的单据中包括一份或多份正本运输单据的情况。运输单据指UCP第23条到29条所规定的单据。在任何情况下,单据必须在信用证的有效期内提交。

17. 经常用来表示在某日期或事件之前或之后时间的用语:

a)"在……后的2日内"(within 2 days after)表明的是从事件发生之日起至事件发生后两日的这一段时间。

b)"不迟于在……后的2日"(not later than 2 days after)表明的不是一段时间,而是最迟日期。如果通知日期不能早于某个特定日期,则信用证必须明确就此作出规定。

c)"至少早于……的前 2 日"(at least 2 days before)表明的是一件事情的发生不得晚于某一事件的前两日。该事件最早何时可以发生则没有限制。

d)"在……的 2 日内"表明的是在某一事件发生之前的两日至发生之后的两日之间的一段时间。

18. 当"在……之内"(within)与日期连在一起使用时,在计算期限时该日期不包括在内。

19. 日期可以用不同的格式表示,例如 2003 年 11 月 12 日可以用 12Nov 03,12Nov03,12. 11. 2003,12. 11. 03,2003. 11. 12,l1. 12. 03,121103 等形式表示,只要试图表明的日期能够从该单据或提交的其他单据中确定,上述任何形式都是可以接受的。为避免混淆,建议使用月份的名称而不要使用数字。

UCP 运输条款不适用的单据

20. 与货物运输有关的一些常见单据,例如交货单、运输行收货证明、运输行装运证明、运输行运输证明、运输行承运货物收据和大副收据都不是运输合同的反映,不是 UCP500 第 23 条到第 29 条规定的运输单据。因此,UCP 第 43 条不适用于这些单据。从而,应以审核 UCP 没有特别规定的其他单据的相同方式审核这些单据,也即适用 UCP 500 第 21 条。在任何情况下,单据必须在信用证效期内提交。

21. 运输单据的副本并不是 UCP500 第 23 条到第 29 条和第 43 条所指的运输单据。UCP 关于运输单据的条款仅适用于有正本运输单据提交时。如果信用证允许提交副本而不是正本单据,则信用证必须明确规定应当显示哪些细节。当提交副本(不可转让的)单据时,无需显示签字、日期等。

UCP 未定义的用语

22. 由于 UCP 对诸如"装运单据"、"过期单据可接受"、"第三方单据可接受"和"出口国"等用语未作定义,因此,不应使用此类用语。如果信用证使用了这些用语,则其含义应能通过信用证上下文得以确定。否则,

根据国际标准银行实务做法,这些用语将做如下理解:

a)"装运单据"—指信用证要求的除汇票以外的所有单据(不限于运输单据)。

b)"过期单据可接受"—指在装运日的 21 日后提交的单据是可以接受的,只要在信用证有效期内。

c)"第三方单据可接受"—指所有单据,不包括汇票,但包括发票,可由受益人之外的一方出具。如果开证行意在表示运输单据可显示受益人之外的第三人作为托运人,则无需写入这一条款,因为 UCP500 第 31 条第(iii)款已经对此予以认可。

d)"出口国"—指受益人住所地国、及/或货物原产地国、及/或承运人接收货物地所在国、及/或装运地或发货地所在国。

23. 在任何情况下都不应使用诸如"迅速"、"立即"、"尽快"等用语。如果使用,银行将不予理会。

单据的矛盾

24. 信用证项下提交的单据在表面上不得相互矛盾。该原则并不要求数据内容完全同一,而仅仅要求单据不得相互矛盾。

单据的出单人

25. 如果信用证要求单据由某具名个人或单位出具,只要表面看来单据系由该具名个人或单位出具,即符合信用证要求。单据使用印有该具名个人或单位抬头的信笺,或如果未使用抬头信笺,但表面看来系由该具名个人或单位,或其代理人,完成及/或签署,则即为表面看来由该具名个人或单位出具。

语言

26. 根据国际标准银行实务做法,受益人出具的单据应使用信用证所使用的语言。如果信用证规定可以接受使用两种或两种以上语言的单据,指定银行在通知该信用证时,可限制单据使用语种的数量,作为对该信用证承担责任或加具保兑的条件。

数学计算

27. 银行不检查单据中的数学计算细节,而只负责将总量与信用证及/或其他要求的单据相核对。

拼写错误及/或打印错误

28. 如果拼写及/或打印错误并不影响单词或其所在句子的含义,则不构成单据不符。例如,在货物描述中用"mashine"表示"machine"(机器),用"fountan pen"表示"fountain pen"(钢笔),或用"modle"表示"model"(型号),都不会导致单据不符。但是,将"model 321"(型号 321)写成"model 123"(样品 123)则不应视为打印错误,而应是不符点。

多页单据和附件或附文

29. 除非信用证或单据另有规定,被装订在一起、按序编号或内部交叉援引的多页单据,无论其名称或标题如何,都应被作为一份单据来审核,即使有些页张被视为附件。当一份单据包括不止一页时,必须能够确定这些不同页同属一份单据。

30. 如果一份多页的单据要求签字及/或背书,签字通常在单据的第一页或最后一页,但是除非信用证或单据自身规定签字或背书应在何处,签字或背书可以在单据的任何地方。

正本和副本

31. 单据的多份正本可用"正本"(original)、"第二份"(duplicate)、"第三份"(triplicate)、"第一正本"(first original)、"第二正本"(second o-riginal)等标明。上述标注均不否认单据为正本。

32. 除非信用证允许提交副本单据,信用证要求的每种单据必须提交至少一份正本。提交的正本单据的数量必须至少为信用证或 UCP 要求的数量,或当单据自身表明了出具的正本单据数量时,至少为该单据表明的数量。

33. 有时从信用证的措辞难以判断信用证要求提交正本单据还是副本单据。

例如,当信用证要求:

• "发票"、"一份发票"(One Invoice)或"发票一份"(Invoice in 1 copy),这些措辞应被理解为要求一份正本发票。

· "发票四份"(Invoice in 4 copies),则提交至少一份正本发票,其余用副本发票即满足要求。

· "发票的一份"(One copy of Invoice),则提交一份副本发票即为符合要求。不过,在此情况下,标准银行实务做法是也可接受正本。

34. 当银行不接受正本代替副本时,信用证必须规定禁止提交正本,例如,应标明"发票的复印件一不接受用正本代替复印件",或类似措辞。

35. 考虑有关正本和副本的问题时,ICC 银行委员会关于"在 UCP 第 20 条(b)款项下确定正本单据的政策声明(文件 470/871(修订))"可提供进一步指导。

唛头

36. 用唛头的目的在于能够标识箱、袋或包装。如果信用证对唛头的细节作了规定,则载 有唛头的单据必须显示这些细节,但额外信息是可以接受的,只要它与信用证的条款不矛盾。

37. 某些单据中唛头所包含的信息常常超出通常意义上的唛头所包含的内容,可能包括诸如货物种类、易碎货物的警告、货物净重及/或毛重等。在一些单据里显示了此类额外内容而其他单据没有显示,不构成不符点。集装箱运输货物的运输单据有时仅仅在"唛头"栏中显示集装箱号,其他单据则显示详细的唛头标记,对这样的单据不能因此认为不相符。

签字

39. 即使信用证没有要求,汇票、证明和声明自身的性质决定其必须有签字。运输单据和保险单据必须根据 UCP 的规定予以签署。单据上有专供签字的方框或空格并不必然意味着这一方框或空格必须有签字。例如,在运输单据如航空运单或铁路运输单据中经常会有一处标明"托运人或其代理人签字"或类似用语,但银行并不要求在该处有签字。如果单据表面要求签字才能生效(例如,"单据无效除非签字",或类似规定),则必须签字。

41. 签字不一定手写。摹本签字、打孔签字、印章、符号(例如戳记)

或用来表明身份的任何电子或机械证实的方法均可。但是,有签字的单据的复印件不能视为签署过的正本单据,通过传真发送的有签字的单据如果不另外加具原始签字的话,也不视为签署过的正本。如果要求单据"签字并盖章"或类似措辞,则单据只要载有签字及签字人的名称,无论该名称是打印、手写或盖章,均满足该项要求。

42. 除非另有规定,在带有公司抬头的信签上的签字将被认为是该公司的签字。不需要在签字旁重复公司的名称。

单据名称和联合单据

43. 单据可以使用信用证规定的名称或相似名称,或不使用名称。例如,信用证要求"装箱单",无论该单据冠名为"装箱说明"还是"装箱和重量单"还是没有名称,只要单据包含了装箱细节,即为满足信用证要求。单据内容必须在表面上满足所要求单据的功能。

44. 信用证列明的单据应作为单独单据提交。如果信用证要求装箱单和重量单,当提交两份单独的装箱单和重量单或提交两份正本装箱和重量联合单据时,只要该联合单据同时表明装箱和重量细节,即视为符合信用证要求。

汇票和到期日的计算

票期

45. 票期必须与信用证条款一致。

a) 如果汇票不是见票即付或见票后定期付款,则必须能够从汇票自身内容确定到期日。

b) 以下是通过汇票内容确定汇票到期日的一个例子。如果信用证要求汇票的票期为提单日后 60 天,而提单日为 2002 年 5 月 12 日,则汇票期限可用下列任一方式表明:

ⅰ."提单日 2002 年 5 月 12 日后 60 日";或,

ⅱ."2002 年 5 月 12 日后 60 日";或,

ⅲ."提单日后 60 日",并且汇票表面的其他地方表明"提单日 2002

年 5 月 12 日";或

ⅳ．在出票日期与提单日期相同的汇票上标注"出票后 60 日";或

ⅴ．"2002 年 7 月 11 日",也就是提单日后的 60 日。

c)如果用提单日之后×××天表示票期,则装船日应视为提单日,即使装船日早于或晚于提单签发日。

d)UCP 没有对使用"从……起"(from)和"在……之后"(after)来确定汇票到期日的做法进行规定。UCP 提及的"从……起"和"在……之后"仅用于装运期限。当用"从……起"确定汇票到期日时,国际标准银行实务做法是不包括提及的日期在内,除非信用证特别规定包括该日。因此,"从……起"和"在……之后"在用于确定定期汇票到期日时有相同的含义。到期日的计算从单据日期、装运日期或其他事件的次日起起算,也就是说,从 3 月 1 日起 10 日或 3 月 1 日后 10 日均为 3 月 11 日。

e)如果信用证要求远期汇票,例如,于提单日后 60 日或从提单日起60 日付款,而提单上有多个装船批注,且所有装船批注均显示货物是从一个信用证允许的地理区域或地区装运,则将使用最早的装船批注日期计算汇票到期日。例如,信用证要求从欧洲港口装运,提单显示货物于 8月 16 日在都柏林装上 A 船,于 8 月 18 日在鹿特丹装上 B 船,则汇票到期日应为在欧洲港口的最早装船日,也就是 8 月 16 日起的 60 天。

f)如果信用证要求汇票开立成,例如,提单日后 60 日或从提单日起60 日付款,而一张汇票项下提交了不止一套提单,则最晚的提单日将被用来计算汇票的到期日。上述例子中提及的尽管是提单日,但相同原则适用于所有运输单据。

到期日

47. 如果汇票使用实际日期表示到期日,则该日期必须按信用证的要求计算。

48. 如果汇票是"见票×××日后"付款,则到期日应按如下方法确定:

a)对于相符的单据,或虽不相符但付款银行没有拒付的单据,到期

日应为付款银行收到单据后的第×××日。

b）对于不相符且付款银行拒付过但随后又同意接受的单据，汇票到期日最晚为付款银行承兑汇票日后的第×××日。汇票承兑日不得晚于同意接受单据的日期。

49．在所有的情况下付款银行都必须向交单人通知汇票到期日。上述票期和到期日的计算也适用于延期付款信用证，即也适用于不要求受益人提交汇票的情况。

银行工作日、宽限期、付款的迟延

50．付款应于到期日在汇票或单据的付款地以立即能被使用的款项支付，只要到期日是付款地的银行工作日。如果到期日不是银行工作日，则应在到期日后的第一个银行工作日进行付款，除非信用证另有规定。付款的迟延，例如宽限期、汇款需要的时间等不能在汇票或单据所规定或同意的到期日之外。

背书

51．如果必要，汇票必须背书。

金额

52．如果同时有大写和小写金额，则大写必须准确反映小写表示的金额，同时显示信用证规定的币种。

53．金额必须与发票一致，除非信用证另有规定或出现 UCP500 第37 条（b）款规定的情况。

如何出票

54．汇票必须以信用证规定的人为付款人。

55．汇票必须由受益人出票。

以申请人为付款人的汇票

56．信用证不应要求提交以申请人为付款人的汇票。如果信用证要求以申请人为付款人的汇票，银行必须将该汇票视为额外的单据并依照 UCP500 第 21 条审查。

修正和变更

57．汇票如有修正和变更，必须在表面看来经出票人证实。

58. 有些国家不接受带有修正和变更的汇票,即使有出票人的证实。此类国家的开证行应在信用证中声明汇票中不得出现修正或变更。

发票

发票的定义

59. 信用证要求"发票"而未做进一步定义,则提交的任何形式的发票都可以接受(如商业发票、海关发票、税务发票、最终发票、领事发票等)。但是,"临时发票"、"预开发票"或类似的发票是不可接受的,除非信用证另有授权。当信用证要求提交商业发票时,标为"发票"的单据是可以接受的。

名称和地址

60. 发票必须表面看来系由信用证中具名的受益人出具的。地址中的电传或传真号码等内容无需提供;如果提供,也不必与信用证中的同一。

61. 发票必须以申请人为抬头。地址中的电传或传真号等无需提供;如果提供,也不必与信用证中的同一。

货物描述和与发票相关的其他一般事项

62. 发票中的货物描述必须与信用证规定的一致,但并不要求如同镜子反射那样一致。例如,货物细节可以在发票中的若干地方表示,当合并在一起时与信用证规定一致即可。

63. 发票中的货物描述必须反映实际装运的货物。例如,信用证的货物描述显示两种货物,如 10 辆卡车和 5 辆拖拉机,如果信用证不禁止分批装运,而发票表明只装运了 4 辆卡车,是可以接受的。列明信用证规定的全部货物描述,然后注明实际装运货物的发票也是可以接受的。

64. 发票必须表明装运货物的价值。发票中显示的单价(如有的话)和币种必须与信用证中的一致。发票必须显示信用证要求的折扣或扣减。发票还可显示信用证未规定的与预付款或折扣等有关的扣减额。

65. 如果贸易术语是信用证中货物描述的一部分,或与货物金额联系在一起表示,则发票必须显示信用证指明的贸易术语,而且如果货物描述提供了贸易术语的来源,则发票必须表明相同的来源(如信用证条款规定"CIF 新加坡 Incoterms 2000",那么"CIF 新加坡 Incoterms"就不符合信用证的要求)。费用和成本必须包括在信用证和发票中标明的价格术语所显示的金额内,不允许任何超出该金额的费用或成本。

66. 除非信用证要求,发票无需签字或标注日期。

67. 发票显示的货物数量、重量和尺寸不得与其他单据显示的同种数值相矛盾。

68. 发票不得表明:

a) 溢装(UCP 第 39 条(b)款规定的除外),或

b) 信用证未要求的货物(包括样品、广告材料等),即使注明免费。

69. 信用证要求的货物数量可以有 5% 的溢短装幅度。但如果信用证规定货物数量不得超额或减少,或信用证规定的货物数量是以包装单位或个数计算时,不适用此条。货物数量在 5% 幅度内的溢装并不意味着允许支取的金额超过信用证金额。

70. 如果信用证禁止分批装运,只要货物全部装运,且单价(如信用证有规定的话)没有减少,则发票金额有 5% 的减幅是可接受的。如果信用证未规定货物数量,发票的货物数量即可视为全部货物数量。

71. 信用证要求的发票正本和副本必须如数提交。

72. 如果信用证要求分期装运,则每批装运必须与分期装运计划一致。

海洋/海运提单(港至港运输)

UCP 第 23 条的适用

73. 如果信用证要求提交港至港运输单据,则适用 UCP 第 23 条。

74. 如果信用证要求提交"海运(marine)"或"海洋(ocean)"运输单据,则适用 UCP 第 23 条。只要运输单据是 港至港运输单据,单据不一定要使用"海运"或"海洋"等措辞,才符合 UCP 第 23 条的规定。

全套正本

75. 适用 UCP 第 23 条的运输单据必须注明所出具的正本的份数。注明"第一正本"、"第二正本"、"第三正本"、"正本"、"第二份"、"第三份"等类似表述的运输单据都是正本。提单不一定非要注明"正本"字样才能被接受为正本。参见《关于 UCP 500 第 20 条(b)款项下正本单据的确定》(国际商会出版物 470/871Rev,1999 年 7 月 12 日,第 3.1 节)。

提单的签署

76. 正本提单必须以 UCP 第 20 条(b)款规定的方式进行签字,且承运人的名称必须出现在提单的表面,并表明承运人身份。

a) 如果提单由代理人代表承运人签署,则必须表明其代理人身份,而且必须表明所代理的承运人,除非提单表面的其他地方已经表明了承运人。

b) 如果船长签署提单,则船长的签字必须表明"船长"身份。在此情况下,不必标明船长姓名。

c) 如果由代理人代表船长签署提单,则必须表明其代理人身份且须注明被代理的船长姓名。

77. 如果信用证规定"运输行提单可以接受"或使用了类似用语,则提单可以由运输行以运输行的身份签署而不必表明其为承运人或具名承运人的代理人。提单不必显示承运人名称。

装船批注

78. 如果提交的是预先印就"已装运于船"的提单,提单的出具日期即视为装运日,除非提单带有加注日期的单独装船批注,此时,该装船批注的日期即视为装运日,而不论该批注日期是在提单签发日期之前还是之后。

79. "已装运表面状况良好"、"已载于船"、"清洁已装船"或其他包含"已装运"("shipped")或"已装在船上"("on board")之类用语的措辞与"已装运于船"("Shipped on board")具有同样效力。

装货港和卸货港

80. 信用证要求的装货港名称应在提单的装货港栏中表明。如果很清楚货物是由船只从收货地运输,且有装船批注表明货物在"收货地"或类似栏名下显示的港口装载在该船上的话,也可在"收货地"或类似栏名下表明。

81. 信用证要求的卸货港名称应在提单的卸货港栏中表明。如果很清楚货物将由船只运送到该最终目的地,且有批注表明卸货港就是"最终目的地"或类似栏名下显示的港口,也可在"最终目的地"或类似栏名下表明。

82. 如果收货地为一集装箱堆场或集装箱货运站,且与规定的装货港相同(例如收货地为香港集装箱堆场,装货港为香港),这些地点将被视为同一地点,因此,无需在"装船批注"中注明装货港和船名。

83. 如果信用证规定了装货港及/或卸货港的地理区域或范围(如"任一欧洲港口"),则提单必须表明实际的装货港及/或卸货港,而且该港口必须位于信用证规定的地理区域或范围之内。

收货人、指示方、托运人、到货被通知人和背书

84. 如果信用证要求提单抬头以某具名人为收货人,如"收货人为×××银行"(即记名方式)而不是"凭指示"或"凭×××银行的指示"等等,则提单不得在具名人的名称前出现"凭指示"或"凭×××指示"的字样,不论该字样是打印还是预先印就的。同样,如果信用证要求提单抬头为"凭指示"或"凭某人指示",提单就不能做成以该具名人为收货人的记名形式。

85. 如果提单做成指示式抬头或做成凭托运人指示式抬头,则该提单必须经托运人背书。代理人为或代表托运人所做的背书是可以接受的。

86. 如果信用证未规定到货被通知人,则提单中的相关栏位可以空白,或以任何方式填写。

转运和分批装运

87. 转运是指在信用证规定的装货港到卸货港之间的海运过程中将货物从一艘船卸下再装上另一艘船。如果卸货和再装船不是发生在装货

港和卸货港之间,则不视为转运。

88. 虽然信用证可能禁止转运,但 UCP500 第 23 条(d)款仍然允许在某些情况下进行转运。但是,如果信用证禁止转运,并且排除 UCPS00 第 23 条(d)款(i)和(ii)项的适用,则表面表明将发生或可能发生转运的提单将被视为不符点。

89. 如果信用证禁止分批装运,而提交的正本提单不止一套,装运港为一个或一个以上的港口(信用证特别允许或在信用证规定的特定地理范围内),只要单据表明运输的货物是用同一艘船并经同一航程,目的地为同一卸货港,则此种单据可以接受。如果提交了一套以上的提单,而提单表明不同的装运日期,则最迟的装运日期将被用来计算交单期限,且该日期必须在信用证规定的最迟装运日或之前。货装多艘船即构成分批装运,即使这些船在同日出发并驶向同一目的地。

清洁提单

90. 载有明确声明货物及/或包装状况有缺陷的条款或批注的提单是不可接受的。未明确声明货物及/或包装状况有缺陷的条款或批注(如"包装状况可能无法满足海运航程"),不构成不符点。说明包装"是无法满足海运航程的"的声明则不可接受。

91. 即使信用证可能要求"清洁已装船提单"或注明"清洁已装船"的提单,提单也无需出现"清洁"字样。

92. 如果提单上出现"清洁"字样,但又被删除,并不视为有不清洁批注或不清洁,除非提单载有明确声明货物或包装有缺陷的条款或批注。

货物描述

93. 单上的货物描述可以使用与信用证规定不矛盾的货物统称。

修正和变更

94. 提单上的修正和变更必须经过证实。证实从表面看来必须是由承运人、船长。或其代理人所为(该代理人可以与出具或签署提单的代理人不同),只要表明其作为承运人或船长的代理人身份。

95. 对于正本可能已作出的任何修正或变更,不可转让提单副本无需任何签字或证实。

运费和额外费用

96. 如果信用证要求提单注明运费已付或到目的地支付,则提单必须有相应标注。

97. 申请人和开证行应明确要求单据是表明运费预付还是到付。

98. 如果信用证规定运费之外的额外费用不可接受,则提单不得表示运费之外的其他费用已产生或将要产生。此类表示可以通过明确提及额外费用或使用与货物装卸费有关的装运术语表达,例如"装货船方免责"[Free In (FI)],"卸货船方免责"[Free Out (FO)],"装卸货船方免责"[Free In and Out (FIO)]及"装卸货及堆积船方免责"[Free In and Out Stowed (FIOS)]。运输单据上提到由于延迟卸货或货物卸载之后的延迟可能产生费用,如集装箱延期归还的费用,不属于此处所说的额外费用。

货物涉及一套以上提单

99. 如果一份提单说明某一集装箱内的货物由该提单和另外一套或多套提单一起代表,且该提单声明所有提单均须提交,或有类似表述,则意味着与该集装箱有关的所有提单必须一并提交后才能交付该集装箱。此类提单不可接受,除非同一信用证项下的所有这类提单在同一次交单时一并提交。

租船合约提单

UCP 第 25 条的适用

100. 如果信用证要求提交港至港租船合约提单,则适用 UCP 第 25 条。若运输单据注明受租船合约约束,则此运输单据即为 UCP 第 25 条项下的租船合约提单。

101. 如果信用证要求提交租船合约提单,而提交的是注明受租船合约约束的海洋运输单据,则该单据必须符合 UCP 第 25 条的要求。

全套正本

102. 适用 UCP 第 25 条的运输单据必须注明所出具的正本的份数。

注明"第一正本"、"第二正本"、"第三正本"、"正本"、"第二份"、"第三份"等类似用语的运输单据均为正本。信用证项下,租船合约提单不必非要注明"正本"字样才能被接受。参见《关于 UCP500 第 20 条(b)款项下正本单据的确定》(国际商会出版物 470/871Rev,1999 年 7 月 12 日,第 3.1节)。

租船合约提单的签署

103. 正本租船合约提单必须以第 20 条(b)款规定的方式签署。

a) 如果租船合约提单由船长或船东签署,则船长或船东的签字必须表明"船长"或"船东"身份。

b) 如果由代理人代表船长或船东签署,则必须表明其代理人身份且必须注明被代理的船长或船东姓名(名称)。

装船批注

104. 如果提交的是预先印就"已装运于船"字样的租船合约提单,提单的出具日期即视为装运日期,除非提单上另有装船批注,此时装船批注日期即视为装运日期,而不论该日期是在提单签发日期之前还是之后。

105. "已装运表面状况良好"("Shipped in apparent good order")、"已载船"("Laden on board")、"清洁已装船"("clean on board")或其他包含"已装运"("shipped")或"已装在船上"("on board")之类用语的措辞与"已装于船"("Shipped on board")具有同样效力。

装货港和卸货港

106. 如果信用证规定了装货港及/或卸货港的地理区域或范围(例如"任一欧洲港口"),租船合约提单必须注明实际的装货港且该装货港必须位于规定的地理区域或范围内,

收货人、指示方、托运人、到货被通知人和背书

107. 如果信用证要求租船合约提单抬头以某具名人为收货人(如"收货人为×××银行"而不是"凭指示"或"凭×××银行的指示"等等,即记名方式),则租船合约提单不得在该具名人的名称前出现"凭指示"或"凭×××指示"的字样,不论该字样是打印上的还是预先印就的。同样,

如果信用证要求租船合约提单抬头为"凭指示"或"凭某具名人指示",则该提单不得做成以该具名人为收货人的记名形式。

108. 如果租船合约提单做成指示式抬头或做成凭托运人指示式抬头,则该单据必须经托运人背书。代理人为或代表托运人做的背书是可以接受的。

109. 如果信用证未规定到货被通知人,则租船合约提单上的相关栏位可以空白,或以任何方式填写。

分批装运

110. 如果信用证禁止分批装运,而提交的正本租船合约提单不止一套,且装运港为一个或一个以上港口(信用证特别允许或在信用证规定的特定地理区域内),只要单据表明运输的货物是用同一艘船并经同一航程,目的地为同一卸货港、同一港口范围或地理区域,单据是可以接受的。如果提交了一套以上的租船合约提单,而提单表明不同的装运日期,则最迟的装运日期将被用来计算交单期限,且该日期必须在信用证规定的最迟装运日或之前。货装多艘船即构成分批装运,即使这些船在同日出发并驶向同一目的地。

清洁租船合约提单

111. 载有明确声明货物及/或包装状况有缺陷的条款或批注的租船合约提单是不可接受的。未明确声明货物及/或包装状况有缺陷的条款或批注(如"包装状况有可能无法满足海运航程"),不构成不符点。而说明包装"是无法满足海运航程的"的声明则不可接受。

112. 即使信用证可能要求"清洁已装船租船合约提单"或注明"清洁已装船"的提单,租船合约提单上也无需出现"清洁"字样。

113. 如果租船合约提单上出现"清洁"字样,但又被删除,并不视为有不清洁批注或不清洁,除非单据上载有明确声明货物或包装有缺陷的条款或批注。

货物描述

114. 合约提单上的货物描述可以使用与信用证规定不矛盾的货物

统称。

修正和变更

115. 租船合约提单上的修正和变更必须经过证实。证实须表面上看来系由船东、船长，或其代理人所为(该代理人可以与出具或签署提单的代理人不同)，只要表明其作为船东或船长的代理人身份。

116. 对于正本上可能已作出的任何修正或变更，不可转让的租船合约提单副本无需任何签字或证实。

运费和额外费用

117. 如果信用证要求租船合约提单注明运费已付或到目的地支付，则租船合约提单必须有相应标注。

118. 申请人和开证行应明确要求单据是注明运费预付还是到付。

119. 如果信用证规定运费之外的额外费用不可接受，则租船合约提单不得表示运费之外的其他费用已产生或将要产生。此类表示可以通过明确提及额外费用或使用与货物装卸费有关的装运术语表达，例如"装货船方免责"[Free In (FI)]，"卸货船方免责"[Free Out (FO)]，"装卸货船方免责"[Free In and Out (FIO)]及"装卸货及堆积船方免责"[Free In and Out Stowed (FIOS)]。运输单据上提到由于延迟卸货或货物卸载之后的延迟可能产生费用，不属于此处所说的额外费用。

多式联运单据

UCP 第 26 条的适用

120. 如果信用证要求提交包括至少两种运输方式的运输单据，并且运输单据明确表明其覆盖自信用证规定的货物接管地及/或港口、机场或装货地至最终目的地的运输，则适用 UCP 第 26 条之规定。在此情况下，多式联运单据不能表明运输仅由一种运输方式完成，但就采用何种运输方式可不予说明。

121. 本文件中所指多式联运单据还包括联合运输单据。单据不一定非使用"多式联运单据"或"联合运输单据"的名称才是 UCP 第 26 条下可接受的单据,即使信用证使用了此类表述。

全套正本

122. 适用 UCP 第 26 条的运输单据必须注明所出具的正本的份数。注明"第一正本"、"第二正本"、"第三正本"、"正本"、"第二份"、"第三份"等类似用语的运输单据都是正本。信用证项下多式联运单据不必非要注明"正本"字样才可被接受。参见国际商会银行委员会 1999 年 7 月 12 日《关于正本单据的确定(第 3.1 节)》。

多式联运单据的签署

123. 多式联运单据必须按 UCP 第 20 条(b)款规定的方式签字,且承运人或多式联运经营人的名称必须出现在运输单据表面,并表明承运人或多式联运经营人身份。

a) 如果多式联运单据由代理人代表承运人或多式联运经营人签署,则必须表明其代理人身份,并且必须表明被代理人是谁,除非多式联运单据表面的其他地方已表明承运人或多式联运经营人的名称。

b) 如果船长签署多式联运单据,则船长的签字必须表明"船长"身份。在这种情况下,不必注明船长姓名。

c) 如果由代理人代表船长签署多式联运单据,则必须表明其代理人身份且必须注明被代理的船长的姓名。

124. 如果信用证规定"运输行多式联运单据可接受"或使用了类似用语,则多式联运单据可以由运输行以运输行身份签署而不必表明其为承运人、多式联运经营人或其代理人。单据不必显示承运人或多式联运经营人名称。

装船批注

125. 联运单据的出具日期应视为发运、接管或装船的日期,除非单据上另有单独的注明日期的批注,表明货物已在信用证规定的地点发运、接管或装船,在此情况下,该批注日期即被视为装运日期,而不论该日期是早于或迟于单据的出具日期。

126. "已装船表面状况良好"("Shipped in apparent good order"),

"已载于船"（"Laden on board"）、"清洁已装船"（"clean on board"）或其他包含"已装运"（"shipped"）或"已装在船上"（"on board"）之类用语的措辞与"已装运于船"（"Shipped on board"）具有同样效力。

接管地、发运地、装货地和目的地

127. 如果信用证给出了接管地、发运地、装货地和目的地的地理区域（如"任一欧洲港口"），则多式联运单据必须注明实际的接管地、发运地、装货地和目的地，且该地点必须在规定的地理区域或范围内。

收货人、指示方、托运人、到货被通知人和背书

128. 如果信用证要求多式联运单据抬头以某具名人为收货人（如"收货人为×××银行"而不是"凭指示"或"凭×××银行的指示"等等，即记名方式），则多式联运单据不得在该具名人的名称前出现"凭指示"或"凭×××指示"的字样，不论该字样是打印上的还是预先印就的。同样，如果信用证要求多式联运单据抬头为"凭指示"或"凭某具名人指示"，则多式联运单据不得做成以该具名人为收货人的记名形式。

129. 如果多式联运单据做成指示式抬头或做成凭托运人指示式抬头，则该单据必须经托运人背书。代理人为或代表托运人做的背书可以接受。

130. 如果信用证未规定到货被通知人，则多式联运单据上的相关栏位可以空白，或以任何方式填写。

转运和分批装运

131. 在多式联运方式下，将会发生转运，即自信用证规定的接管地、发运地或装货地至最终目的地之间的运输过程中，将货物从一种运输工具上卸下，再装上另一种运输工具。即使信用证禁止转运，银行将接受表明已发生转运的多式联运单据，只要整个运输过程为同一多式联运单据所覆盖。

132. 如果信用证禁止分批装运，而提交的正本多式联运单据不止一套，覆盖在一个或一个以上地点（信用证特别允许的地点或在给定的地理区域内）的装运、发运或接管，只要单据覆盖的货物运输系由同一运输工

具完成,经同一航程,前往同一目的地,则此类单据可以接受。如果提交了一套以上的单据,而单据表明不同的装运、发运或接管日期,则以这些日期中的最迟者计算交单期,且该日期必须为信用证规定的最迟装运、发运或接管的日期或之前。

133. 由一件以上运输工具(一辆以上的卡车、一艘以上的轮船、一架以上的飞机等)进行的运输即为分批装运,即使这些运输工具同日出发并驶向同一目的地。

清洁多式联运单据

134. 载有明确声明货物及/或包装状况有缺陷的条款或批注的多式联运单据是不可接受的。未明确声明货物及/或包装状况有缺陷的条款或批注(如"包装状况有可能无法满足航程")不构成不符点,而说明包装"无法满足航程要求"的条款则不可接受。

135. 即使信用证可能要求"清洁已装货多式联运单据"或注明"清洁已装货"的单据,多式联运单据上也不一定非要出现"清洁"字样。

136. 如果多式联运单据上出现"清洁"字样,但又被删除,并不视为有不清洁批注或不清洁,除非单据载有明确声明货物或包装有缺陷的条款或批注。

货物描述

137.多式联运单据上的货物描述可以使用与信用证规定不矛盾的货物统称。

修正和变更

138. 多式联运单据上的修正与变更必须经过证实。证实从表面看必须由承运人、船长、多式联运经营人,或其代理人所为,该代理人可以与出具或签署单据的代理人不同,只要表明其作为承运人、船长或多式联运经营人的代理人身份。

139. 对于正本可能已作出的任何修正或变更,多式联运单据的副本无需任何签字或证实。

运费和额外费用

140. 如果信用证要求多式联运单据注明运费已付或到目的地支付,

则多式联运单据必须有相应标注。

141. 申请人和开证行应明确要求单据是注明运费预付还是到付。

142. 如果信用证规定运费之外的额外费用不可接受，则多式联运单据不得表示运费之外的其他费用已产生或将要产生。此类表示可以通过明确提及额外费用或使用与货物装卸费有关的装运术语表达，例如"装货船方免责"[Free In (FI)]，"卸货船方免责"[Free Out (FO)]，"装卸货船方免责"[Free In and Out(FIO)]及"装卸货及堆积船方免责"[Free Inand Out Stowed (FIOS)]。运输单据上提到由于延迟卸货或货物卸载之后的延迟可能产生费用，不属于此处所说的额外费用。

货物涉及一套以上的多式联运单据

143. 如果多式联运单据说明某一集装箱内的货物由该运输单据和另外一套或数套多式联运单据一起代表，并声明所有多式联运单据均须提交，或有类似表述，则意味着与该集装箱有关的所有多式联运单据必须一并提交后才能交付该集装箱的货物。此种多式联运单据不可接受，除非同一信用证项下的所有这类多式联运单据在同一次交单时一并提交。

空运单据

UCP 第 27 条的适用

144. 如果信用证要求提交机场到机场运输单据，则适用 UCP 第 27 条。

145. 如果信用证要求提交"航空运单"或"航空发货通知书"等类似单据，则适用 UCP 第 27 条。只要空运单据覆盖了机场到机场的运输，不一定非要使用上述或类似用语才符合 CUP 第 27 条要求。

正本空运单据

146. 空运单据必须在表面看来系"发货人/托运人的正本"。如果要求提交全套正本单据，只要提交一份表明是发货人/托运人正本的单据即可。

空运单据的签署

147. 正本空运单据必须以 UCP 第 20 条（b）规定的方式签署，且承运人的名称必须出现在空运单据的表面,并表明承运人身份。如果由代理人代表承运人签署空运单据,则必须表明其代理人身份,且必须注明被代理的承运人,除非空运单据表面的其他地方已注明了承运人。

148. 如果信用证规定"航空分运单可接受"或"运输行航空运单可接受"或类似用语,则空运单据可由运输行以运输行的身份签署,而无需表明其为承运人或具名承运人的代理,无需表明承运人名称。

货物收妥待运,装运日期与对实际发运日期的要求

149. 空运单据必须表明货物已收妥待运。

150. 如果信用证要求空运单据表面必须标明发运的实际日期,则单据必须对此信息作出单独标注。该发运日期将被视为装运日期。"仅供承运人使用"或类似栏位里的内容将不被用来确定实际的发运日。

151. 如果信用证不要求单据显示实际的发运日期,则空运单据的出具日期将被视为发运日期,即使单据在"仅供承运人使用"或类似用语的栏位中标明了航班日期及/或航班号。如果实际的航班日期在单据上被单独批注,但信用证并未要求,则该日期将不被用来确定装运日期。

出发地机场和目的地机场

152. 空运单据必须标明信用证要求的出发地机场和目的地机场。用 IATA 代码而非机场全称(例如用 LHR 来代替伦敦西思罗机场)表明机场名称不是不符点。

153. 如果信用证给出了出发地机场及/或目的地机场的地理区域或范围(例如任一欧洲机场),则空运单据必须表明实际的出发地机场及/或目的地机场,而且该机场必须位于信用证规定的地理区域或范围之内。

收货人、指示方和到货被通知人

154. 空运单据不是物权凭证,因此不应做成"凭指示"式或"凭某具名人指示"式抬头。即使信用证要求空运单据做成"凭指示"式或"凭某具名人指示"式,如提交的单据表明收货人为该具名人,则即使该单据没有做成"凭指示"或"凭某具名人指示"式抬头,也可接受。

155. 如果信用证没有规定到货被通知人,则空运单据中的相关栏位可以空白,或以任何方式填写。

转运和分批装运

156. 转运是指在信用证规定的出发地机场到目的地机场的运输过程中,将货物从一架飞机上卸下再装到另一架飞机上的运输。如果卸货和再装不是发生在出发地机场和目的地机场之间,则不视为转运。

157. 虽然信用证可能禁止转运,按照 UCP500 第 27 条(c)款规定,仍可转运,只要同一空运单据覆盖运输全程,

158. 如果信用证禁止分批装运,而提交的空运单据不止一份,覆盖从一个或一个以上出发地机场(经信用证特别允许或在信用证规定的范围内)的运输,只要单据表明货物运输是用同一架飞机,并经同一航程,目的地为同一机场,则该单据可以接受。如果提交一份以上的空运单据表明不同的装运日期,则最晚的装运日期将被用来计算交单期限,且该日期必须在信用证规定的最晚装运日之前或当日。

159. 货装多架飞机即构成分批装运,即使飞机在同日出发并飞往同一目的地。

清洁空运单据

160. 载有明确声明货物及/或包装状况有缺陷的条款或批注的空运单据是不可接受的。未明确声明货物及/或包装状况有缺陷的条款或批注(如"包装状况有可能无法满足空运航程"),不构成不符点,而说明包装"是无法满足空运航程的"的条款则不可接受。

161. 即使信用证可能要求"清洁空运单"或注明"清洁已装机"的单据,空运单据不一定非要出现"清洁"字样。

162. 如果空运单据出现"清洁"字样,但又被删除,并不视为有不清洁批注或不清洁,除非单据上载有明确声呀货物或包装有缺陷的条款或批注。

货物描述

163. 空运单据中的货物描述可以使用与信用证规定不矛盾的货物统称。

修正和变更

164. 空运单据上的修正和变更必须经过证实。证实须表面上看来是由承运人或其代理人所为(该代理人可以与出具或签署空运单据的代理人不同),只要表明其作为承运人的代理人身份。

165. 空运单据的副本不需要承运人或代理人的签字(或托运人的签字,即使信用证要求正本空运单据上有其签字),也不要求对正本单据上可能已作出的任何修正或变更进行任何证实。

运费和额外费用

166. 如果信用证要求空运单据注明运费已付或到目的地支付,则空运单据必须有相应标注。

167. 申请人和开证行应明确要求单据是注明运费已付还是到付。

168. 如果信用证规定运费之外的额外费用不可接受,则空运单据不得表示运费之外的其他费用已产生或将要产生。此类表示可以通过明确提及额外费用或使用与货物装卸费有关的装运术语表达。运输单据上提到由于延迟卸货或货物卸载之后的延迟可能产生费用,不属于此处所说的额外费用。

169. 空运单据常常有单独的栏位,通过印就的标题分别标明"预付"运费和"到付"运费。如果信用证要求空运单据表明运费已预付,则在标明"预付"运费或类似用语的栏位内填具运输费用即符合信用证要求。如果信用证要求空运单据表明运费到付,则在标明"待收运费"或类似用语的栏位内填具运输费用即符合信用证要求。

公路、铁路或内河运输单据

UCP 第 28 条的适用

170. 如果信用证要求提交覆盖公路、铁路或内河运输的运输单据,则适用 UCP 第 28 条。

公路、铁路或内河运输单据的正本和第二联

171. 如果信用证要求公路、铁路或内河运输单据,则不论提交的运输单据是否注明正本单据,都将作为正本单据接受。公路运输单据必须表明其为签发给托运人/发货人的一联,或者对其签发对象不做任何标注。对铁路运货单而言,许多铁路运输公司的做法是仅向托运人/发货人提供加盖铁路公司印章的一联(常常是拓印联)。此联将作为正本接受。

铁路、公路或内河运输单据的承运人与签署

172. 如果运输单据表面已经以其他方式表明承运人的承运人身份,"承运人"一词不需要出现在签字处,只要运输单据表面看来是由承运人或其代理人签署。国际标准银行实务做法接受带有铁路发运站日期章的铁路运输单据,无需注明承运人名称或者为或代表承运人签字的具名代理人的名称(见 UCP 第 28 条(a)款(i)项)。

173. UCP500 第 28 条使用的"承运人"一词包括运输单据中的"签发承运人"、"实际承运人"、"后继承运人"及"承包承运人"等用语。

174. 运输单据上的任何签字、证实、收妥印章或其他收妥表示必须表面看来系由下列人员之一作出:

a)承运人,并表明其承运人身份,或

b)为承运人或代表承运人签字的具名代理人,并注明代理人所代表的承运人的名称和身份。

指示方、到货被通知人和背书

175. 不是物权凭证的运输单据不应做成"凭指示"或"凭某具名人指示"式抬头。即使信用证要求将不是物权凭证的运输单据做成"凭指示"或"凭某具名人指示"式抬头,如提交的单据表明该具名人为收货人,即使其没有做成"凭指示"或"凭×××指示"式抬头也可接受。

176. 如果信用证没有规定到货被通知人,则运输单据上的相应栏位可以空白或以任何方式填写。

分批装运

177. 由一件以上运输工具(一辆以上的卡车、一辆以上的火车、一艘以上的轮船等)进行的运输即为分批装运,即使这些运输工具同日出发并驶向同一目的地。

货物描述

178. 运输单据中的货物描述可以使用与信用证规定不矛盾的货物统称。

修正和变更

179. UCP 第 28 条所规定的运输单据的修正和变更必须经过证实。证实须表面上看来由承运人或其具名代理人所为,该代理人可以与出具或签署单据的代理人不同,只要表明其作为承运人的代理人身份。

180. 对 UCP 第 28 条所规定的运输单据正本上可能已作出的任何修正或变更,其副本不需要进行任何签字或证实。

运费和额外费用

181. 如果信用证要求 UCP 第 28 条所规定的单据注明运费已付或到目的地支付,则运输单据必须有相应标注。

182. 申请人和开证行应明确要求单据是表明运费预付还是到付。

保险单据

UCP 第 34—36 条的适用

183. 如果信用证要求提交保险单据,则适用 UCP 第 34—36 条。

保险单据的出单人

184. 保险单据必须在表面上看来是由保险公司、保险商或其代理人出具并签署。如保险单据表面有要求或信用证条款要求,所有正本必须表面看来已被副签。

185. 如果保险单据在保险经纪人的信笺上出具,只要该保险单据是由保险公司或其代理人,或由保险商或其代理人签署,该保险单据可以接受。保险经纪人可以作为具名保险公司或具名保险商的代理人进行签署。

投保风险

186. 保险单据必须投保信用证规定的风险。如果信用证明确列明应投保的风险,则保险单据对上述风险必须不做任何排除。如果信用证要求"一切险",则只要提交任何带有"一切险"条款或批注的保险单据,即使该单据声明不包括某些风险,也符合信用证要求。如果保险单据标明投保(伦敦保险)协会货物保险条款(A),也符合信用证关于"一切险"条款或批注的要求。

187. 同一运输的同一险种的保险必须由同一保险单据表示,除非进行部分保险的多份保险单据通过百分比或其他方式明确反映每一保险人的保险价值,并且每一保险人将各自分别承担自己的责任份额,不受同一运输可能已经办理的其他保险的影响。

188. 保险单据必须表明保险责任至少覆盖从信用证所规定的货物装运、发运或接管地到卸货或最终目的地之间的路程。

日期

189. 保险单据的出具日期不得晚于货物在信用证规定的地点装船、发运或接管(如适用的话)的日期,除非保险单据表明保险责任最晚于货物在信用证规定的地点装船、发运或接管(如适用的话)之日起生效。

190. 载有有效期的保险单据必须清楚地表明该有效期限是关于货物装船、发运或接管(如适用的话)的最迟日期,而不是保险单据项下提出索赔的期限。

币种和金额

191. 保险单据必须按信用证使用的币种,并至少按信用证要求的金额出具。如果信用证没有规定投保金额的最低比例,则最低投保金额必须是 CIF 价之金额的 110% 或 CIP 价之金额的 110%。诸如"就 110%进行保险"或类似要求应被认为是对最低投保金额的要求。UCP 没有规定任何最高比例。

192. 如果信用证要求保险金额不计免赔率,则保险单据不得含有表明保险责任受免赔率或免赔额约束的条款。

193. 如果从信用证或单据可以得知最后的发票金额仅仅是货物总价值的一部分(例如由于折扣、预付或类似情况,或由于货物的部分价款将晚些支付),也必须以货物的总价值为基础来计算保险金额。

被保险人和背书

194. 保险单据必须按信用证要求的形式出具，并且在需要时经有权索偿人背书。如果信用证要求空白背书式的保险单据，则保险单据也可开立成来人式，反之亦然。

195. 如果信用证对被保险人未作规定，则标明赔偿将付给托运人或受益人指定的人的保险单据不可接受，除非经过背书。保险单据应开立成或背书成使保险单据项下的索赔权利在放单之时或之前得以转让。

原产地证明

基本要求

196. 如信用证要求原产地证明，则提交经过签署、注明日期的证明货物原产地的单据即满足要求。

原产地证明的出具人

197. 原产地证明必须由信用证规定的人出具。但是，如果信用证要求原产地证明由受益人、出口商或厂商来出具，则由商会出具的单据是可以接受的，只要该单据相应地注明受益人、出口商或厂商。如果信用证没有规定由谁来出具原产地证明，则由任何人包括受益人出具的单据都可接受。

原产地证明的内容

198. 原产地证明必须在表面上与发票的货物相关联。原产地证明中的货物描述可以使用与信用证规定不相矛盾的货物统称，或通过其他援引表明其与要求的单据中的货物相关联。

199. 收货人的信息，如果显示，则不得与运输单据中的收货人信息相矛盾。但是，如果信用证要求运输单据作成"凭指示"、"凭托运人指示"、"凭开证行指示"或"货发开证行"式抬头，则原产地证明可以显示信用证的申请人或信用证中具名的另外一人作为收货人。如果信用证已经转让，那么以第一受益人作为收货人也可接受。

200. 原产地证明可以显示信用证受益人或运输单据上的托运人之外的另外一人为发货人/出口方。

主要参考书目

1. 袁永友,柏望生主编. 国际贸易实务案例评析. 湖北人民出版社, 1999 年

2. 袁永友主编. 国际商务经典案例. 经济日报出版社,2001 年

3. 袁永友,柏望生主编. 新编国际贸易实务案例评析. 中国商务出版社, 2004 年

4. 唐建邦,闵玮主编. 外汇业务案例汇编. 经济管理出版社,1997 年

5. 陈国武主编. 新编进出口业务 300 题. 中国商务出版社,2004 年

6. 杨长春主编. 国际贸易欺诈案例集. 对外经济贸易大学出版社, 2002 年

7. 郭燕,杨楠楠编著. 国际贸易案例精选. 中国纺织出版社,2003 年